SV

Kim Chernin

Über die Grenze

Eine Entdeckungsreise

Aus dem Amerikanischen
von Christel Dormagen
Mit einer Nachbemerkung
der Autorin

Suhrkamp Verlag

Die Originalausgabe erschien 1994 unter dem Titel
Crossing the Border. An Erotic Journey
bei Fawcett Columbine.

Erste Auflage 1998

Satz: Jung Satzcentrum, Lahnau
Druck und Bindung: Clausen und Bosse, Leck
Printed in Germany

Eine kleine Farm nahe der Grenze

September 1971

Was hier erzählt wird, fand statt. Es widerfuhr Menschen, die ich kenne. Ihre Namen und Gesichter werden verändert sein und auch der Name des kleinen Farmkollektivs auf dem Berg nahe der Grenze, in Israel. Mein Name wird nicht verändert sein. Welche Unschuld hätte ich zu schützen?

Diese Geschichte – so wahr, wie ich sie nach fast zwanzig Jahren machen kann. Das Gedächtnis ist ein Lügner, ein Betrüger, ein Dieb, ein Pirat. Wer wüßte das mittlerweile nicht?

Auf der Farm gab es einen begehbaren Kühlschrank. Das weiß ich, weil ich eine Zeitlang in der Küche arbeitete, ich mußte regelmäßig da rein. Wenn ich an den Kühlschrank denke, erinnere ich mich allerdings nur an die Metallkübel mit Joghurt, die mir bis ans Knie reichten. Sie faßten sich sehr kalt an, hatten einen fest schließenden Deckel mit einem geschwungenen Griff, und man langte mit einer Kelle oder einer großen Tasse hinein, um den dicken, gestockten Joghurt herauszuschöpfen. Was sonst noch in dem Kühlschrank war, habe ich vergessen.

Wieso aus all den vielen kleinen täglichen Vorkommnissen zwanzig Jahre später dieses eine? Und wenn die Auswahl einmal getroffen worden ist (durch welchen Prozeß genau?), wer vermöchte dann zu sagen, ob diese bestimmte Einzelheit verschoben, verdichtet, überhöht wurde, ob sie für mehr oder für weniger als sich selbst stehen soll oder schlicht nur für sich selbst? Wer besäße bei alldem die Kühnheit, zu sagen, was Wahrheit ist?

Nach meinem Weggang aus Israel konnte ich mich anfangs zu gut erinnern. Ich wußte genau, wie alles auf der Farm aussah, wo sich das Hühnerhaus befand, der Eßsaal, der Kinderspielplatz (obwohl es auf der Farm noch keine Kinder gab. Das erste wurde geboren, während ich dort war). Ich konnte mich an den Soldaten erinnern und an die Frau, die immer vornübergebeugt dasaß, mit den Ellbogen auf den Knien und dem langen Haar, das ihr übers Gesicht fiel und es praktisch verhüllte. Sollte das etwas verbergen? Wurde da eine Person heraufbeschworen, die einen Schleier trägt und also künftige Enthüllung verheißt?

Bis vor kurzem wußte ich nicht, wie lange ich auf der Farm gelebt hatte. Waren es acht Monate oder neun? Ich hätte meinen Paß hervorsuchen, ihm ein Geständnis entringen können. Es muß etwas zur unsicheren Erinnerung gesagt werden. Acht Monate würden bedeuten, die Zeit ging zu schnell vorüber. Wenn man acht statt neun in Erinnerung hat, so legt das eine Verkürzung der Erfahrung nahe, als möchte man ihr auf keinen Fall zu viel Gewicht verleihen. Die Zeit ging so schnell vorüber, selbst damals wußte ich, daß sie zu schnell vorüberging, später sollte das zu Schwierigkeiten führen. Ich versuchte Dinge festzuhalten, indem ich sie anstarrte, sie wiederholte, nach ihnen griff, wenn sie flohen, und doch flohen sie, die acht Monate waren vorbei. Dabei hatte ich vorgehabt, dortzubleiben, eine israelische Bürgerin zu werden, einen hebräischen Namen anzunehmen. Der Soldat schlug vor, ich sollte mich Mika nennen, weil der Name drei Buchstaben meines eigenen Namens enthält. Die Frau machte ein verächtliches Gesicht. »Sie wird nie etwas anderes sein als Kim.« Eine rätselhafte Äußerung. Wieso? Ich wollte einen hebräischen Namen, alle anderen hatten schließlich einen für sich gefunden, wieso ich nicht? Doch am Ende hatte sie recht.

Neun Monate? Die längere Zeitspanne paßt zu dem höher gesteckten Ziel – bleiben, Farmerin werden, Hebräisch lernen, die eigene Tochter aus Amerika holen. (Es wurden Kinder erwartet, mehrere Frauen waren schwanger, als ich ankam.) Seitdem, seit meinem Weggang aus Israel, und auch zwanzig Jahre später noch, teile ich meine Zeit auf Erden in ein Vorher und ein Nachher. Alles, was seitdem geschehen ist, ist nach Israel geschehen. Alles übrige, von der Geburt bis zu meinem einundzwanzigsten Jahr, war vorher.

Die Zeit nagt an dem, was das Gedächtnis aufbewahrt hat, reißt daran, läßt die Erinnerung zerreißen. Was geblieben ist, was diese Mißhandlung überdauert hat, muß von Bedeutung gewesen sein. Die Erzählung spuckt den Rest aus. Alles Nebensächliche ist weggeätzt, alle abschweifenden Reminiszenzen. Nur die wurden bewahrt, die erklären, wieso die Geschichte so und nicht anders verlief, aus all den vielen Möglichkeiten diese eine wählte.

Dann, es ist noch gar nicht lange her, gab es einen Besucher aus jener Zeit, jemanden von damals, eine Stimme am Telefon, jenen bestimmten Namen, von jener Stimme seit jener Zeit nicht mehr ausgesprochen. Was ist es, das anhält? Was ist es zwischen zwei Menschen zwanzig Jahre später? Liebe? Verlangen? Leidenschaft? Doch bestimmt sind die Wörter eine Abwehr, ein Exorzismus. Mit Kreide an die Wand geschriebene mystische Symbole. Es vertreiben, es stillegen, Macht gewinnen über das, was viel zu mächtig ist, um benannt zu werden, über das immer noch Rätselhafte, sei es auch noch so oft benannt worden. Was träumen sie, diese zwei, nach zwanzig Jahren, wenn die eine den Hügel hinunter fährt, um den anderen zu treffen?

Wie können sie es wagen? Zwanzig Jahre später? Sie eilen geradewegs in die Katastrophe, in jenen Alptraum, bei dem man sich selbst im Spiegel erblickt und plötzlich zusehens alt wird, die Haut vertrocknet, die Augen schwellen an und verengen sich, um den Mund graben sich Falten ein. Ist nicht allein der wechselseitige Anblick Verrat?

Schon der Beginn, an einem Tag im späten Herbst nahe der Grenze, muß dieses bestimmte Ereignis enthalten haben, obwohl es damals niemand erkennen konnte, als selbstverständlich niemand an ein Ende dachte. Liebe? Verlangen? Leidenschaft? Wenn du, bescheiden geworden, auf die Wörter verzichtest, weil du begreifst, daß sie leergepreßt sind, wie willst du dann beschreiben, was der Person widerfahren ist, die sich eines Tages plötzlich wünscht, eine andere Person möge ihre Hand berühren, näher kommen, damit jetzt beider Schultern einander berühren? Wenn irgendein Fremder dich berühren würde, näher käme, wäre es ein Affront, ein Überfall sogar. Ist es der Anfang des Niedergangs, ein Unglück? Was ist geschehen? Ist es ein plötzlicher Gnadenakt, durch den ein Sterblicher erfahren darf, wie süß das Fleisch eines anderen Sterblichen ist?

Die Sonnenschirme sind staubig. Wenn man hochschaute, müßte man die Augen schützen. Es weht kein Lufthauch, nichts bewegt sich. Ob man möchte oder nicht, dies ist Heimat.

In dem Badeort, wo der Bus abfahren wird, gibt es eine Lindenallee. Die Bäume führen bis ganz hinunter an den See Genezareth, mit Cafés zu beiden Seiten und kleinen Geschäften. Es gibt (vielleicht) einen Brunnen auf dem Platz. Es gibt auch einen weißen Hund, der vor der Busstation liegt, einen Zigarettenladen mit ein paar Flippermaschinen. Das Schalterfenster der Station ist geschlossen.

Sie ist ebenfalls da, die Person, die ich damals war, in Ledersandalen. Die Sandalen sind in den sechziger Jahren in Berkeley von Hand gemacht worden. Der Rock ist sogar noch älter, gebraucht gekauft, ein langer schwarzer Rock mit grünen und gelben Blumen. Sehr wahrscheinlich trägt sie ihre gelbe Bluse. Auch den Strohhut mit breitem Rand, vor kurzem am Flughafen von Lod erworben. Als jene Person, die ich war, jene Frau, deren innere Verfassung ich mir vorstellen kann, den Zigarettenladen für ein Päckchen Camel betritt, blicken die Männer hoch. Ich bin, zu jener Zeit damals, die Sorte Mensch, die solche Aufmerksamkeit mag. Das ist einer der Gründe, weswegen ich entschieden habe, von der damaligen Frau als von ihr zu sprechen.

Sie fühlt sich verloren. Ich bin sicher, daß sie sich so fühlt, obwohl sie es nicht zugeben würde; sie spricht kein Wort der Sprache, kann nicht einmal die Straßenschilder lesen. So ähnlich muß sich wohl ein kleines Kind fühlen, wenn es die Verbindung zur mütterlichen Hand verloren hat – plötzlich wie abgeschnitten, zurückgeworfen in eine Zeit vor der Sprache.

Mag sein, daß die Person, die ich damals war, am liebsten geweint hätte. Sie wird nicht geweint haben, während sie da im Schatten neben dem Schalterfenster auf ihrem Rucksack saß und darauf wartete, daß der Fahrkartenverkauf begann, daß der Bus kam, der hoch zur Farm fahren würde. In der Stadt gibt es billige Cafés, in denen man gefüllte Teigtaschen, Hummus, Pommes frites, türkischen Kaffee, gegrilltes Lamm bekommen kann. Das ist nicht die Art Nahrung, die sie sich zumutet. Sie würde einen Teller mit Gurkenscheiben und Frischkäse aus Joghurt vorziehen. Sie liebt die schäbige Romantik von Cafés, könnte (so sagt sie häufig) ihr Leben damit verbringen, in einer Ecke zu sitzen und in ihr französisches Notizheft zu schreiben.

Sie überlegt, ob die Zeit für einen Spaziergang zum See reicht. Sie steht auf, zieht sich den Strohhut tief in die Stirn, setzt sich wieder, bleibt lange Zeit dort sitzen.

Sie, die Raucherin, hält sich für zäh. Andere Menschen sehen sie nicht so. Wie gern würde ich sie von außen betrachten, mich über sie lustig machen, ihre Aufgeblasenheit anpieksen, einmal richtig auf ihre Kosten lachen. Nach einigen Monaten, in denen sie sechs Tage die Woche in der Sonne arbeitet, wird ihr braunes Haar heller geworden sein. Sie glaubt, sie härte sich durch körperliche Arbeit ab, doch sie wird dann mehr denn je wie eine Streunerin aussehen. Große Augen von undefinierbarer Farbe. Sie ist die Sorte Frau, die von Männern angesprochen wird. Die Männer finden dann sehr schnell heraus, daß man sie nicht ausnutzen kann. Für ihr Alter sieht sie jung aus, besonders in diesem Land, wo die Frauen schnell altern, hart arbeiten, Kriege fürchten müssen. Zweiundzwanzig, dreiundzwanzig – für so alt halten die meisten sie, seit sie hier ist.

Wird diese Schilderung ihr gerecht? Natürlich nicht. Sie ist intelligent, eine nachdenkliche Person, voller großartiger Träume. Das läßt sich doch nicht übersehen, ich bin sicher, daß man es sieht, die unangestrengte Haltung ihrer Schultern, das irgendwie Trotzige in der Art, wie sie den Kopf trägt. Kinder schauen sie nur kurz an und greifen nach ihrer Hand. Ich weiß, was es mit ihren Augen auf sich hat. Sie verbergen nichts. Sie erwecken den Eindruck, als könne man durch sie hindurch bis ganz auf den Grund schauen.

Ich kann sie nicht als ideale Heldin präsentieren, als eine, die die Geschichte, in die sie sich verstrickt, auch verdient. Sie besitzt einige gute Eigenschaften, warum sollte man das leugnen? Zum Beispiel die Bereitschaft, ungeheure Risiken einzugehen. Die muß sie besessen haben, sonst säße sie nicht in einem fremden Land, in der Hitze, auf ihrem Rucksack, verzweifelt.

Natürlich ist sie verzweifelt. Habe ich das nicht deutlich gemacht? Eine Frau, die im Begriff ist, sich zu verlieben, und zwar heftig, muß verzweifelt sein. (Das ist wahrhaftig keine Vorstellung, die sie begeistern würde.)

Niemand kann erwarten, daß ich diese Frau, die ihre Tochter zurückgelassen hat, gut finde. Niemand kann erwarten, daß ich ihr Verhalten billige, nicht einmal, daß ich sie mag. Die Art, wie sie sich verliebt, sich vorstellt, ihre Verzweiflung reiche als Rechtfertigung für fast alles, ist unverantwortlich. Wenn ich jene Kim Chernin mögen könnte, jene Frau, die ich vor zwanzig Jahren war, wenn das einfach wäre, dann gäbe es diesen Graben nicht, der sich zwischen uns aufgetan hat. Dann gäbe es ein beständiges Ich, eine Kontinuität. Etwas muß geschehen sein im Laufe der Zeit, weniger eine allmähliche Veränderung als eine ruckhafte Verschiebung, die uns auseinandergerissen hat. Der Gedanke, daß ich ihre Biographin bin, würde sie empören. Es würde sie empören, wenn sie hörte, wie ich sie auf Abstand halte, sie *sie* nenne, sie Kim Chernin nenne.

Jene Prachtmutter, die ihre Tochter zurückgelassen hat, hat auch einen Mann zurückgelassen, der sie nur zu gern bis ans Ende ihrer Tage umsorgt hätte. Ein hochgewachsener Mann mit hellbraunem Haar und blauen Augen, die sie unverwandt anschauen. Wenn sie erklären müßte, warum sie hier im Staub sitzt und den weißen Hund anguckt, warum sie hier ist und nicht in den Armen jenes Mannes, der sie zweifellos liebt, würde sie wiederholen, daß sie auf der Suche nach einem neuen Leben ist. Wenn sie es gefunden hat, wird sie ihre Tochter holen.

Sie würde dir wahrscheinlich nicht verraten, daß es der Mann war, der ihr das Geld für diese Reise gab. Jene Kim Chernin besaß gar nichts. Bevor sie fortging, hatte sie nachmittags für ein paar Stunden an der Schule ihrer Tochter gearbeitet und die Kinder auf dem Spielplatz beaufsichtigt. Einmal die Woche hat sie abends Erwachsenen Förderunterricht im Lesen gegeben. Als Schriftstellerin lebt sie unaufwendig, lebt für ihre Kunst, ist jung genug, um an diese Worte zu glauben, alt genug, um sich davor zu hüten, sie jemals laut vor anderen zu äußern.

Es würde nicht weiterhelfen, wenn man Kim Chernin allzu ernst nähme. Es würde ihr gefallen, doch es hilft einfach nicht weiter. Ich habe Jahre gebraucht, bis ich sie weit genug auf Distanz gebracht hatte, daß ich lachen konnte, und doch nicht so weit, daß es keinen Sinn mehr machen würde, ihre Geschichte zu erzählen. Sie ist nicht der einzige Mensch, der allein durch die Welt wandert. Die meisten anderen sind Männer. Als sie, vor ihrem Aufbruch nach Israel, durch Kalifornien reiste und Kommunen in den Bergen besuchte, waren da immer überzählige Männer, die ihr anboten, den Schlafsack mit ihr zu teilen. Eines Nachts kam ein zehnjähriger Junge zu ihr hereingekrochen und legte sein Gesicht an ihre Brust. Sie sah zu, daß er wieder abzog, aber er tat ihr leid. Bis heute weiß sie nicht, ob es richtig war, ihn ohne Tröstung fortzuschicken. Wenn eine Frau allein umherreist, muß sie eine ganze Menge Theorien über sich ergehen lassen, wieso sie das tut. Nach ihrem Fortgang aus Kalifornien sind verschiedene Männer bei ihr eingezogen, sie mußte sie loswerden, auch wenn sie sich gerne bewundern läßt. Wieso würde sie sonst die Sorte Bluse tragen, die sie trägt?

Sie nimmt die Menschen, die mit ihr in den Bus einsteigen, nicht wahr. Aber ich. Ich erinnere mich sehr genau an eine große, düstere Frau in einem bedruckten Kleid. Ihr Haar ist mit einem hölzernen Stift im Nacken zu einem Knoten festgesteckt. Sie holt ihr Strickzeug aus einer geknüpften Reisetasche. Dort oben, auf der Farm, ist sie die Küchenchefin, obwohl es natürlich auf einer Kollektivfarm so etwas wie Chefs oder Hierarchien nicht gibt. Ihr Name ist Hagit, früher war er Gertrude. Ihr Gesicht ist von einer Kinderkrankheit leicht vernarbt. Sie hat sofort eine Abneigung gegen die Frau mit dem Strohhut.

Ein paar Sitze weiter hinten ein schlanker Mann mit feingeschnittenem, empfindsamem Gesicht. Sein gestutzter Schnurrbart läßt klar erkennen, daß er glaubt, Frauen finden ihn attraktiv, sogar unwiderstehlich. In wenigen Augenblicken wird er sich neben Kim Chernin setzen und ihr seine Lebensgeschichte erzählen. Wenn sie dem Soldaten begegnet, wird ihr auffallen, wie seine Hände im Verlauf der geheimen Kapitel seiner Geschichte ein Eigenleben führen.

Ganz hinten im Bus sitzen verschiedene andere Männer, die sie nie kennenlernen wird. Sie leben in den kleinen Dörfern, die verstreut an der Straße zur Farm liegen. Obwohl sie diese Dörfer nach einiger Zeit gelegentlich besucht, gibt es kein Anzeichen dafür, daß sie ihnen wiederbegegnet.

Der Bus fährt jeden Tag um vier Uhr hoch zur Farm, außer am Samstag, dem Sabbath. Er fährt nur zur Farm, obwohl es dort oben Dörfer gibt, wo er eigentlich auch halten sollte. Wenn jemand in einem dieser Dörfer aussteigen möchte, fährt der Fahrer an den Straßenrand und wartet ungeduldig, während die Person, gewöhnlich ein Araber in einem weißen Kuffijah, hinausspringt. Dann fährt der Bus weiter. Am Sabbath darf der Bus nicht den Berg hoch fahren, obwohl Leute aus den Dörfern ihn vielleicht gern benutzen würden, und er tut es auch nicht.

Es wäre hübsch gewesen, wenn Kim Chernin sich über

einige dieser Dinge Gedanken gemacht hätte. Ich als ihre Biographin würde gern behaupten, daß sie hellhörig war für politische Angelegenheiten. Aber nein, nicht sie. Sie brauchte lange Zeit, um aufzuwachen. Ober vielleicht ist Kim Chernin nie aufgewacht. Als sie endlich anfing, über die Welt nachzudenken, war sie wahrscheinlich schon ziemlich am Ende. Dann übernahm ich. Ihre hervorstechende Eigenschaft in jenen Tagen (das ist nicht fair) war ihre Bereitschaft, sich hinreißen zu lassen, jähen, heftigen Gefühlen nachzugeben. Diese Eigenschaft fördert gewöhnlich nicht die Fähigkeit zur genauen Beobachtung gesellschaftlicher Verhältnisse.

In wenigen Wochen wird zum Beispiel ein junger Mann (nennen wir ihn Simon), der in den Obstplantagen arbeitet und viel vor sich hinbrütet, erwähnen, daß die Farm – das Land, auf dem jetzt die Pfirsich-, die Apfel- und Birnenplantagen stehen, all die Bananenfelder, Avocadobäume und Orangenhaine, – einst den arabischen Dorfbewohnern, ihren Nachbarn gehörte. Sie leben ohne Elektrizität, ohne Wasser im Haus und ohne all die anderen sogenannten zivilisatorischen Errungenschaften, von denen die Farm profitiert. Wenn man an einem beliebigen Nachmittag nach der Arbeit, so gegen vier Uhr, um die Farm herum wanderte, sähe man all die mit Dampf beschlagenen kleinen Fenster der Badezimmer im Erdgeschoß. In den arabischen Dörfern könnte niemand sich so duschen. Doch bis dahin, bis Simon ihr das auseinandersetzte, hatte sie es nicht bemerkt, obwohl die Situation von Anfang an sonnenklar war.

Dieser Bus hat keine Eile. Er wartet mit offener Tür, der muskulöse Fahrer ist über das Lenkrad gesackt. Einer der Fahrgäste strickt. Während sie strickt, sieht sie immer wieder verstohlen zur Frau auf der anderen Seite des Gangs. Diese hier in ihrer ausgeschnittenen gelben Bluse, so argwöhnt sie, wird über die Erntezeit hinaus bleiben wollen. Die Strickerin hat beschlossen, sich gegen sie auszusprechen. Wenn die Ernte vorüber ist, wird es nicht genügend Arbeit geben. Bis zum folgenden Sommer kann die Farm keine weitere Esserin gebrauchen. In der Küche gibt es schon jetzt kaum genug Arbeit für alle. In wenigen Tagen wird sie all dies bei einer außerordentlichen Sitzung des Arbeitskomitees mit bitterer, gepreßter Stimme öffentlich vortragen.

Die Frau mit dem Knoten hat nicht unrecht. Ihre Befürchtungen treffen zu. Kim Chernin ist in der Absicht gekommen, hier den Winter zu verbringen und sich für Jahre einzurichten, wenn es geht. Die Frau, die sie da oben kennt, ihre australische Freundin Devora, hat ihr schon gesagt, daß sie nicht bleiben kann, wenn sie keine Arbeit findet. Doch es gibt keine Arbeit, sie reicht kaum, um die Mitglieder zu beschäftigen, solange nicht mit neuen Arbeitsfeldern begonnen wird. Es ist die Rede von einer Molkerei, dann wären neue Mitglieder willkommen, doch im Augenblick gibt es nur Hühner in langen Holzschuppen voller Käfige. Es gibt die Arbeit in der Küche, in den Obstplantagen, ein bißchen im Garten und einige wenige Bürojobs, denen Kim Chernin aber auf keinen Fall gewachsen wäre, da sie kein Hebräisch kann, nicht einmal das Alphabet, weshalb sie auch die Straßenschilder nicht versteht.

Kim Chernin hat einen Entschluß gefaßt. Wenn es ihr dort oben gefällt, wenn der Berg schön ist, wenn die Leute in die Idylle passen, die sie sich über Grenzpioniere zurechtphantasiert hat, wird sie es irgendwie hinkriegen.

Es ist ein kleines Kollektiv, nicht mehr als fünfzig Leute, alle unter dreißig. Es gibt Amerikaner, Skandinavier, ein paar neue Immigranten aus Osteuropa, einen Typ aus Ägypten, ein paar Franzosen, einige wenige Südamerikaner, zwei Männer aus Südafrika, eine Frau aus Australien, eine Reserveeinheit der Armee ist dort oben stationiert, rund ein Dutzend Kibbuzniks. Sie kommen von älteren, etablierten Kibbuzim aus ganz Israel. Sie sollen der Gemeinschaft in der Gründungsphase helfen. Ein Kollektiv ist hier an der Grenze, auf dem Gelände, wo jetzt die Farm steht, schon gescheitert. Sein Gespenst wurde weinend auf der Tenne gesehen.

Es gibt einen korrekten Weg, wie man Mitglied einer Kommune dieser Art wird. Man sollte Teil eines *gar'in* sein, einer Gruppe, die zusammen lebt, arbeitet, sich ausbildet, Hebräisch studiert und gemeinsam zu einem vorher verabredeten Termin ankommt. (Auf diese Weise treten die meisten auch in die Armee ein.) Kim Chernin hat nichts übrig für solcherlei Bestimmungen. Sie handelt impulsiv, schnell, ohne zurückzuschauen verbrennt sie Brücken hinter sich.

Die Kibbuzbewegung schwärmt nicht mehr für diese Art Romantik. Man siedelt jetzt neue Immigranten und aufmüpfige Leute auf einer kleinen Farm an der Grenze an. Dort müssen sie ganz von vorne anfangen und mit vereinten Kräften gleichberechtigt eine Gemeinschaft aufbauen. Auf diese Weise halten sich die älteren Kibbuzim eine Generation vom Leib, der es schwerfällt, verheiratet zu bleiben, die das Haar lang trägt, mit Halsperlen und in knappen Blusen herumläuft, Drogen nimmt, sexbesessen und auf eine Weise religiös geworden ist, die alle, die schon länger hier leben, eher befremdlich finden. Nicht weit von dem Kibbuz, in der Gegend von Mount Meron, gibt es ein Kollektiv von Leuten, die makrobiotisch kochen. In den Broschüren, die Kim Chernin von der Kibbuzbewegung erhalten hat, wurde ausdrücklich betont, daß Drogen und Homosexualität nicht geduldet werden. Vegetarier sind jedoch willkommen.

Kim Chernin hat keine Ahnung, daß auf der anderen Seite des Ganges eine Frau sitzt, die sie nicht leiden kann. Kein einziges Mal schaut Kim Chernin zu ihr hin, sie sieht nicht ihren trostlosen Knoten, ihre Strickerei, ihr brütendes Gesicht, ihre verstohlenen Blicke. Doch sie selbst ist wahrgenommen worden.

Für einen letzten Blick auf den Badeort lehnt Kim Chernin sich aus ihrem Fenster. Staub wirbelt auf, als sie knirschend von der Busstation losfahren. Das war's mit dem Brunnen (den es dort gab oder auch nicht). Aber wer könnte die Lindenallee vergessen, um die osteuropäische Siedler sich kümmern, die sie auch gepflanzt haben?

Kim Chernin, die Frau, die strickt, der Mann mit Schnurrbart, die drei dunklen Männer hinten im Bus, der muskulöse Fahrer. Ich kann sie jederzeit freilegen, den weißen Hund, die Pommes frites, schnell hingekritzelt an die Ränder des Gedächtnisses, die Sonnenschirme in den schäbigen Cafés, die kommende Sorge des deutschen Optometrikers, dessen Frau in weniger als zwei Monaten im Kindbett sterben wird.

*D*as Tal ist grüner und üppiger als das Land, das sie auf ihrer Fahrt gen Norden durchquert hat und wo sie für ein oder zwei Monate im Gemüsegarten eines Farmkolletivs zwischen den Spinatreihen Unkraut jätete.

Bis jetzt ist sie enttäuscht. Fast alles, was sie sah, war staubig. Staubige junge Soldaten in Shorts, die sich per Anhalter fortbewegen, Städte mit Schindelhäusern, Transistorradios. Gegerbte Wüstenmänner in schweren Armeestiefeln. Feigenbäume als Staubfänger an den Straßen. Es ist schwer vorstellbar, wie von solch einem Ort Erneuerung ausgehen soll. Er paßt nicht zu ihrer Vorstellung von Heimatland. Noch hat sie in diesem schroffen, malträtierten, asketischen Land nichts gesehen, was ihre Sehnsucht rechtfertigt. Um ehrlich zu sein, sie hat schon daran gedacht, weiterzuziehen. Vielleicht nach Schottland, Freunde in der Nähe von Saint Andrews haben sie eingeladen, mit ihnen in einem kleinen ländlichen Dorf am Meer zu leben.

Sie wäre fähig, sich davonzumachen, ohne dem Ort auch nur eine Chance zu geben und ihn kennenzulernen. Als sie ihren Freunden in Schottland schrieb, sie sei auf der Suche nach einer Bleibe, in einem langen Brief mit vielen Entschuldigungen und gewundenen Formulierungen, um ihnen die Möglichkeit einer Absage zu lassen, falls sie sie nicht aufnehmen wollten, haben sie ein Telegramm geschickt. Sie hat das Telegramm bei sich. Wenn sie es im Schoß auseinanderfalten würde, stünde da ein Wort. KOMM.

Zum Glück sieht das Tal gut aus. Ein Land, wie die Bücher sagen, des Korns und des Weins, des Brots und der Weinberge, ein Land des Olivenöls und des Honigs. Sie wäre wohl sonst keine einzige Nacht geblieben, sondern auf der Stelle mit dem muskulösen Fahrer wieder hinuntergefahren, ohne überhaupt bei der Farm auszusteigen.

Auf der Farm kann man im Eßsaal stehen, den Arm ausstrekken und die Grenze praktisch mit der Hand berühren. Dort oben in den Bergen überqueren Terroristen, die von Syrien oder dem Libanon kommen, die Grenze, um sich in den Höhlen zu verstecken. Es gibt Schießereien an dieser Grenze, andere Farmen dort oben sind nachts angegriffen worden. Wenn die Sirene losgeht, verschwinden Frauen, Kinder und auch Männer unten in den Schutzräumen. Nachts wird um die Farm patrouilliert. Es gibt Wachtürme da oben. Die Australierin, die auf der Farm lebt und Devora heißt, hat Kim Chernin von diesen Gefahren geschrieben.

Über dem Tal liegt ein Anflug von Archaik, trotz vieler Details, die es deutlich ins zwanzigste Jahrhundert verweisen. Sie sieht einen Esel, der mit Feuerholz beladen ist. Das erinnert sie an den Esel, der auf den Holzeinband eines Notizheftes gemalt war, das ihrer Schwester gehörte, bevor sie starb. Dieser Esel hat denselben gebrochenen Ausdruck, der gewöhnlich Tugend oder Geduld genannt wird.

Fast alles im Tal strebt heimwärts. Es herrscht eine Mattigkeit, die man – selbst in einem heißen Land wie diesem – um die Mittagszeit so nicht kennt. Ein Karren voller Orangen rollt gerade hinaus auf die Straße. Dunkle Frauen in schwarzen Kleidern, die trotz der Hitze lange Ärmel haben, schauen von der anderen Straßenseite herüber. Sie tragen Sicheln, eine von ihnen balanciert einen Korb mit Feigen auf dem Kopf.

Der Bus rumpelt an bestelltem Boden und Obstplantagen vorüber. In ein paar Monaten wird Kim Chernin sie mit Expertenaugen kritisch betrachten. Im Augenblick sieht sie nur Orangenbäume, wobei jeder einzelne aus seinem eigenen

Schatten herauswächst. Das Licht im Tal kommt vom See Genezareth. Es zieht schnell vorüber und ist am späten Nachmittag schon auf dem Weg zur Grenze. Wenn die Nacht einbricht, wird es nichts mehr geben, was an die mediterrane Welt erinnert, der sich dieses Land doch so gerne zurechnet. Knochentrockene Wüste, unruhige Berge, zu viele unruhige Grenzen.

Der Mann mit dem Schnurrbart, der ein paar Sitze hinter der strickenden Frau gesessen hat, rückt zu Kim Chernin vor. Die Strickerin sieht das, verliert wahrscheinlich eine Masche und nimmt sie wieder auf. Kim Chernin schaut immer noch aus dem Fenster. Eine Zeitlang beugt sich der gutaussehende Mann herüber und zeigt auf die Sehenswürdigkeiten, obwohl sie lieber das sehen würde, was sie sieht. Sie überholen Männer auf Traktoren, die kerzengerade auf ihren Metallsitzen hocken. Es gibt Armeelaster, einige mit Plane. Die Männer darin tragen Khakiuniformen und sind bewaffnet, ein oder zwei winken dem Bus. Der kleine Mann mit dem Schnurrbart, der Kim Chernin gerade aufgefordert hat, mit ihm nach Griechenland zu gehen, lehnt sich aus ihrem Fenster, ruft einen Namen. Der Soldat antwortet.

Der gutaussehende Mann lebt seit acht Monaten auf der Farm, von Anfang an. Jetzt hat er die Nase voll. Er will wieder nach Hause, zurück nach England, aber erst will er Ferien in Griechenland machen. Er war unten in Safad und hat sich um seine Reise gekümmert. Er will nun seine Sachen zusammenpacken; morgen früh, wenn der Bus wieder hochkommt, wird er aufbrechen. Er sagt, er ist nicht für die Landwirtschaft geschaffen. Er sagt das in einem scharfen, schneidenden Ton und mit großer Verachtung.

Sie kommen durch ein kleines Dorf mit Lehmhäusern. In zehn Tagen, an Jom Kippur, wird Kim Chernin zu diesem Dorf gehen, um das Widderhorn zu hören. Die ganze Nacht lang wird sie mit den Dorfmädchen auf den unbefestigten Straßen umherwandern. Ich glaube, diese Mädchen werden sie an ihre Tochter erinnern. Sie haben Augen, die für jedes Alter zu viel wissen.

Drei dunkelhäutige Männer wandern Schulter an Schulter durch ein Hirsefeld. Kim Chernin macht eine bezeichnende Beobachtung. Wenn so viel Licht über einem ganzen Getreidefeld liegt, sieht es aus, als bete es.

Ihr Nachbar weist auf einen Moschaw, wo alles in Privatbesitz ist, obwohl die Menschen genossenschaftlich arbeiten. Diese Siedlung ist wohlhabender als die Lehmdörfer, in denen Juden aus Algerien leben. In dem Moschaw hätte man üppige Gemüsegärten, ein großes Schwimmbecken und zweistöckige, in Pastellfarben gestrichene Häuser sehen können. In diesem Tal weiß niemand, daß in zwei Jahren wieder Krieg sein wird. Niemand kann sich vorstellen, daß es beinah zugrunde gehen wird.

Der Bus biegt scharf nach links ab, beginnt zu steigen. Kim Chernin hat ihrem Begleiter mitgeteilt, daß sie nicht nach Griechenland möchte.

»Du wirst sehen«, sagt er. »Es gibt nur zwei Sorten Tiere in Israel. Bauern und Krieger.«

»Keine Frauen?«

»Die Frauen sind auch Tiere.«

Dabei lacht er leise in seinen Schnurrbart, als wollte er sagen: Ich kann mir diesen Scherz erlauben. Wir wissen beide, daß ich ein großer Frauenliebhaber bin.

Kim Chernin beachtet ihn gar nicht. Was sie angeht, so wird sie zu einem Ort hinauf fahren, wo Erlösung möglich ist. Diese Erlösung wird durch harte Arbeit über sie kommen, vor allem aber durch das Land, die vertraute Nähe zu ihren Kameraden und durch die Kibbuzbewegung, in diesem Falle die Mapam, eine linke Untergruppe, der ihre Farm angehört. Weil sie Erlösung im Sinn hat, macht sie sich keine Sorgen über die Gefahren der Grenze und das Geschwätz des Mannes neben sich.

Die Straße ist steil, in Windungen fällt sie hinter sich selbst zurück und eröffnet ihnen einen überraschenden Blick auf den See, der unter einem stummen Lufthauch vollkommen friedlich daliegt. Hier und da steigen aus der glattgekämmten Oberfläche versonnen kleine weiße Schauminseln auf. Innerhalb von Minuten ist der Bus hochgeklettert, an schroffen Klippen und blanken Felsen vorbei. Die Erde ist hier von einem tiefen, rostigen Orangerot, ganz unverhohlen verführerisch. Als Kontrast zu diesem fruchtbaren Rot liegen überall auf den Feldern weiße Steine verstreut, die Felder bleiben nun unter ihnen zurück, senken sich zum Tal hin und tauchen nur hin und wieder plötzlich in einer Steigung auf. Mitunter erwecken die Steine den Eindruck von mühselig sich aufwärts kämpfender, zersplitterter Weisheit. Weiter oben sieht sie schwarze Ziegen, die sich ihren Weg zwischen den Felsen suchen. Ihr gefällt das barbarische Antlitz dieses Bergs. Wenn der Mann aus England nicht neben ihr säße, hätte sie vielleicht kühne Theorien über den Sinn des Lebens aufstellen können.

Auf der anderen Seite des Gangs strickt die Strickerin immer noch. Sie hebt kein einziges Mal den Kopf, um die wilde Landschaft zu betrachten, die in Kim Chernin die Ahnung ungeheurer Möglichkeiten weckt, anderwärts Schicksal genannt. Die Felsen, die Ziegen, die rostrote Erde bieten ihr eine Art Entlastung, als hätte sie vollkommen recht gehabt, als hätte sie die ganze Zeit gewußt, was auf sie wartete, und würde sich, wenn schon sonst nirgendwo auf der Welt, hier endlich wahrhaft zu Hause fühlen. Neben ihr redet der Mann über Oxford, wo er die Universität besuchen möchte. Gelegentlich schaut sie den Mann an. Wahrscheinlich macht er gerade die Erfahrung, die sie anderen Menschen so vertrauenswürdig erscheinen läßt: er glaubt, er könne bis auf den Grund ihrer Augen sehen.

Hinter ihnen, auf einem der letzten Sitze, läßt ein Araber das Fenster herunter. Er ruft einem Mann mit einer weißen Kopfbedeckung etwas zu. Seine Sprache klingt musikalisch, mit vielen ls und Vokalen. Der andere Mann ist auf einem steilen Pfad den Berg hinunter gestiegen. Er geht mit weitausholenden Schritten, rollt auf seinen Zehenspitzen vorwärts, als könnte er mit verbundenen Augen den Berg hinabschreiten.

»Tiere«, sagt der Mann neben ihr. »Du darfst dich nicht auf dich verlassen, wenn du mit ihnen alleine bist.«

»Tiere«, wiederholt sie, »und wie sollen wir dich nennen? Rassist?«

Ihr Ton ist nicht scherzhaft, kaum feindselig. Sie scheint eine Tatsache festzustellen, oder vielleicht verwundert sie sich auch nur ernsthaft. Wegen dieses Tons, der nicht einlenkt, wird er rot. Wahrscheinlich war das der Augenblick, in dem er begriff, daß sie, trotz ihrer gelben Bluse, trotz des Versprechens von Intimität und ihrer seltsamen Augen, keine Frau war, die sich leicht ansprechen läßt.

Kim Chernins Vater starb an einem Sonntag im Juni, etwas mehr als vier Jahre vor ihrem Aufbruch nach Israel.

Am selben Tag, dem 7. Juni 1967, besetzten jüdische Soldaten die alte (arabische) Stadt Jerusalem.

Genau 858 Jahre früher, am 7. Juni 1109, erschienen Kreuzfahrer vor den Mauern Jerusalems und forderten die Heilige Stadt von den Türken zurück.

Für Kim Chernin war das wichtigste dieser Ereignisse der Tod ihres Vaters, auch wenn viele wahrscheinlich die Ankunft der Kreuzfahrer, als Gottfried von Bouillon sich mitsamt seinen Edlen und all deren Rittern und einfachen Soldaten auf die Knie warf und hemmungslos weinte, für bedeutsamer halten würden.

Vielleicht war es Zufall, daß der Tod ihres Vaters auf den zweiten Tag jenes Kriegs fiel, in dem Israel die Gebiete eroberte, die dem Land fortan die allergrößten Schwierigkeiten bereiten und zu weiteren Kriegen und Demonstrationen, zu Überfällen, Terrorismus, dem Haß zwischen Nachbarn und dem Tod von Kindern führen sollten. Was ihr Vater alles genau vorausgesagt hatte. Er (der sich, in dieser Reihenfolge, als Marxist und als Jude bezeichnete) hätte das Ende Jerusalems für bedeutsamer gehalten als sein eigenes.

Am 7. Juni, ihr Vater war da erst drei oder vier Stunden tot (er starb bei einem Autounfall, ihre Mutter hatte auf dem Beifahrersitz gesessen, ihrer Mutter war nichts passiert), erhob Kim Chernin, im Namen der Juden, Anspruch auf das Land Israel. Sie begründete ihren Anspruch mit bestimmten archaischen Vorkommnissen und nicht mit gebrochenen Verträgen, internationalen Beschlüssen, nicht einmal mit Schlachten, die 1948 geschlagen worden waren, als sie, ein achtjähriges Mädchen, in einem jüdischen Tagescamp zum ersten Mal von der Gründung des Staates Israel hörte.

Während alle anderen im Wohnzimmer sich erregt über den israelischen Imperialismus unterhielten, beschrieb Kim Chernin äußerst leidenschaftlich die von Josephus überlieferten Schlachten, in denen die Römer im Jahre 70 Jerusalem eroberten. So weit zurück reichte offenbar ihr Gefühl von Heimatlosigkeit.

Kim Chernins Vater war ein Geschichtenerzähler. Jeden Tag, gewöhnlich beim Abendessen, aber manchmal auch, wenn er sie zur Schule fuhr, erzählte er eine Geschichte. Seine Geschichten waren anders als die grüblerischen, erfindungsreichen, häufig düsteren Erzählungen ihrer Mutter, die von Wahnsinn, Revolution, dem Kampf ums Überleben und dem Tod von Kim Chernins Schwester handelten, die jung starb. Die Geschichten ihres Vaters waren so beschaffen, daß man den Kopf schüttelte über Menschen in kleinen Städten, weit weg in fast vergessenen Ländern. Durch diese schlichten Erzählungen wuchs ihre Achtung vor der Macht von Geschichten: plötzlich nimmt man Anteil an Dingen, die einem ansonsten fernliegen und, abgesehen von der Geschichte, belanglos sind.

Als sie darum der Freundesgruppe, die im Wohnzimmer versammelt war (sie war die einzige, die sich für Israel als Heimatland stark machte, wahrscheinlich weil sie schon an Erlösung dachte, was immer ein egoistisches Geschäft ist), verkündete, daß allein die jüdische Neigung, Geschichten immer wieder zu erzählen, die Rückkehr der Juden nach Erez Israel bewirkt hatte, war das ein indirekter Tribut an ihren Vater.

Er hätte es nicht gutgeheißen. Und gewiß tat es keiner der anderen. Da sie das spürte, redete sie schneller, sagte mehr, als sie beabsichtigte. Sie wollte wissen, wieso der Besitz eines Landes vor zwanzig oder fünfzig oder achtzig Jahren eher zum gültigen Anspruch darauf berechtigt als eine Geschichte, die davon berichtet, daß jemand es vor zweitausend Jahren besessen hat. Insofern diese Geschichte die Juden zu einem Volk erkläre, werde dieses Volk sich früher oder später auch dazu genötigt sehen, die Geschichte zu inszenieren, zu beweisen, daß sie wahr ist. Denn wenn es sich nur um irgendeine und nicht tatsächlich um eine wahre Geschichte handelte, dann hätte das jüdische Leben in den vergangenen zweitausend Jahren keinen Sinn gehabt. Ja, fuhr sie fort und redete sehr schnell, genau so müssen wir Israel verstehen, als Beweis für die schiere narrative Bravour, mit der die Historie sich dem Willen der Erzählung beugt.

Hat sie den weiten Weg nach Israel wegen ihres Vaters gemacht, wegen der unaufgelösten Meinungsverschiedenheit? Sie hat ihn verloren, den einzigen Menschen, der immer das sein wird, was er war. Das ist so ungeheuerlich, daß sie es nicht glauben will, gleichzeitig hat es sie aber niedergedrückt. Reist sie etwa um die Welt, um nach ihm zu suchen? Wieso hat sie dann aber einen Ort ausgesucht, mit dem er nicht einverstanden war? Wenn Menschen ihr Leben zerstören und rastlos durch die Welt ziehen, kann man sicher sein, daß mehr als ein Grund sie treibt.

Ich kann Kim Chernin noch so hartnäckig in das Jahr 1971 versetzen, darauf bestehen, daß sie vier Jahre nach dem Tod ihres Vaters um die Welt reist (eben dem Jahr, in dem Meir Kahane, der Gründer der Jüdischen Verteidigungsliga, aus den Vereinigten Staaten, wo er wegen illegaler Waffenproduktion angeklagt worden war, nach Israel floh und dort seinen relativ kurzen, rasanten Aufstieg in der israelischen Knesset begann). Ich kann sie noch so beharrlich daran erinnern, daß es in zwei Jahren wieder Krieg geben wird. Selbst wenn ich ihr versichere, daß 1982 die Invasion des Libanon stattfindet, wird das etwas nützen? Ich bezweifle es.

Kim Chernin glaubt, alle jüdischen Männer seien wie ihr Vater. Sie spielen gerne Schach, zitieren Puschkin, singen bei *Eugen Onegin* die Partie von Lensky mit. Wenn man ihr die neuesten Nachrichten über die israelischen Geheimdienste ins Ohr schreien würde, so hätte sie doch nie von Mossad, Shin Bet oder Aman gehört und würde schlicht nicht glauben, daß ein Jude einen Araber bei einer Vernehmung ermorden, einen unschuldigen marokkanischen Kellner, der in Norwegen arbeitet, umbringen kann. Wahrscheinlich stellt sie sich vor, daß ein israelischer Geheimdienst sich seine Informationen aus Büchereien holt.

*E*in Jahr, bevor Kim Chernin nach Israel reiste, im September 1970, entführten palästinensische Guerillas drei Passagierflugzeuge und brachten sie nach Jordanien. Als Vergeltung griff König Hussein palästinensische Flüchtlingslager an. Die PLO schlug zurück, aber Arafat wurde besiegt und mußte in den Libanon fliehen (als Frau verkleidet).

Dieses Ereignis, das die ganze Welt als Blutigen Sonntag kennt, ist Kim Chernin entgangen.

Ihre achtjährige Tochter, die die Ohren offenhielt, wußte wahrscheinlich mehr von diesen Dingen als die Mutter, zu deren innerer Landkarte von Israel auch unbedingt der Standort der biblischen Stämme gehörte. Sie hätte die Hedomiter und Amalekiter ohne Schwierigkeiten zuordnen können, wußte wahrscheinlich aber nicht, wo die syrische Grenze verlief.

Ich entschuldige mich nicht.

Der Bus ist bei der Farm vorgefahren. Der junge Mann neben Kim Chernin hat seinen Rucksack heruntergeholt, die strickende Frau hat Garn und Nadeln weggepackt und ist schwerfällig ausgestiegen, der Araber wartet, daß alle anderen aussteigen, sogar der muskulöse Busfahrer ist von seinem Sitz geklettert. Jetzt ist sie an der Reihe, in ihrem Strohhut.

Irgendeine Art Fest ist offenbar gerade im Gange. Überall auf der Farm wuseln Menschen umher. Jedesmal, wenn sich zwei begegnen, rufen sie: »*Ha Shonoh Tovoh.*« Das ist der Neujahrsgruß, wie sogar Kim Chernin weiß. Sie hat den Eindruck, daß diese Worte in den vergangenen Stunden so häufig gesagt worden sind, daß sie vollkommen ihren Sinn verloren haben. Deshalb müssen alle lachen, weswegen sie auch lachen muß, weswegen die Leute sie bemerken.

Ihr wunderschönes Lachen hat absolut nichts mit Unschuld zu tun. Es hat sich tröpfchenweise entwickelt, aus schleichendem Tod, einer nicht zu besänftigenden Trauer, dem Schrecken eines kleinen Kindes, das die ganze Nacht, im selben Zimmer wie ihre sterbende Schwester, wachliegt, dem Schweigen eines Vaters, dem sie vertraut hat und der sie durch sein Schweigen über den Tod verriet.

Wenn jemand genau zugehört hätte, dann hätte er aus der Art, wie sie lachte, mit zurückgeworfenem Kopf und fest verankerten Füßen, einen Unterton von frühem Tod herausgehört. Dann wäre meine Aufgabe leichter, der Zuhörer würde begreifen, wie diese Frau ihr Herz verlieren kann, was für eine verzweifelte Hoffnung in dieser Liebe liegen kann, als hätte sie die Macht, die Toten lebendig zu machen, wie Liebe es tun sollte. Wozu sonst ist sie da?

Wahrscheinlich ist der Mann mit dem Schnurrbart einfach nur ein Trottel. Er wird nach Hause fahren und ein Leben führen, das sehr viel gewöhnlicher ist als alles, was er hier an der Grenze hätte finden können. Es würde ihm gefallen, wenn sie die Frau wäre, an die er sich mit tragischem Beiklang erinnert. Sie ist die Frau, nach der er sich sein restliches Leben lang sehnen wird. Er müßte sie jetzt nur dazu überreden, mit ihm ins Bett zu gehen.

Vorerst beobachtete er sie. Die Hände in die Hüften gestemmt, den Kopf leicht zur Seite geneigt, die Augen zu Schlitzen verengt, so lacht sie das Dutzend Männer und Frauen an und dazu einige Männer in Militärkleidung, die ihre Beine aneinandergebunden haben und versuchen, eine schmale Bahn entlangzulaufen, die kurz vor dem Bus beginnt, mit Dosen und Flaschen markiert ist und bis ganz ans Ende der Auffahrt reicht, wo ein großer, bulliger Mann mit zwei Kränzen aus geflochtenen Bananenblättern, die er hoch über seinem Kopf schwenkt, darauf wartet, den Sieger zu küren.

Kim Chernins Familie hat Rosch ha-Schana, das Neujahrsfest, nicht gefeiert. Vor der Babylonischen Gefangenschaft hat das jüdische Volk das auch nicht getan. Relativ gesehen ist es ein neuer Feiertag, kaum mehr als 2500 Jahre alt. Hier auf der Kollektivfarm spazieren einige Männer mit Spielzeugtrompeten umher und blasen wie wild darauf. Sie müssen ziemlich viel Krach machen, weil sie sich bei Gott ins Gedächtnis zu rufen versuchen. Das ist harte Arbeit, die Trompeten schwitzen.

Von hier oben, wo die gewundene Straße, die vom Tal hochführt, nicht zu sehen ist, wirkt die Siedlung mit ihren rund ein Dutzend Gebäuden so, als sei sie, Stück für Stück, von oben herabgelassen worden. Als Kim Chernin sich endlich vom Anblick des dreibeinigen Wettrennens, der Trompeterei, des Austauschs von Süßigkeiten, der aufgeregten, schwitzenden Gesichter losreißen kann, macht die Siedlung einen Ruck in ihre Richtung. Wenn alles gutgeht, ist dies der Ort, wo sie den Rest ihrer Tage verbringen wird.

Die meisten Gebäude sind zweistöckig, vielleicht zehn oder fünfzehn Jahre alt und in einem stumpfen, gelblichen Beige gestrichen. Sie gruppieren sich, leicht zueinander versetzt, um das andere Ende des kleinen ebenen Platzes, der das Lebenszentrum der Farm bildet. Dahinter kommt ein mehrere Meter breiter Grasstreifen, dann ein steiler Abhang hinunter zum Tal.

Zur Linken, am östlichen Rand der Farm, stehen kleinere, windschiefe Gebäude, die sich später als der Hühnerstall, die

Wäscherei, verschiedene Geräteschuppen und der Maschinenraum herausstellen werden. Ganz rechts, hinter einem rechteckigen Rasen, bildet ein Haus im Rancherstil den Abschluß der Anlage auf der Westseite. In ihm befindet sich der Gesellschaftsraum, der Club, wo sich (wie ihr der Mann im Bus erzählt hat) nach dem Abendessen fast alle einfinden, Schach und Karten spielen, stricken, Musik hören, sich zusammensetzen und plaudern. Dort wird auch getanzt und gefeiert.

Von ihrem Standort neben dem Bus kann sie die ganze Farm überblicken, könnte das Gelände in jede Richtung mit zwei Dutzend Schritten abschreiten. Dort drüben im Westen steht, im Augenblick noch leer, das Haus für Kinder. Sie sollen kollektiv erzogen werden und ihre Eltern nur nachmittags zwischen vier und sechs besuchen. Kim Chernin schaut sich alles sehr gründlich an. Sie versucht die Zeichen zu lesen. Die modernen Gebäude sind ein schlechtes Zeichen. Sie hätte lieber gehabt, daß der Kibbuz alt wäre, eine Geschichte hätte, ein paar schäbige Stellen hier und da. Statt dessen sieht er wie ein geschmackvolles Landmotel an einer abgelegenen Straße in Amerika aus.

Die Aussicht andererseits ist ein gutes Zeichen. Auf der Stelle und ohne die geringste Verlegenheit saugt Kim Chernin die purpurne Bergkette in sich auf, die in nördlicher Richtung am Horizont aufsteigt. Aus Rückzügen, Einladungen, Weigerungen und Lockungen zusammengesetzt und gehalten durch Nebel und Wolken, machen die Berge den Eindruck von massigen wogenden Wellen, die unablässig auseinander hervortreiben, so als würden sie sich selber gebären. Es fällt ihr schwer, sich vorzustellen, daß diese ungreifbare, bucklige, urzeitliche Horde jeden Tag dort sein würde, wann immer sie den Kopf höbe.

Sie drehte sich nach ihrem Rucksack um und sah den Mann aus dem Bus an das niedrige flache Gebäude (den Eßsaal) am Nordende der Farm gelehnt und dahinter die Straße, die Obstplantagen, die Hügel des Libanon, das Hochland von Syrien. In zwei Dutzend weitausholenden Schritten durchquerte sie schnell das Farmgelände bis zu seinem äußersten südlichen Rand, wo die gelben Gebäude standen, jeweils nur durch wenige Meter voneinander getrennt, aber diskret gegeneinander verschoben, um Privatheit zu gewähren, eine schöne Aussicht zu nutzen oder der selbstgefälligen Architektur der Farm einen leicht verwegenen Anstrich zu verleihen.

Unter ihr, direkt zu ihren Füßen, das Flußtal mit seinem trockenen Bett. Der Reiz dieses Tals, so anders als der der Berge. Es lag etwas Verbotenes über ihm, für das du das Losungswort brauchtest, wenn du nicht auf ewig weiterwandern wolltest, aber war nicht genau das dein Wunsch, wenn du dich danach sehntest, durch trockenes Gras und leere Flußbetten, zwischen blühenden Disteln und schwarzen Ziegen hindurch zu laufen? Ganz am Rande ihres Blickfelds konnte sie etwas ausmachen, was sie später ohne Schwierigkeiten als arabische Jungen identifizieren wird, die ihre Herden hüten.

Dies war ihr Ort. Hoch oben, unerschrocken alles überblikkend. Er war für sie gemacht und endlich wild genug. Kein Zweifel, hier war sie zu Hause. Wie nie zuvor auf Erden?

Sie lief über den Rasen zurück, wo die Neujahrsfeierlichkeiten sich ihrem Ende näherten. Sie ballte beide Hände zu Fäusten und preßte sie fest gegen ihre Schultern. Sie würde diese Menschen dazu bringen, daß sie sie aufnahmen. Sie hatten keine Ahnung, wie sie arbeiten konnte. Zwölf, dreizehn Stunden am Tag, wenn es sein mußte. Sie, die Tochter und Enkelin von Arbeitern, die Urenkelin sogar.

An Rosch ha-Schana soll man Süßigkeiten essen. Das weiß jeder, sogar sie. Nach den Prinzipien der sympathetischen Magie, an die Menschen zu allen Zeiten glauben, wird das ganze Jahr süß sein, wenn man zu Neujahr Süßes ißt. Nicht, daß irgend jemand viel Ermunterung bräuchte, um sich an Festtagen vollzustopfen. Einer der Männer in Militärkleidung, der mit einer Art Ball aus zusammengeknoteten Stoffetzen gespielt hat, kommt auf Kim Chernin zu, als sie in Richtung Eßsaal zurückgeht. Er bietet ihr eine Handvoll Rosinen und Mandeln an.

Sie schaut ihn schnell von oben bis unten an. Ist er es? Eine sinnlose Frage. Sie hat keine Ahnung, daß sie sich in einen Soldaten verlieben wird. Beide sind aufgeregt. Kim Chernins Augen sind weit offen, sie hält beinah den Atem an, sie hat die Unterlippe zwischen die Zähne geklemmt, er hat aus seinen Händen eine Schale geformt, um ihr die Rosinen und Mandeln anzubieten. Das verleiht ihm etwas Ritterliches. Er redet zu viel von sich; er muß ihre Aufmerksamkeit gewinnen, bevor sie in ihr neues Leben fortspaziert und ihn vergißt.

Wenn dieser Mann in ihr Zimmer kommt und eine heiße Nummer vorschlägt, dann wette ich, daß sie annimmt. Aus diesem Grund bäumt die Geschichte sich auf, denkt an einen Richtungswechsel. Ich glaube, da war etwas Kurzes, Heißes zwischen diesem Soldaten und Kim Chernin. Eine einzige Begegnung. Oben in dem Wachturm hinter dem abendlichen Aufenthaltsraum, das ist es, was ich glaube.

Sie lehnte sich vor, um ihn zu mustern, die linke Hand in Schulterhöhe. Mag sein, eine große Liebe wirft ihren Schatten von dort, wo sie sich in Kürze ereignen wird, voraus auf den Ort, wo der Geliebte wartet. Mag sein, der Gesang eines kleinen Vogels hat ihr eine Nachricht zugetragen. Vielleicht sind verschlüsselte Botschaften angekommen (sie glaubt, daß der Wind solche Botschaften überbringen kann).

Manche Menschen behaupten, daß für jeden von uns der genaue Ort und die genaue Stunde unseres Todes exakt niedergeschrieben sind. Wenn uns nicht ein Erdbeben holt, dann wird ein Ziegel, der vom Dach des Nachbarn fällt, uns niederstrekken. Kim Chernin glaubt, daß Liebende auf diese Weise ins Universum eingearbeitet sind. Für jeden sind der genaue Ort, die genaue Stunde der Liebe aufgeschrieben. Sie meint dabei solche Liebende, die bereit sind, alles andere liegenzulassen. (Doch es müssen immer zwei sein, die auf diese Weise lieben. Wenn nur einer auf diese Weise liebt, funktioniert es nicht.)

Sie blickt auf seine Lippen. Ihr gefällt die Art, wie er sie zusammenpreßt, wenn er einen Satz beendet. Sie achtet auf seine

Hände, die er in seine Gürtelschlaufe eingehakt hat. Seine Schultern sind breit, er hebt seinen linken Arm, wenn er spricht. Sie beobachtet ihn einen Moment lang mit brennenden Augen, als er plötzlich zum Spiel zurückgerufen wird. Ihre Hand ist herabgesunken. Als er dann den Stoffball wirft, schaut sie schon nicht mehr hin.

Der Schlüssel für diese kleine Begegnung ist nicht unbekannt. Der Mann, den sie sucht, würde nicht hören, wenn ihn jemand gerufen hätte. Dieser hier, der sich aufplustert, um ihr zu gefallen, ganz offenbar, weil er sie für süß und sexy hält, hat keine Ahnung, daß er sie soeben verloren hat, für immer.

Und was ist nun mit dem Wachturm?

Ich könnte sie wegzensieren, diese zweifelhafteren Machenschaften meines früheren Ichs, jener Kim Chernin, die mit Begeisterung Regeln bricht; wenn man etwas nicht tun soll, tut sie es bestimmt. Doch das Gedächtnis ist, wie wir alle wissen, sich selbst Gesetz, ein kompletter Heide. Es hat wahrscheinlich aus vielen Begegnungen einen Mischsoldaten zusammengerührt. Das Geräusch schnellen Kletterns, das kalte Metall der Leiter, tastende Hände, das Ausstoßen und Empfangen dessen, was sicherlich höchste Lust ist; im Ernst, sagt das Gedächtnis, ist es bei alldem wirklich wichtig, wer der Soldat war?

Es gibt noch einen zweiten Grund, diese unbedeutenderen Vergehen nicht zu zensieren. Wenn ihre Zeit kommt, sich zu verlieben (ihre Rolle in dem großen, feuchten, universellen Drama zu spielen), müssen wir wissen, daß Kim Chernin auf der Stelle hinauslaufen und die Leiter hochsteigen wird, ohne Angst vor den rutschigen Sprossen. Die Liebe, die sie sich vorstellt, wartet nicht. Ein Klopfen nur an der Tür, ein Zweig, der das Fenster streift, und schon geht die Liebe an dir vorbei, zu jemandem, der schneller reagiert.

Schmetternde Trompeten, alle gleichzeitig, überall auf der Farm. Es gibt keine Kinder, die mitmachen, die spielen, Süßigkeiten essen, in Hörner blasen, zwischen Eßsaal und Hof hin und her rennen. Ein Wolkenband ist vorübergezogen.

Schatten hat sich, sehr passend, in gleichmachender Zucht auf alles gelegt. Zum Glück für sie sprechen hier oben alle englisch. Wahrscheinlich muß sie ihren sorgfältig gelernten Satz nicht anwenden. »*Ani mechapesit et ha Devora.* Ich suche Devora«, meine australische Freundin, die vielleicht jubelt, wenn sie mich sieht, vielleicht auch nicht.

Der Eßsaal ist ein langes, schmales Gebäude. Die Küche befindet sich am anderen Ende, direkt an der Straße. Schwingtüren führen von der Hofseite in den Vorraum, wo Kim Chernin steht. Sie sucht in den sechs Reihen von Briefkästen nach dem Namen ihrer Freundin. Es sind hölzerne Kästen, keiner hat ein Schloß. Sie spielen eine wichtige Rolle im Leben der Farm, vor allem im Winter. In wenigen Wochen wird die Farm sich in sich selbst verschließen, die Briefkästen werden überlaufen, ihr Inhalt den Vorraum füllen, bis in den Eßsaal hineinwuchern.

Mehr als einmal wird Kim Chernin sehen, wie jemand (meist eine Frau) heimlich beim Essen weint wegen dieser rechteckigen hölzernen Kästen im Vorraum, der vom Hauptsaal durch eine weitere Schwingtür getrennt ist. Schließlich wird auch für sie die Zeit kommen, da die hölzernen Kästen eine Bedeutung erlangen, die in keinem Verhältnis zu ihrer tatsächlichen Funktion steht.

Drinnen im Eßsaal gibt es ein buntes Gemisch von Holztischen, einige rund, andere lang und schmal. In einer Ecke steht ein ziemlich ramponiertes Klavier, das aber von dem Musiker, der auf der Farm lebt, immer gestimmt wird. Obwohl hier regelmäßig sechzig Leute essen, gibt es immer Platz für Gäste, zusätzliche Arbeiter, Berater von anderen Farmen. Der Raum könnte sicherlich, ohne überfüllt zu wirken, hundert Personen fassen, und alle würden bequem sitzen. Es müßten dann allerdings zusätzliche Tische geholt werden.

Gewöhnlich ist der Raum kahl. Heute ist er mit Ballons und Girlanden aus gefaltetem Papier verschönert. Er ist makellos sauber, ein heiliger Nahrungstempel, frei von geschnitzten Bildern, so wie es geschrieben steht.

Kim Chernin geht wieder hinaus auf den Rasen. Sie durchsucht die Farm nach ihrer Freundin und hofft, sie muß nicht ihr lächerliches Hebräisch benutzen. Hier oben kommt die Nacht schnell. Eben noch scheint später Nachmittag zu sein, mit einer Ahnung von langsamer Heimkehr. In der nächsten Minute ist man ausgeschlossen, Hunde bellen. Für manche Menschen ist es schlicht unerträglich, nicht zu wissen, wo sie die kommende Nacht schlafen werden. Licht und Dunkel haben damit nichts zu tun. Es liegt am Wind, manche Menschen reagieren besonders empfindlich auf ihn. In dem Augenblick, als der Soldat zu seinem Spiel zurücklief, noch bevor sie in den Eßsaal ging, um nach den Briefkästen zu sehen, hatte sie begonnen, sich heimatlos zu fühlen.

Das Neujahrsfest hat immer auch eine nüchterne Seite. Die Spielzeugtrompeten mögen erklingen, aber Gott hört vielleicht nicht zu. Vielleicht bleibt er uns gegenüber taub, vergißt uns ganz und gar. Was würden wir fühlen, wenn das geschähe? Wäre es nicht eine Art Heimatlosigkeit? Oder noch schlimmer, angenommen, er erinnert sich an uns und fällt sein Urteil an Rosch ha-Schana, wie er es verheißen hat? Am Jom Kippur, dem Tag der Reue, der etwa zehn Tage später folgt, wird unser Schicksal besiegelt sein. Und so spielen wir im Nachtwind, der schon auf uns niederblickt, mit unseren kleinen Trompeten und unseren Leinenbällen alle ein Spiel auf Leben und Tod.

Gewöhnlich werden an Jom Kippur drei Bücher aufgeschlagen. In einem Buch stehen die Namen der Gerechten geschrieben. In einem anderen die Namen der Gottlosen. Das dritte und größte Buch ist für die nicht vollkommen Guten und nicht gänzlich Schlechten, für die dazwischen. In welchem Buch würde ihr Name geschrieben stehen? Wahrscheinlich, überlegt sie, kommt er in das Buch der gefallenen Frauen, der Sünderinnen und Hexen. Das Buch des Todes.

Die Farm, die harte Arbeit, die Kameradschaft werden Kim Chernin hoffentlich von diesen Gedanken heilen. Deshalb muß sie die Leute dazu bringen, daß sie bleiben darf. Wahrscheinlich ist sie müde, seit ihrem Aufbruch von zu Hause hat sie kaum geschlafen. Warum sonst wäre sie plötzlich allem nicht mehr gewachsen, dem Gelächter, den Trompeten, dem beruhigenden Anblick ihrer Freundin Devora, die gerade von der Frau im Strohhut gehört hat und nun sehen möchte, ob es Kim Chernin ist.

*D*evora trägt blaue Shorts. Es sind solche, die man nur tragen kann, wenn man wunderschöne Beine hat (sie haben ein enges Gummiband am Oberschenkel). Devora springt zweimal in die Luft, winkt erst zögernd, dann mit den Armen über dem Kopf. Als sie sicher ist, daß die Frau im langen Rock Kim Chernin ist, läuft sie zu ihr, so wie die Mädchen liefen, bevor sie sportlich wurden. Dann schnappt sie sich den Strohhut, setzt ihn sich frech auf den Kopf. Gewöhnlich ist sie schüchtern. Aber diese Sache mit dem Hut, wie sie ihn sich tief ins Gesicht zieht, Kim Chernin bei den Schultern faßt, ihr sofort von ihrem Zimmer für die Nacht erzählt, das gefällt Kim Chernin, obwohl sie findet, daß Devora sich wie Kim Chernin benimmt und nicht wie Devora.

Devora nimmt Kim Chernin an die Hand. Sie sagt: »Komm, dusch dich in meinem Zimmer. Ich mache Tee.«

Kim Chernin streckt einen staubigen Fuß aus. »Noch immer in der Wäscherei? Du solltest mir lieber eine gründliche Wäsche verpassen. Sieh mich an. Ein sprechender Staubkloß.«

»Also, wer macht jetzt den Tee?«

Dies Geplänkel kann nicht lange so weiter gehen. Devora weiß schon nicht mehr, was sie sagen soll.

Sie bleibt stehen. Sie schaut Kim Chernin nicht an, gibt ihr auch den Hut nicht zurück. All das ist völlig in Ordnung. Daß sie genau dann, wenn sie es am dringendsten möchte, nichts sagen kann, weil auch sie tief bewegt ist – das ist Devora. Wer sie kannte, hätte gewußt, daß dieses Verstummen genauso viel wie Worte wog, vielleicht sogar mehr.

Der Vorratsraum lag neben der Wäscherei, man brauchte keinen Schlüssel dafür, Kim Chernin konnte sich alles nehmen, was sie brauchte. Sie suchten sich Laken, Wolldecken, Kissen, Handtücher zusammen. Es gab auch Arbeitskleidung, dunkelblaue Shorts mit Gummizug, Arbeitshosen für Frauen mit fünf Knöpfen an der Seite, verblichene Arbeitshemden, mehrere Paare abgetragene Stiefel. Als Drei-Tage-Gast brauchte Kim Chernin nicht zu arbeiten. Trotzdem suchte sie sich eine grüne Pumphose aus. Möglicherweise war sie nie getragen worden, obwohl sie auch nicht neu aussah. Devora vermutete, daß sie von dem anderen Kollektiv stammte, dem, das vorher hier gelebt hatte und gescheitert war.

Devora balancierte auf einem Stapel Bettlaken neben dem Fenster und wunderte sich, daß Kim Chernin Arbeitskleidung wollte.

»Vielleicht bin ich nicht für dieses Leben geschaffen«, sagte sie. »Danis Kibbuz hat mir auch nicht gefallen. Frag mich nicht, wieviel Töpfe ich geschrubbt habe, soweit reichen die Zahlen gar nicht. Als ich Dani kennenlernte, wurde es besser. Aber seine Mutter war dauernd hinter uns her. Also dachten wir uns, es wäre gut, wenn wir woanders hinzögen, und dann hörten wir von Araht. Dani hat mich schon dreimal besucht. Er war bis gestern hier. Wenn du gestern gekommen wärst, hättest du ihn noch gesehen. Wenn du bleibst, wirst du Dani an dem Tag, wo er entlassen wird, hier aus dem Bus steigen sehen, das schwör' ich dir.«

Devora war der seelenvolle Typ und häufig todunglücklich. Ihre Augen hatten einen Für-dich-ertrage-ich-alles-Ausdruck. Dieser Ausdruck war schon immer gefährlich gewesen, da er die Sorte Männer anzog, die das gerne bewiesen haben wollten. Gewöhnlich trug Devora ihr Haar in der Mitte gescheitelt, und es fiel ihr zu beiden Seiten des Gesichts bis auf die Schultern. Sie war mit Sicherheit eine Schönheit. Sie hatte große, mandelförmige, dunkle Augen. Sogar einen breiten Mund besaß sie, mit irgendeinem scheuen Geheimnis, das die Mundwinkel hochbog. In der Menge oder bei Versammlungen wurde sie aber häufig übersehen. Vielleicht war sie einfach zu gut, ein bißchen unterwürfig, zu wenig die schlechte Frau, die sich egoistisch um ihr eigenes Vergnügen kümmert.

In dem Zimmer im Erdgeschoß, das für drei Tage Kim Chernin gehören würde, richtete sie mit Devora das Bett her. Kim Chernin stellte ein paar Bücher auf das Bord. Sie hatte ein vergrößertes Foto von ihrer Tochter mitgebracht, einem verträumten achtjährigen Mädchen mit feinem, blondem Haar, einer Lücke zwischen den Schneidezähnen und Augen, die forschend blickten. Es gab jedoch keine Haken, um das Bild aufzuhängen. Das Zimmer, klein und eng, mit Steinfußboden, nackten gelben Wänden, einem schmalen Bett und einem schlichten Holztisch mit Stuhl unter dem Fenster, war makellos sauber, mönchisch, eine perfekte Zelle. Devora fand ein großes Gurkenglas hinter dem Haus, pflückte ein paar Blumen und stellte sie hinein.

»Ich wußte gar nicht, wie leicht sich ein Heim schaffen läßt«, sagte Kim Chernin.

Sie legte sich auf das Bett. Kaum berührte ihr Kopf das Kissen, geriet sie in eine ihrer euphorischen Stimmungen. Natürlich würden sie ihr erlauben zu bleiben. Sie würde sie dazu bringen, es blieb ihnen gar nichts anderes übrig. Die grüne Pumphose von dem gescheiterten Kollektiv war ein weiteres gutes Zeichen. Sie hatte Pumphosen schon immer gemocht, sie erinnerten sie an deutsche Studenten, die sie vor dem Mauerbau in der Berliner S-Bahn gesehen hatte, als sie siebzehn Jahre alt gewesen und zum ersten Mal allein in der Welt herumgefahren war. Eine Pumphose bedeutete ernsthaftes Studieren, harte Arbeit, Alte-Welt-Charme, Sinn für ausgefallenen Stil. Je mehr sie über die Pumphose redete – Devora saß derweil mit einem traurigen Lächeln neben ihr auf dem Bett und schüttelte den Kopf über die Freundin, die sie ganz besonders mochte und der sie gerade wegen dieser Verrücktheit immer helfen würde –, desto sicherer war Kim Chernin, daß die grüne Pumphose mit den braunen Knöpfen am Bündchen genau der Zauber war, den sie brauchte.

»Wenn du bleibst, kannst du eine Überdecke aus der Wäscherei haben«, sagte Devora.

Auf ihrem Weg in den Eßsaal redete Devora zehn Minuten lang.

Manchmal war Kim Chernin eine gute Zuhörerin. Sie hielt ihren Kopf leicht zur Seite geneigt, sagte hin und wieder *hm-hm* an der richtigen Stelle. Ihre Augen, die sonst den Eindruck erweckten, als könnte man direkt durch sie hindurch sehen, gaben einem in solchen Augenblicken zu verstehen, daß sie den Blick auf ihr Gegenüber konzentriert hatte, daß man gesehen wurde. Das kann für einen schüchternen Menschen sehr hilfreich sein.

*E*twas ist seltsam hier oben«, sagte Devora. »Du wirst es nicht sofort erkennen, das tut keiner von uns. Und du schon gar nicht, weil du dich immer gleich so begeisterst. Du beschließt einfach, irgendein Ort ist die Antwort für dich, und dann ist für dich alles ein Zeichen dafür, daß du gefunden hast, was du suchst. Sogar bei einem Gurkenglas bist du gleich aus dem Häuschen. In Amerika habt ihr auch Gurkengläser. Du könntest ein paar Blumen reinstellen und eine Vase daraus machen. Das ist nichts Besonderes. Gut, es ist etwas Besonderes, wenn ich es für dich als Willkommensgruß mache, weil wir Freundinnen sind. Aber das Gurkenglas selber ist nichts Besonderes.

Manchmal denke ich, ich sollte weg hier. Ich könnte bei meinen Eltern wohnen, bis Dani entlassen wird. Das hab' ich dir ja schon erzählt, nicht? Wenn du nach Jerusalem willst, kannst du bei ihnen wohnen. Ich rufe sie heute abend an. Sie werden das ganze Jahr in Jerusalem sein. Ich könnte wirklich gehen, es ist immerhin möglich, daß ich gehen könnte. Araht ist schon ein komischer Ort. Manche sagen, das sind die Winde aus dem Libanon. Niemand weiß, wieso der andere Kibbuz es nicht geschafft hat. Du denkst, du kommst her und nimmst an dem großartigen Experiment vom gemeinsamen Leben teil. Genau das haben wir alle gedacht. Ich glaube, der andere Kibbuz ist gescheitert, weil es hier oben so einsam ist. Du wirst sehen. Nichts als Ziegen. Jetzt ist es besser, weil ja noch fast Sommer ist. Im Winter werden die Leute so gemein. Du solltest hören, wie sie klatschen. Hier oben hat es der Klatsch auf das Niveau hoher Kunst gebracht. Das ist die einzige Form von Kultur in diesem Kibbuz. Besonders die Frauen in der Küche. Sie sind zu dritt dort. Alle stricken sie. Kaum kommen sie in den Gesellschaftsraum, schon holen sie ihre Nadeln raus. Es sind vier Strickerinnen, eine arbeitet nicht in der Küche, und sie ist nicht dick. Sie ist mit mir in der Wäscherei. Ich glaube nicht, daß sie sich richtig unterhalten kann. Vielleicht kann sie nur tratschen. Ich schwöre dir, sie hat noch nie ein einziges Wort zu mir gesagt. Weißt du, was sie über mich sagen? Sie sagen, Dani kommt nicht, wenn er aus der Armee entlassen wird. Sie sagen, er könnte doch jedes Wochenende kommen. Eine von den Frauen, die Küchenchefin, die auch die Zimmer verteilt, die versucht, mich aus meinem Zimmer rauszukriegen, weil sie sagt, Dani kommt nicht, um hier zu leben, wieso sollte ich also zwei Zimmer haben, ich bin doch auch nur allein wie die anderen. Ich werde nicht ausziehen. Selbst wenn Dani nicht kommt, und er kommt bestimmt, würde ich nicht ausziehen. Wenn ich ausziehen muß, dann war's das. Dann bin ich hier weg. Wer braucht denn meine Zimmer? Alle Pärchen haben doch schon zwei Zimmer. Sie beruft sich immer auf Kibbuzprinzipien. Es gibt aber noch andere Prinzipien, wieso beruft sie sich nicht auf die? Wie zum Beispiel Feingefühl? Oder Anteilnahme für andere? Er ist nicht gerade der einfachste Ort zum Leben, der Kibbuz Araht, wenn du dich an die Zimmer gewöhnt hast, möchtest du vielleicht nicht einfach woandershin geschickt werden und wieder von vorne anfangen mit Einrichten und Schönmachen und so, oder? Wenn ich nach Jerusalem gehen würde, könnte ich Hebräisch studieren. In der

Stadt Ulpan. Ich weiß aber nicht, was Dani dann machen würde, weil ich weiß, daß Dani ganz bestimmt hierher zurückkehrt, wenn er rauskommt. Wir könnten in dem Kibbuz seiner Eltern leben. Du könntest auch da hin, wenn du willst, wenn du hier nicht bleiben kannst. Dann könnte ich dich sehen, wenn wir zu Besuch kommen. Wenn wir dort hinziehen, wärst du da. Es ist schwer, in einem Kibbuz Freunde zu finden. Wenn du dort wärst, dann hätte ich schon eine fertige Freundin. In Danis Kibbuz gibt es ein Orchester, sein Vater spielt da mit, du könntest dir deine Arbeit aussuchen, es gibt reichlich zu tun dort. Ich werde Dani davon erzählen. Araht ist ein Ort für Desperados. Die Israelis lernen Englisch, kein Mensch lernt hier Hebräisch. Wenn du zum Essen reinkommst, sprechen sie alle hebräisch. Das machen sie, um anzugeben. Nach drei Minuten bleiben sie schon stecken. Mir geht es genauso. Sie haben Berater geschickt, jede Woche kriegen wir mehr Berater. Ich glaube, das ist der Berg. Wir sind hier oben vollkommen abgeschnitten. Niemand besucht die arabischen Dörfer. Das sehen sie nicht gern. Wenn du jetzt da bist, gehe ich vielleicht mit dir zusammen hin. Die Leute sagen, daß die Winde, die von Syrien rüberkommen, komisch sind, vielleicht stimmt das ja. Sie sagen, die Winde haben den anderen Kibbuz vertrieben. Er ist gescheitert, total. Es gibt jede Menge Klatsch. Er ist mit der Zeit einfach verkommen, ich glaube, es gab Liebesaffären, Streit und lauter so Zeug, sie sagen, ein Mann hätte die Tür vom Zimmer einer Frau eingetreten, eine Frau wäre fast umgebracht worden, aber das wird immer nur getuschelt.«

*I*n ihrem Rucksack hat Kim Chernin ein kleines Buch, auf schwerem Papier gedruckt, eselsohrig, mit Pfeilen am Rand, die den Leser auf rätselhafte Äußerungen am Anfang und am Ende des Buchs hinweisen, wo Kim Chernin ein hitziges Gefecht mit Sigmund Freud ausgetragen hat.

Glücklicherweise waren ihre eselsohrigen Theorien nie einer

ernsthaften Prüfung ausgesetzt. Wenn ich meine Niederschrift hier komplett verpfuschen wollte, müßte ich nur diese Theorien loslassen, wo immer sie bei ihr auftauchen. Sie sind in der Erinnerung ebenso vertrackt und hartnäckig, wie sie gewesen sein müssen, als Kim Chernin nach ihnen lebte. Wieso dachte sie an Sigmund Freud, während sie mit Devora zum Eßsaal ging? Wahrscheinlich hätte sie gesagt, daß die einbrechende Nacht ihre Gedanken auf die archaische, primitive Welt des Körpers lenkte. Freud, der Traumdeuter, der Benenner des Unbewußten, war für ihren Geschmack eine Idee zu lahm.

Kim Chernin hing an ihren Büchern. Wenn auch nur wenige Stunden verstrichen, ohne daß sie einen Blick auf sie geworfen hatte, schnappte sie sich ihren Rucksack, riß hastig den Reißverschluß auf und kramte darin herum. Kim Chernin fand Freuds Behauptung falsch, die sexuelle Neigung des kleinen Kindes, sich unterschiedslos am ganzen Körper zu vergnügen, werde später durch die genitale Erfahrung ersetzt. Die Vorstellung, daß irgend etwas aufgegeben wird, gefiel Kim Chernin nicht. Wo Freud sich organische Prozesse vorstellte, entdeckte Kim Chernin kulturellen Zwang. Es amüsierte sie, daß Freud glaubte, Kinder, »das unkultivierte Durchschnittsweib«, Prostituierte und andere weibliche Wesen, die »primitiven menschlichen Neigungen« nachgeben, seien nicht in genügendem Maße von Scham, Ekel und Moral geprägt worden, wofür Männer sich angeblich empfänglicher zeigten. Kim Chernin sah keinen Grund dafür, daß die polymorph perverse Anlage, die Freud in der Kindheit entdeckt hatte, überwunden werden mußte. Wieso sollte man ihr nicht gestatten, bei jeder späteren Begegnung ungehindert und majestätisch mitzufließen, und zwar inklusive aller damit verbundenen Lustmöglichkeiten?

Sollte Kim Chernin mit Devora über diese Ideen reden? Wahrscheinlich nicht. Im Laufe der Jahre hatte sich gezeigt, daß selbst Freud Kim Chernin nicht verstand.

Vielleicht war Freuds sexuelle Erfahrung anders geartet als

ihre, weil er ein Denker und kein Macher war. Kim Chernin glaubte nicht, daß kulturelle Leistungen auf die Sublimierung frühester sexueller Wünsche angewiesen waren. Sie hielt gotische Kathedralen durchaus vereinbar mit Sex, da von Kräften inspiriert, die auf ebenso ekstatische Weise ursprünglich waren. Wenn es stimmte (sie hoffte hingebungsvoll, daß es stimmte), daß Frauen sich die Fähigkeit bewahrt hatten an ihren frühkindlichen sexuellen Freuden festzuhalten, dann wären sie dazu bestimmt, die größten Künstlerinnen der Welt zu sein.

Diese Irrtümer Freuds irritierten Kim Chernin. Hinsehen, anschauen, berühren, streicheln, all die Partialtriebe, die angeblich später nur noch eine untergeordnete Rolle spielten und die das reife Freudianische sexuelle Wesen auf seinem Weg zum erhabenen genitalen Ziel hin hastig durchlebte, ohne sich ungebührlich lange dabei aufzuhalten – Kim Chernin fand, daß diese Regungen es verdienten, genauso sorgfältig gepflegt zu werden wie jede andere Kunst, was sie Freud an mindestens zehn verschiedenen Stellen mit Ausrufungszeichen und Kommentaren wissen ließ. Sein Text zeigte nie auch nur die geringste Empfänglichkeit für diese Empfehlungen.

Das mag der Grund dafür gewesen sein, daß sie ihn unterwegs liegenließ, neben dem Aschenbecher in einem Taxi zum Flughafen, auf ihrem Weg von Israel nach irgendwoandershin. Sie hielt die gesamte Kultur für eine Verschwörung, durch die ihr jene potente, multiorgasmische Sexualität genommen werden sollte, für die Frauen vorherbestimmt waren.

Sie würde nicht davon ablassen!

Bei dieser Verweigerung, die sie noch einmal erneuerte, während sie sichtbar heiter neben Devora herging, verfinsterte sich ihre Stirn, ihre Augen verengten sich, und sie faßte einen ihrer üblichen heftigen Entschlüsse, als sie den Sicherheitsstreifen überquerten, der den Kibbuz in einem perfekten wellenförmigen Ring umschloß, gesäumt von Wachtürmen, die eben jetzt in einsamem, metallischem Abendglanz standen.

Wenn die Welt genau zwischen Hell und Dunkel schwebt, empfiehlt es sich, einen Wunsch zu äußern oder eine Vision zu haben. Niemand garantiert, daß dieser Wunsch in Erfüllung geht. Aber warum sollte man ihn nicht trotzdem äußern?

Die Tiere machen sich nach Hause auf, wo hoffentlich eine reichliche Mahlzeit aus Heu oder Mischfutter auf sie wartet. Ein Vogel fängt vielleicht einen letzten Wurm, Esel schreien mit ihrer rostigen Stimme – ein seelenvoller Ruf in einer Tonlage, für die menschliche Wesen zumeist nicht sehr empfänglich sind. Hier oben auf der Farm streben die Leute zum Eßsaal.

Gewöhnlich haben sie saubere Hemden, Jeans und Röcke an, alles von Devora frisch gebügelt. Sie kommen paarweise, zu dritt oder viert, allein, überholen einander. Sie haben alle denselben gleichmütigen Gang. Um so zu gehen, muß man die Schultern wegdrücken, weite, langsame Schritte machen und eine Miene leicht geringschätziger Leutseligkeit aufsetzen. Wenn man auf einer Kollektivfarm lebt, wenn man regelmäßig zusammen mit anderen ißt, dann geht man genau so. Kim Chernin findet, es liegt etwas Wunderschönes darin, wie diese Bewegung aus dem individuellen Leben ins kollektive übergeht. Sie hört, wie sie »*Lila tov*, guten Abend« sagen. Sie sehen jetzt älter aus als beim Neujahrsfest. Ganz offenbar haben sie ihr schweres Geschäft des Farmalltags wieder aufgenommen.

Ein Mann mit einem blauen Stirnband hat soeben guten Abend zu Kim Chernin gesagt. Sie wirbelt herum, um ihn anzuschauen; ihre Augen füllen sich mit Freude. Sie ist der leicht erregbare Typ, jede kleine zufällige Geste kann ihr plötzlich bedeutsam erscheinen. Seit ihrer Ankunft auf der Farm ist das das erste Mal, daß jemand sie auf hebräisch begrüßt hat.

Er hat ein mächtiges Haupt voller widerspenstiger schwarzer Locken, kleine braune Augen, eine flache Nase. Eigentlich müßten diese wenig harmonischen Züge ihn reizlos oder weniger als das erscheinen lassen, sie fügen sich jedoch zu einem Gesamtbild, das gutem Aussehen bemerkenswert nahekommt. Er ist ein leidenschaftlicher Mann, grüblerisch und auf düstere

Weise nachdenklich. Die Sorte Mann, die Kim Chernin einmal kurz anschaut und eine Schwester findet. Seine kleinen, besorgten Augen scheinen tief Dramatisches zu verkünden. Vielleicht ist es aber auch nur das Abendlicht, das ihn so feurig aussehen läßt, obwohl er gerade sehr traurig ist. Kurz bevor Simon ben Zvi, der in der Obstplantage arbeitet, sein Zimmer verließ, hat er aufgehört, Zionist zu sein.

Sie geht ein paar Schritte auf ihn zu. Seine dunklen Augen überfliegen die Farm mit einem grimmig prüfenden, kurzen Blick. Er verschränkt seine Arme, verlagert sein Gewicht auf die Fersen, preßt sein Kinn gegen die Brust.Diese Haltung erinnert an einen Mann, der sich gegen einen Angriff wehrt, den er selbst provoziert hat.

Er sagt mit heiserer Stimme und einem nicht ganz echten amerikanischen Akzent: »Laß dir nichts anmerken. Sag ihnen nicht, daß du bleiben willst. Du bist nur für ein paar Tage hier, das ist alles. Um Devora zu besuchen. Sprich später mit mir. Ich habe eine Idee.«

Sie möchte ihn fragen, wer »sie« sind, woher er weiß, daß sie bleiben möchte, wieso er beschlossen hat, ihr zu helfen. Er sucht ihre Augen. Seine innere Welt muß mit Männern bevölkert sein, die barfuß in die Wüste wandern. Das Tempo der Verschwörung verblüfft Kim Chernin, sie, die sich nicht so leicht überrumpeln läßt.

Dann, plötzlich, verschließt sich sein Gesicht, so als würde der Deckel eines schweren Buchs, eines Lexikons oder eines Alten Testaments, einfach zugeklappt, obwohl man noch weiterlesen möchte. Verwirrt dreht sie sich zu Devora um.

»Das ist Simon, er arbeitet in der Obstplantage.«

Devora lächelt ihr trauriges, gewinnendes Lächeln. Genau dieser Augenblick – wenn sie ihr Zimmer verlassen und sich wieder ins Kollektiv begeben muß –, macht Devora seit jeher angst.

Es gibt fünf oder sechs Hunde auf der Farm, einige tragen leuchtend bunte Halstücher. Es sind geschmeidige, verwöhnte

Kreaturen, die vor den anderen Mitgliedern gesondert zum Essen erschienen sind. Sie haben sich vor der Schwingtür versammelt, die in den Vorraum mit den Briefkästen führt. Die, die es nicht begriffen haben, versuchen immer wieder, in den Eßsaal zu kommen. Ein großer, schwarzer Hund mit einem ernsten, intelligenten Kopf ist über den Unsinn mit der Tür erhaben. Mit einem ängstlichen Hopser weicht Devora vor ihm zurück; der Hund beachtet sie nicht. Er ist dick befreundet mit einem kurzhaarigen, gelben Hund, der kaum größer ist als ein Welpe. Der gelbe Hund gibt ihm zarte Klapse mit der Pfote.

Devora und ihre Freundin, die begeisterte Neue, drehen noch eine Runde um die Farm, über den Rasen hinunter zum Gesellschaftsraum im Westen, dann die wenigen Schritte zum Kinderhaus, wo sie hinter dem Gebäude weitergehen. Es ist immer noch heiß. Die Luft ist erfüllt von Gesumme und Gebrumme. Man muß vorsichtig sein, sonst atmet man einen Mundvoll Mücken ein oder kriegt eine ins Auge. Die Berge verblassen. Sollen sie nur. Für heute haben sie genug getan. Sie hat eine gehörige Neigung zu ihrem entfernten, blassen Leuchten gefaßt. Sie wird nie aufhören, sich nach ihnen zu sehnen. Lange nachdem andere Lieben gekommen und gegangen sind, wird diese Liebe zu den Bergen immer noch anhalten.

Kim Chernin sieht hinunter zu den Lichtern auf der Zitadelle. Oder vielleicht sind es auch die Lichter der englischen Mission in Tiberias. In der scharfen Kurve der Straße steht einsam eine Stadt. Vielleicht ist es Safad, die Stadt der Mystiker. In diesem Augenblick, so sollte Kim Chernin später sagen, habe sie sich in den Soldaten verliebt.

An jenem selben Abend, dem Abend von Rosch ha-Schana, war der Soldat bei seinen Eltern gewesen, in dem Zimmer, das er mit seiner Großmutter teilte. Seine Schwester hatte ihr eigenes Zimmer. Sie verstand sich nicht mit Abuela, der Mutter ihrer Mutter, die Ladino sprach, jenes Spanisch der sephardischen Juden, die irgendwann im Verlaufe ihrer Geschichte von Spanien gekommen waren, obwohl die zweiundneunzigjährige Abuela aus Syrien ausgewandert war, wo ihre Familie seit so vielen Generationen gelebt hatte, daß niemand sie mehr zählen konnte. Der Soldat wußte da schon, daß er als höherer Offizier seiner Reserveeinheit nach Araht kommen sollte. Er wußte, wie viele Wochen ihm noch blieben, bis er nach dort oben mußte, wo er sich so sehr verändern würde, daß ihn bei seiner Rückkehr nur Abuela noch erkennen sollte.

Später, als er all das mit Kim Chernin – in ihrem Zimmer im zweiten Stock, wo er zum ersten Mal in seinem Leben mit sich selbst im Einklang war – noch einmal durchging und jedes kleinste Detail sichtete, kam heraus, daß er am Abend von Rosch ha-Schana bei Einbruch der Dunkelheit zur Zitadelle hochgewandert war und von dort den Berg hinauf bis nach Araht geschaut hatte, während Devora auf Safad, die Stadt der Einsamkeiten, zeigte, wo er gerade stand.

Vielleicht war das der Grund. Denn als der Wind, von dem Devora sagte, er komme von Syrien herüber, zwischen dem Kinderhaus und dem abendlichen Versammlungsraum hindurchwehte und Kim Chernin aufspürte, die sich bei Devora eingehakt hatte, wäre Kim Chernin unerfindlicherweise am liebsten in seine Arme gesprungen.

*W*arum machte Kim Chernin sich nach Israel auf, warum ließ sie ihre Tochter zu Hause zurück, warum wollte sie sich unbedingt unsterblich verlieben? Man verlange nicht zu viel von mir. Ich bin hier, um (wenn möglich) Kitt in die Lücken dieser Erzählung über innere Zustände zu stopfen. Es gab die Vorstellung, daß ich, die ich später kam, leichter als jemand anders erahnen könnte, was möglicherweise geschehen war. Niemand hat verlauten lassen, daß meine Meinung etwas taugt, wenn es ums Warum geht. Ich trete nur beiläufig in Erscheinung, verfüge über genauso viel oder wenig Begeisterung wie jeder andere, bin gewiß nicht neutral, nicht einmal besonders interessiert an Spekulationen über seelisches Innenleben. Wenn man mich fragt, sollte menschliches Verhalten ein Geheimnis bleiben.

Nicht in dem Sinne, wie Kim Chernin das Wort Geheimnis benutzte! Ich akzeptiere die Grenzen des Wissens. Für Kim Chernin, die keine Grenzen akzeptierte, ließ sich ein Geheimnis in Erfahrung bringen. Es ließ sich nur nicht (ohne weiteres) aussprechen. Wenn sie süchtig danach war, sich zu verlieben, so wie andere scharf auf eine gute Dröhnung sind, dann vermute ich, daß ihre Sehnsucht der Gewißheit entsprang, sie werde in der Liebe das Undenkbare finden, das dich aber dennoch eines spätes Nachmittags, wenn du es am meisten oder am wenigsten erwartest, beim Schopfe packt. Beim Schopf gepackt zu werden war in jenen Jahren für Kim Chernin die einzig legitime Art, Wissen zu erwerben.

Im vergangenen Jahr war Kim Chernin durch das Schlagen von Türen wachgehalten worden. Zu Hause in Berkeley saß sie auf ihrer Bettkante, stets auf dem Sprung loszustürmen. Wohin sollte sie gehen? Vor was floh sie? Wenn sie manchmal die Wohnung verließ, um ihre Tochter von der Schule abzuholen, war die Straße plötzlich nicht mehr die Straße, die sonst immer da gewesen war. Der schiefe Hortensienbusch im Garten ihres Nachbarn, der alternde Zaun aus Rotholz auf der anderen Straßenseite, die Veranda mit den sechsundzwanzig Stufen kamen ihr plötzlich fremd vor. Wenn sie die Straße entlang ging, um eine Ecke bog, würde sie womöglich vom Rand der Welt kippen. Über ihrer Wohngegend lag eine bedenkliche Heiterkeit, als wäre sie gerade eben erst ausgedacht worden. Das war kein angenehmes Gefühl.

Sie setzte sich auf die roten Stufen vor ihrer Haustür und wartete, daß es vorbeiging. (Was würde geschehen, wenn sie aufstünde, ins Haus hineinzugehen versuchte, um die Schule ihrer Tochter anzurufen, und die Tür von einem Schlüssel verschlossen fände, der nicht der ihre war?)

Kim Chernin hatte sich erschrocken. Vielleicht dachte sie deshalb daran, sich zu verlieben. Sie besaß die Gabe des Vergessens. Sie vergaß jedesmal, daß sie schon vorher geliebt hatte. Jedesmal war es das einzige Mal, das erste Mal. Ich weiß nicht, wie ihr die prächtigen Überzeugungen abhanden kamen, mit denen sie herumgelaufen war. Wird man je wissen, warum ein Mensch so in die Enge gerät? Zu Hause hatten sich ihr die Dinge entfremdet. Sie sahen Kim Chernin voller Ratlosigkeit an, begriffen nicht, warum sie sie im Stich ließ. Dasselbe passierte auch im Rosengarten unterhalb ihres Hauses, jede einzelne Rose im Garten folgte ihr mit dem Ausdruck von Trauer und Verzweiflung.

Damals begann Kim Chernin sich umzusehen. Sie ging nach Süden in das Zenkloster in den Bergen von Santa Cruz. In einem kleinen Raum hinter dem Tempel mußte sie die Kerosinlampen polieren. Sie reiste an der Küste entlang gen Norden, bis fast nach Oregon, um Landkommunen zu besuchen. Sie hatte einen Schlafsack dabei und eine kleine Blechbüchse, in der sie sich über offenem Feuer ihr Essen kochte. Nach ein oder zwei Versuchen begriff sie, daß es unmöglich war, jemandem zu erzählen, was ihr widerfahren war. Sobald sie den Mund öffnete, schrumpften ihre Ängste auf das zusammen, was in Worten möglich ist. (In Worten läßt sich nicht erklären, wie man an einem Gefühl sterben kann.)

Der Mann, der sie liebte, würde alles in der Welt für sie tun, mit ihr überall hingehen, ihr alles schenken, ihr seine ungeteilte Aufmerksamkeit schenken, sich wochenlang freinehmen und, wenn es sein mußte, mit ihr am Strand von Stinson Beach spazierengehen. Sie hatte keine Idee, wie sie ihm beibringen konnte, daß es Gefühle gibt, die so grauenhaft sind, daß man in Stücke zerbricht, wenn sie noch eine Sekunde länger dauern, und daß es wirklich geschieht.

Ihre Tochter, die acht Jahre alt war, hatte ihr beim Zubettgehen in die Augen geschaut. Das ist schlecht für das kleine Mädchen, hatte sie gedacht. Das Kind sieht zu früh, was es in den Augen einer Mutter niemals sehen sollte.

Manchmal sagte sie zu sich selbst: *All dies geschieht, weil sich irgend etwas in mir seinen Weg ins Leben freisprengen will, etwas, das aus dem tiefen Schlummer seines Exils gerufen wurde.* So in etwa redete sie damals. Kim Chernin glaubte, sich verlieben heiße, sich (schließlich, nach langem Widerstand) dem hingeben, was aus den dunklen Tiefen des eigenen Ichs den Weg ins Leben sucht.

Ich vermute, daß der Mann, um in Frage zu kommen, ebenfalls etwas ausbrüten und sich hingeben mußte, bis schließlich, nach langem Kampf, der Weg frei war, daß er sich selbst gebären konnte. Das verlieh ihm eine sehr weibliche Rolle, was die Liebe betraf. Machte beide zu Hebammen füreinander, brachte sie zusammen – schwanger mit sich selbst.

Ich lache. Ich sitze in Kim Chernins blauem Drehstuhl, ich presse mir die Ellbogen in die Stirn und lache. Ich habe einmal an diese Dinge geglaubt. Ich habe leidenschaftlich an sie geglaubt. Als ich Kim Chernin war, habe ich auch so zu leben versucht.

Mittlerweile ist es dunkel genug, daß Menschen sich andere Menschen vorstellen können, die über Grenzen schleichen, sich in Höhlen verbergen. Die Nachtluft (warm, schwer, duftend) füllt sich mit Geflüster und Geraschel, mit Komplotten und Verschwörungen. War das eine Fledermaus oder eine Nachtigall, die sich da mit einem stummen, unverständlichen Hilfeschrei in die Lüfte schwang?

Für Kim Chernin und ihre Freundin Devora, die Schulter an Schulter am anderen Ende der Farm umherwandern, gibt es keinen Grund zur Eile. Devora würde gern auf das Abendessen verzichten. Sie würde lieber auf ihr Zimmer gehen und Kim Chernin noch ein Stück Streuselkuchen anbieten. Kim Chernin gefällt es hier am Rand der Farm, sie hat den Kopf in den Nacken gelegt, die Augen halb geschlossen, das Kinn leicht angehoben, als höre sie Musik.

Manchmal vernimmt Kim Chernin ein Rufen. Es ruft geräuschlos (noch), oder vielleicht klingt es wie das gedämpfte Zischen, mit dem eine Wildente auf dem kleinen Teich landet, in dem Wald hinter ihrer Wohnung in der Euclid Avenue. Dort war sie oft am späten Nachmittag mit ihrer Tochter. Wenn es so klänge, dann würde es sich traurig und weit entfernt anhören, nach der Einsamkeit einer Mutter, die ihr Kind verlassen hat. Als Kim Chernin sich in die Arme des Soldaten werfen möchte, verkörpert er für sie die vage Hoffnung, daß solch ein Mann möglich wäre. In einem Menschen, der so leidenschaftlich wie Kim Chernin ist, entwickelt diese kleine Hoffnung eine ungeheuer stärkende Kraft. Als eben diese eine Hoffnung, die Hoffnung, sich zu verlieben, schließlich starb, war Kim Chernin praktisch über Nacht erledigt.

Devora sagt: »Ich war dreimal verliebt. Ich bin dreiundzwanzig Jahre alt. Wenn Dani nicht zurückkommt, wenn wir nicht heiraten, werde ich mich nie mehr verlieben. Nie mehr im Leben. Du wirst sehen. Ich gehe dann wieder nach Melbourne, hole Bubbe aus dem Heim und lebe für den Rest meines Lebens mit ihr zusammen.«

Kim Chernin kommt es so vor, als versuche Devora sich selbst zu überzeugen, daß andere Männer unmöglich so gut sein können wie ihr Vater. Deshalb sucht sie sich immer Schufte aus. Soll sie das Devora überhaupt sagen? Wahrscheinlich nicht.

Devora hört zu, dann lacht sie. Sie lehnt sich gegen Kim Chernin, als müßte sie so heftig lachen, daß sie sich nicht mehr alleine halten kann. Sie kriegt kaum Luft. Das Lachen einer Frau, die noch nicht weiß, daß sie ohne Hoffnung ist, klingt wahrscheinlich so.

Kim Chernin ist in jenem empfänglichen Zustand, der an Verzweiflung grenzt und ganz plötzlich das Urteilsvermögen lähmen kann – etwas, das für alle Formen der Verliebtheit gilt. Wie weggeblasen die übliche Angst, man könnte den Unvollkommenheiten des anderen zu nahe kommen. Man braucht ihn so sehr, daß man bereit ist, die Arme sinken zu lassen und ihn im allerbesten Licht zu sehen.

Devora trödelt, sie sieht, wie die weißen Schuhbänder ihrer frischgewaschenen Turnschuhe aufgehen. Sie lebt jetzt seit acht Monaten hier oben, würde viel lieber ganz und gar auf das Abendessen verzichten und in ihrem Zimmer mit Kim Chernin alte Fotos angucken.

Devora hat Kim Chernin erzählt, daß es im Eßsaal einen kleinen, in die Wand zur Küche eingelassenen Kühlschrank gibt. Jeder, der nach dem Abendessen Hunger bekommt, kann sich dort Yoghurt, Brot und Butter, Kekse oder Kuchen und Marmelade, Obst und Käse holen, du mußt nie Angst haben, daß es nicht genug zu essen gibt. Aber, sagt Devora, sie sehen es nicht gern, wenn du allein auf deinem Zimmer ißt, es kränkt das Kollektiv. Fast alle erscheinen zu den Mahlzeiten, außer wenn sie krank sind. Und dann wird jemand mit dem Mittag- oder dem Abendessen zu ihnen geschickt.

Als Kim Chernin Devora vor einigen Jahren im Sommer kennenlernte, brachte Devora ihr bei, wie man Streuselkuchen backt. Das Rezept stammte von Devoras Großmutter. Devora wußte, wie man gerade so viel Butter an Zucker und Mehl gibt, daß die Streusel locker und nicht fettig geraten. In jenem Sommer war Kim Chernin gerade von San Francisco nach Sausalito gezogen. Im folgenden Jahr, als Devora zu Besuch kam, war Kim Chernin von Sausalito nach Berkeley gezogen. Auch da backten sie Streuselkuchen. Devora war auf dem Weg nach Israel, um ein neues Leben anzufangen. Kim Chernin sehnte sich schon länger nach einem neuen Leben. Die beiden Frauen spazierten am Yachthafen entlang, setzten sich in den Sand, aßen Kuchen und schickten ihre schwärmerischen Sehnsüchte über das dunkle Wasser. Devora sprach von Erneuerung durch harte Arbeit auf dem Land, Kim Chernin erwähnte das Verschwinden privater Einsamkeit durch das Leben im Kollektiv; sie wollten gerne, so wie die frühen Pioniere, bei der Gründung einer dauerhaften Form sozialen Lebens mithelfen – dem Kibbuz, dieser schönsten Blume des Sozialismus hier auf Erden. Devora fand die Gleichheit der Geschlechter sehr attraktiv. Kim Chernin erwähnte (anachronistischerweise) die freie Liebe.

Achtzehn Monate später glaubt Devora nicht mehr mit derselben Inbrunst an das kollektive Leben. In jedem Kibbuz, den sie besucht hat, sind es die Frauen, die kochen, bügeln, sich um die Kinder kümmern, die Klos putzen, in der Molkerei arbeiten. Die Männer fahren Traktor, beschneiden Bäume. Mit erbitterter, entschiedener Stimme erzählt sie dies Kim Chernin, die sie am Arm in Richtung Eßsaal zieht. Devora würde gern noch eine weitere Runde drehen. Wenn Kim Chernin ihr die Entscheidung überließe, würden sie stehenbleiben, auf Safad hinunterschauen, sich ihren Träumen hingeben und still weinen, weil Dani noch nicht angerufen hat, seit er gestern wieder weggefahren ist.

Devora zieht folgenden Schluß: »Wenn Dani wirklich verliebt wäre, hätte er anrufen müssen, er hätte es keine vier Stunden ohne Anruf ausgehalten, findest du nicht?« Kim Chernin denkt, ein Soldat stünde wahrscheinlich ganz schön blöd da, wenn er alle vier Stunden sein Mädel anriefe. Sie glaubt, er würde wahrscheinlich in Verdacht geraten und wegen Geheimnisverrats vors Kriegsgericht kommen. Devora versucht tapfer ein Lachen.

Devora hat schon heute morgen nach ihrer Post gesehen. Sie schaut verstohlen zum leeren dritten Kasten von links in der untersten Reihe. Als sie hintereinander den Eßsaal durch die zweite Schwingtür betreten, muß Devora Shimshon, den langhaarigen, gefleckten Hund mit schlechtem Atem, daran hindern, daß er mit hineinschlüpft.

*K*im Chernin wußte seit jeher, daß ihr Vater ihre Mutter so sehr liebte, daß kein Raum für eine weitere Liebe blieb, zumindest nicht von der Art, wie seine Tochter sie sich wünschte. Solch ein Umstand kann eine Tochter zweifellos dazu bringen, daß sie sich nach dem Unerreichbaren sehnt. Es könnte sie auch dazu bringen, daß sie sich in einen Mann verliebt, noch bevor sie ihm begegnet ist.

Natürlich ist Kim Chernin prinzipiell gegen alles, was das Mystische auf etwas Pragmatisches reduziert. Sie haßt die Wissenschaft, vor allem die Wissenschaft von den seelischen Zuständen, denn die waren die Domäne weiser Frauen, lyrischer Poesie und Dostojewskis, bevor ein jüdischer Wiener Arzt daherkam. Kim Chernin mag den Wiener Arzt nicht, obwohl sie ihn immerzu lesen muß. In ihrem Rucksack hat sie eine schmale Ausgabe von *Totem und Tabu*.

Wie sich herausstellen wird, ist der Soldat von Safad in jeder Hinsicht ein Doppelgänger von Kim Chernins Vater, der Schach spielte, Gedichte rezitierte und, wenn er nachdenklich war, seine Handflächen vor der Brust aneinanderpreßte. Kim Chernins Vater hatte seinen Hochschulabschluß am MIT gemacht, der Soldat studiert, wie sich herausstellen wird, Ingenieurswissenschaften am israelischen Pendant. Im Grunde gab es also nichts Geheimnisvolles an der Tatsache, daß Kim Chernin sich in einen Mann verliebte, noch bevor sie ihm begegnet war, und schließlich auch nichts Geheimnisvolles an der späteren Ankunft des Soldaten im Kibbuz, auch wenn nichts Kim Chernin zu genau dieser Farm gerufen hatte, zu der der Soldat dann als Reservist abkommandiert wurde.

Alle Vorahnungen und Andeutungen, alle gierigen Sehnsüchte und erotischen Phantasien waren vaterfixiert, vaterdeterminiert. Es bestand überhaupt kein Anlaß, das Schicksal, das Verhängnis oder das mystische Walten der Liebe zu beschwören, so wie Kim Chernin es ständig tat. Es sei ja ohnehin nicht das Familienoberhaupt, das von der Tochter begehrt werde, hatte Kim Chernin vor ihrem Aufbruch nach Israel zu ihrem Analytiker gesagt, sondern vielmehr der verträumte junge Mann, der noch nicht vom Leben kaputtgemacht ist, der Knabe mit dem Schicksal im Gesicht und dem Herbst in seinem Herzen, der jugendliche Vater, der, lange bevor seine Tochter geboren wird, schon ausgelöscht ist, der Vater, bevor er

Vater wird, bevor ihn die Mutter sich holt und ihn zerschmettert. Aus diesem Grund trägt die Liebe auch immer so viel Wehmut in sich. Liebe gilt immer dem Geliebten, der zu dem Zeitpunkt, da man ihn kennenlernt, schon verschwunden ist. So ist es doch, oder?

Es gibt Zeiten in Kim Chernins Leben, in denen sie sehr schüchtern ist. Dieser Augenblick jetzt gehört nicht dazu. Sie kommt allein in den Eßsaal. Die Regeln verlangen, daß sie nach drei Tagen wieder geht. Einige Sommer-Freiwillige – stramme Arbeiter, die jeder kannte und mochte – haben die Apfelernte mitgemacht, manchmal zwölf Stunden am Tag gearbeitet und so versucht, die Regeln zu umgehen. Keiner von ihnen durfte bleiben. Wenn die Ernte vorbei ist, wird ein gutes Drittel der Mitglieder woanders arbeiten, auf Farmen im Tal oder noch weiter weg sogar. Einige gehen dann zur Schule, wo sie in handwerklichen Techniken oder Milchwirtschaft ausgebildet werden.

Niemand braucht oder wünscht noch weitere Fremde. Das erkennt man deutlich an der Härte in ihren Augen. Schon gar nicht die Sorte Frauen, die auf die eine oder andere Weise stets Ärger bedeutet, die schon die Küchenchefin gegen sich aufgebracht hat und ein schnauzbärtiges Herz gebrochen hätte, wenn es sich denn brechen ließe.

Kim Chernin beabsichtigt, Herzen zu gewinnen, jedes einzelne von ihnen. Obwohl ich persönlich froh bin, daß sie gescheitert ist und man, zumindest bis heute, nichts mehr von ihr gehört hat, mögen die meisten Menschen Kim Chernin. Trotzdem wird es nicht einfach sein. Die Menschen hier oben sind ängstlich, so nah an gefährlichen Grenzen halten sie sich an Regeln. Sie ist gerade erst übergewechselt, von dem, was sie bis zu diesem Augenblick gewesen ist, zu all dem, was jetzt für sie möglich sein soll. Sie beabsichtigt, hart zu arbeiten (sie wird hart arbeiten, es wird alles andere als hilfreich sein, sie wird Ärger schaffen).

Alle hören auf zu reden. Die meisten hören auf zu essen, heben die Köpfe, schauen zu ihr hin. Es ist fast Winter, die Freiwilligen haben den Berg verlassen, die Zeit der grimmigen Kälte naht. Die Regenperiode steht bevor, Kim Chernin hat rötliches, ziemlich lockiges Haar, mein Haar ist jetzt glatt, ernüchternder Schnee hat sich darüber gelegt. Ich glaube an so gut wie nichts mehr, woran ich damals geglaubt habe, nicht einmal an das Glauben als solches, schon gar nicht an jene hohe, strenge Religion, die da heißt Sich-Verlieben, in einen Ort, einen Baum, ein Schicksal, eine Gruppe von Menschen.

Sie bleibt am Eingang zum Eßsaal stehen und wartet auf Devora. Schaut sie euch gut an. Hier ist eine Frau, die gefunden hat, wonach sie sucht. Wenn sie stark und energisch wirkt, so ist das nicht verwunderlich. Hier in diesem Grenzkibbuz, wo Menschen manchmal zwölf Stunden am Tag arbeiten, bei jedem Wetter vor Morgengrauen aufstehen (später wird es sogar schneien), hat sie ihren Schauplatz gefunden. Was auch immer es sein mag, wovor sie wegläuft, was auch immer sie hertreibt, was auch immer nach ihr ruft, dies ist der Ort, wo sie ihr Lager aufschlagen, ihre Kräfte sammeln wird.

*K*im Chernin trägt einen Rock mit kleinen schwarzen und braunen Karos. Er ist gekürzt worden, damit man ihre Fesseln sieht. Sie hat diesen Rock von der Mutter von einem der Kinder geschenkt bekommen, um die sie sich nach der Schule auf dem Schulhof gekümmert hat. Im Gegenzug hat Kim Chernin der Mutter eine ovale Kupferpfanne geschenkt. Nach üblichem Standard ist es kein besonderer Rock, er ist lang und leicht ausgestellt und läßt sie größer und schlanker wirken, als sie tatsächlich ist. Sie trägt wieder eines ihrer ausgeschnittenen Oberteile, ein ziemlich zerknautschtes, weil es in ihrem Rucksack ganz nach unten geraten ist. Sie hat ihre Sandalen gewechselt. Auch dieses Paar ist handgemacht und stammt aus dem Ledergeschäft in Berkeley, das sich erst in der Telegraph Avenue befand, dann nach Shattuck umzog und schließlich verschwand.

Die Art, wie sie ihr Haar frisiert, ließe sich all denen empfehlen, die ihr Leben auf einer Kollektivfarm verbringen wollen. Sie wäscht es, schüttelt es mit einem heftigen Ruck aus, frottiert es kräftig mit einem Handtuch und kämmt es mit den Fingern durch. Wenn eine Locke oder Welle nicht an der richtigen Stelle sitzt, schneidet sie sie mit der Schere weg. Mit der Zeit erwischt sie so alle Wellen und Locken.

Ich gestehe, daß ich eine gewisse Zuneigung für sie hege. Für diese Streunerin von einunddreißig Jahren, die so aussieht, als habe sie kaum die zwanzig erreicht und das Beste aus der Tatsache gemacht, daß sie verwirrt, müde, zerknittert und in einer schwierigen Lage ist.

Kim Chernin wirft einen schnellen Blick durch den Saal. Wenn sie sich ihnen schon ausliefert, sollte sie sie wenigstens richtig einschätzen.

Der Saal hallt wider von all den verschiedenen Sprachen, ein regelrechtes Babel. Es herrscht ein allgemeiner Lärm, der auf seine Weise etwas sehr Freundliches hat, ein vielstimmiges Höllenspektakel aus Klappern, Schneiden, Hinstellen, Anstoßen, Beiseiteschieben, Wegfegen, Kauen, Niesen, Husten – mit plötzlichen Ausbrüchen von Geselligkeit. Kein einziger im Saal ist über einunddreißig. Die Berater sind während der Feiertage zu ihrem eigenen Kibbuz gefahren. Wohin soll sie sich setzen?

Kim Chernin schaut nicht zur Tür zurück, um nach Devora zu sehen, die Shimshon, den gefleckten Hund, wieder hinaus auf die Wiese befördert hat. Rechts von ihr, neben der Küche, steht der Mann aus dem Bus vor seinem Tisch. Es gibt zwei leere Stühle. Links von ihr, ganz am anderen Ende des Saals, versucht der Mann mit dem Stirnband angestrengt, ihrem Blick auszuweichen.

An einem Tisch am anderen Ende des Saals, direkt unter den Fenstern mit den acht Scheiben, haben alle die Köpfe gesenkt. Es sieht aus, als starrten sie auf die Suppenterrine. Einige zeigen mit den Fingern, andere schütteln den Kopf. Selbst von hier klingen ihre Stimmen gepreßt und erregt. Eine Frau, die bis dahin noch nichts gesagt hat, klopft mit dem Zeigefinger neben ihrem Teller auf den Tisch. Das macht sie dreimal. Es ist ein Ausdruck des Mißfallens. Der Tisch erinnert Kim Chernin an die Abendessen ihrer Kindheit. Wahrscheinlich hat auch hier die Suppe nichts damit zu tun; eine politische Diskussion findet statt. Der Mann mit dem Stirnband, der »*Lila tov*« zu ihr gesagt hat und in der Obstplantage arbeitet und kein Zionist mehr ist, sitzt ganz am Ende dieses Tisches. Er richtet die Augen traurig auf die Redner, drei Männer, die einander ständig unterbrechen. Vielleicht behauptet einer von ihnen gerade, Ariel Sharon habe die Kampagne im Sinai vergeigt.

Der Tisch neben dem, an dem die Leute sich streiten, ist nicht voll besetzt. Am Ende des Tisches stehen einander zwei leere Stühle gegenüber. Zumindest eine Person wird noch erwartet. Mehrmals blickt ein nervöser Mann mit Korkenzieherlocken zur Tür, starrt Kim Chernin an, sieht an ihr vorbei. Andere sehen ebenfalls zur Tür. Danach nehmen sie wieder ihre Unterhaltung auf, die aus lauter Witzen besteht, die wahrscheinlich deshalb komisch sind, weil sie schon so oft erzählt wurden, daß es ziemlich verrückter Kühnheit bedarf, sie noch mal zu erzählen.

Am Tisch direkt neben Kim Chernin findet eine Art verzweifelter Kampf statt. Kim Chernin möchte auf keinen Fall dort sitzen. Das Messer- und Gabelgeklapper ist deutlich zu hören. Immer wenn jemand einen Teller bewegt, schauen alle gespannt hin, als könne sich nun endlich ein Gesprächsthema ergeben. Es gibt da eine engagierte Frau mit zusammengekniffenen Augen und einem Kinn, das vor lauter Konzentration ganz eckig ist. Soeben hat sie einen erneuten Anlauf zu einer Unterhaltung gemacht. Ein Wort, dann noch eines reißt sich los, macht sich tapfer auf und wird sauber abgeschossen durch das unangenehme Schweigen.

Vielleicht hat Devora einen Anfall von Schüchternheit bekommen; mag sein, sie ist in ihr Zimmer zurückgegangen, um ein Foto von Dani zu holen. Eigentlich ist Devora die letzte, die eine Fremde beim Aussuchen eines Platzes allein läßt.

(Ich glaube, eine Frau aus dem Kibbuzbüro, die auf dem Weg zum Eßsaal war, hat Devora eine telefonische Nachricht von Dani überbracht. Dani würde es am Wochenende nicht schaffen, seine Einheit war für einen Sondereinsatz eingeteilt, mehr konnte er nicht sagen. Auch wenn Devora ihm natürlich glaubte, fing sie zu weinen an. Devora wäre eher gestorben, als den Klatschmäulern, vor allem der Küchenchefin, die Genugtuung ihrer Tränen zu schenken.)

An diesem Ende des Saals steht zur Mitte hin ein großer Tisch. Hier ist ganz offensichtlich keine Fremde erwünscht. Die Unterhaltung schreitet in einem würdevollen, langsamen Trott voran. Die Personen könnten genausogut die elegante Kleidung eines exklusiven Schneiders tragen, obwohl auch sie dieselben gut gebügelten waschbaren Hosen und bedruckten Hemden mit offenem Kragen, dieselben Sandalen und Socken anhaben. An ihrer Entspanntheit, ihrer Arroganz, ihrem sonnengebräunten Vergnügen an der eigenen Gesellschaft könnte jeder sofort ablesen, daß sie die Hiergeborenen sind, die Sabras, die Schwierigen, deren innere Welt angeblich süß und saftig ist, wenn man denn zu ihr gelangt. Kim Chernin möchte sich gern an ihren Tisch setzten, möchte eindringen in ihre Abgehobenheit, die eindrucksvolle Reserviertheit, die Überheblichkeit. Wenn sie sich verliebt, dann wird es am Ende womöglich solch einer sein, einer, der beflirtet, belagert, zur Kapitulation gezwungen werden muß. Für sie fiele diese Art sich zu verlieben unter das Zeichen der Mutter – eine Liebe, die weit gefährlicher als jede andere ist.

Es heißt, die Römer hätten Masada angegriffen, indem sie einen eisenverkleideten Turm bauten. Von diesem Turm aus brachten sie die Ramme in Einsatz, mit der sie die Mauern von Masada, einem befestigten Bollwerk inmitten der Wildnis Judäas am Toten Meer, einreißen wollten. Hinter den Mauern verteidigten sich tausend Juden, darunter Frauen und Kinder, gegen die zehnte römische Legion. Die zehnte römische Legion bestand aus fünfzehntausend Mann.

Wenige Tage nach der Errichtung des Turms schlugen die Soldaten der zehnten Legion eine Bresche in die Mauern. Die Juden, stets erfindungsreich, bauten eilig eine neue Mauer. Vergeblich versuchten die Römer abermals einen Durchbruch, es gelang ihnen nicht, die Mauer in Brand zu stecken, der Südwind trieb die Flammen, die sie losschickten, gegen ihre eigenen Truppen zurück. Sie zogen sich zurück und bereiteten sich auf die Erstürmung am nächsten Tag vor. Während der Nacht begingen die Juden Selbstmord. Zwei Frauen und fünf Kinder überlebten und konnten die Geschichte weitererzählen.

All dies ereignete sich im Jahre 71. Verschiedene Menschen haben gesagt, Masada sei eine symbolische Erzählung, und ihre Aussage gelte bis auf den heutigen Tag. Mag sein, daß die Israelis auf diese Weise kämpfen und sterben werden, heroisch und ohne Kompromiß, mag sein, schon morgen. Mag auch sein, daß die Geschichte warnen will, warnen vor der Selbstmordneigung eines halsstarrigen, verwegenen Volkes, das glaubt, es habe ein Recht auf das Land, das es vor zweitausend Jahren verloren hat. Es könnte aber auch eine Geschichte darüber sein, welchen Einsatz es erfordert, einen Sabra jenes Typs zu lieben, für den die Bresche in jene prächtige Überheblichkeit sich wie Tod buchstabiert.

*K*im Chernin kann die Konturen von Devoras Zähnen erkennen. Ihre Wangen sind eingesunken, eine schreckliche Blässe hat an ihrem Gesicht gearbeitet. Geschwollene Augen; feine, tiefe Linien haben sich um ihren Mund gebildet. Das ist Schmerz, ein schreckliches Kosmetikum.

Kim Chernin flüstert: »Komm, wir verschwinden hier.«

Devora greift nach ihrer Hand. Sie bewegt sich schnell und geht direkt zu dem Tisch, an dem Kim Chernin nicht sitzen möchte und wo der Mann aus dem Bus plötzlich hochgesprungen ist. Er macht eine seiner absurden Gesten, eine tiefe russische Verbeugung mit ausgestrecktem Arm, der den Boden streift.

Devora sagt: »Wieso soll ich mich verstecken? Ich habe keine Angst vor ihr und ihrem Klatsch. Wenn Dani sagt, daß etwas so und so ist, dann schert es mich nicht, was sie daraus macht.«

Devora führt Kim Chernin zu den leeren Plätzen direkt gegenüber der Strickerin, die ihr noch gar nicht aufgefallen ist. Devora guckt so angestrengt wütend, daß sie wieder die Kontrolle über ihr Gesicht zurückgewinnt. Es funkelt vor Entrüstung. Devora wirft den Kopf zurück, lacht ein lautes, falsches Lachen. Der Mann aus dem Bus hat soeben Kim Chernins Hand ergriffen, sie an seine Lippen geführt. Der Mann neben ihm, ein massiger Mann mit behaarten Händen, sagt: »Oh, Scheiße. Oh, Scheiße, Mensch.«

Als Kim Chernin klein war, hat sie einmal ein Kind schreien hören, als sein Vater für nur wenige Minuten aus dem Zimmer ging. In jener verzweifelten, unvernünftigen Wildheit lag etwas, das Kim Chernin wünschen läßt, Devora möge nicht lachen. Was wäre, wenn die anderen den Schrei hörten, von dem Devora vorgibt, er sei das Lachen einer Frau?

Gegenüber sitzt neben der Strickerin ein Mann, dessen Haar noch naß vom Duschen ist. Es ist absolut straff nach hinten gekämmt, so wie damals kein Mensch das Haar getragen hätte. Kim Chernin denkt, daß er wahrscheinlich einen Vater verehrt, der jung gestorben ist und nur ein gerahmtes Foto von seinem Hochzeitstag aus den dreißiger Jahren hinterlassen hat.

Die Strickerin neben ihm schaut derweil auf ihren Teller. An Devoras aufgebrachtem Gesicht läßt sich leicht erraten, wer sie ist. Ihr Haar und ihr Knoten sind so glatt, daß Kim Chernin sich vorstellt, eine Dose Schellack sei dafür draufgegangen. Neben ihr sitzt eine dünne, eigenartige Frau mit braunen Zöpfen, die sie in zwei langweiligen Kränzen um ihren Kopf gelegt hat. Devora stubst Kim Chernin bedeutsam an. Dies ist die Frau aus der Wäscherei, die Verbündete.

Alle am Tisch wissen, daß Dani an diesem Wochenende nicht kommen wird. Sogar Leute von anderen Tischen wissen es. Das merkt man daran, daß niemand Devora ansieht, auch wenn alle sie genau beobachten. Sobald das Essen vorüber ist, wird ihr Name in aller Munde sein.

Der Mann aus dem Bus hat sich auf Devoras Hand gestürzt. Sie nutzt die Gelegenheit und strahlt hektisch, als er ihre Hand an seine Lippen führt. Kim Chernin kann gerade noch Devoras entrücktes Schluchzen mit ihrem eigenen herrlichen Lachen übertönen.

Kim Chernin hat beschlossen, Devora, die angeschlagen ist, zu verteidigen. Selbst wenn es ihr die Chance zum Bleiben verdirbt, selbst wenn sie wieder verzweifelt auf der Straße landet, wird sie gegen die Verachtung kämpfen, die Devora von allen zu spüren bekommt. Als könnte keiner von ihnen an der Liebe zerbrechen. Sie wird ihnen sagen, daß die Liebe ein Spiel für Götter ist, eben jener Zeitvertreib, vor dem Jahwe, der Patriarch, stets auf der Flucht war. Sollte es ihnen gelingen, den süßen heidnischen Verheerungen der Liebe zu entkommen, so werden sie freudlos ins Grab steigen.

Devora, die dreiundzwanzig ist, hat sich schon dreimal nicht vorm Verlieben hüten können.

Der Mann aus dem Bus fängt sofort an aufzuschneiden. Er ist Student in Paris gewesen. Er weiß, wo das erste Pariser Kaffeehaus, das Procop, das 1648 seine Pforten öffnete, ursprünglich gestanden hat. Der massige Mann mit den behaarten Händen hat geglaubt, Kim Chernin komme wie Devora aus Melbourne. Es überrascht ihn, als er hört, daß sie aus Berkeley kommt.

Der Mann, der seinen Vater verehrt, reicht eine Schüssel mit kleingeschnittenen Gurken weiter. Vor Devora steht außerdem eine Schüssel mit Zwiebeln und Tomaten und dicker saurer Sahne. Das Abendessen ist kalt, bis auf die heiße Suppe, die meist aus Brühe besteht und die es immer auch schon mittags mit gekochtem Hühnchen oder Fleisch gibt. Kim Chernin nimmt eine Schale Joghurt von einer dicken Frau mit Hornbrille entgegen, deren Augen einen so intelligenten und freundlichen Ausdruck haben, daß sie gar nicht mehr so unansehnlich wirkt.

Devora erzählt Kim Chernin, daß die Frau mit den freundlichen Augen eine Israelin ist, eine Sabra, die nach ihrer Entlassung aus der Armee nach Araht hochgekommen ist. Im Gegensatz zu manchen anderen, die an ihrem exklusiven Tisch unter sich bleiben, nimmt sie ihre Aufgabe als Botschafterin sehr ernst und wechselt zu jeder Mahlzeit den Tisch, beantwortet Fragen und ermunter die Leute, hebräisch zu sprechen.

Es gibt zwei Sorten Brot. Das Brot wird aus einem Dorf im Tal geliefert, von einer kleinen Bäckerei neben der zerstörten Moschee. Nur das weiße wird an Kim Chernin und Devora weitergereicht. Ein blasser Laib mit einer dünnen Kruste. Das dunkle Brot liegt zwischen der Küchenchefin und der kleinen Frau aus der Wäscherei. Kim Chernin ist nicht blöde. Diese beiden haben nicht ein einziges Mal, seit sie sich gesetzt hat, zu ihr hergeschaut. Kim Chernin haßt es, wenn Formen nicht gewahrt werden. Natürlich kriegt auch sie gelegentlich einen Wutanfall, läßt Dampf ab, verliert die Kontrolle. Doch sie würde selbst ihre Feinde nie absichtlich kränken.

Kim Chernin ist leichtsinnig. Wenn man sie hier rauswirft, sitzt sie ganz schön in der Tinte. Eine Frau, die dabei ist, vom Rand der Welt zu kippen, hat keine Zeit für Unsinn.

Sehr langsam, mit Bewegungen, die die Aufmerksamkeit auf sich ziehen, faltet sie ihre Serviette auseinander. Sie glättet sie auf dem Tisch, hebt sie an einem Zipfel hoch, um ihr Werk zu begutachten. Alle anderen sehen ebenfalls zu, wie Kim Chernin die Serviette zu einem kompakten Papierball zusammenknüllt und leicht über den Tisch wirft. Er landet auf der Platte mit dunklem Brot. Zwei Paar versteckter Augen schauen verblüfft hoch. Kim Chernins Blick ist vieldeutig. Die Küchenchefin hat ihn ohne Zweifel richtig entziffert. Es ist besser, sich diese Frau nicht zur Feindin zu machen, und sei es nur für drei Tage.

Devora beobachtet Kim Chernin aus den Augenwinkeln und kämpft gegen einen unangebrachten Lachanfall. Kim Chernin hebt nicht die Augenbraue, zeigt nicht auf das Brot, sagt kein Wort in Englisch. Die Frau mit den Zöpfen atmet dreimal scharf durch.

Es ist nicht normal, wenn sieben Menschen schweigend dasitzen und auf eine Platte mit Brot starren. Der Mann aus dem Bus schießt plötzlich vor und streckt die Hand aus. Er wird von der Israelin mit der Hornbrille gebremst. Gerade noch rechtzeitig. Denn sonst hätte die Küchenchefin nicht die Chance, die Platte mit dunklem Brot über den Tisch zu reichen. Mehr ein Schieben als ein freundliches Anbieten, aber immerhin.

Kim Chernin nimmt sich hartgekochte Eier, kleingeschnittenes Gemüse, eine halbe Avocado und ein Schälchen Joghurt. Sie streicht Butter auf das dunkle Brot, das genauso feucht und schwer und dickkrustig ist wie das, das sie als Kind in der Bronx gegessen hat. Der Mann mit den behaarten Händen sagt, das Abendessen sei normalerweise gehaltvoller. Gestern abend habe es Hummus und Teigtaschen gegeben. Die Küchenchefin schiebt ihren Stuhl zurück. Vielleicht macht ihr die Kritik am Essen nichts aus. Wahrscheinlich ist sie nicht glücklich über die Aufmerksamkeit, die der Fremden geschenkt wird. Mit Sicherheit würde sie gerne begreifen, was sie dazu gezwungen hat, das Brot weiterzureichen. Was genau?

Nach dem Essen nimmt man Teller, Tassen und Bestecke und bringt sie in die Küche. Zuerst kratzt man die Essensreste in einen Abfalleimer, dann stellt man das Geschirr in das metallene Abwaschbecken mit heißem seifigen Wasser.

Wer setzt die Regeln? Wer bricht sie? Gibt es ein Komitee? Eine einzelne Person, die die Leitung hat, wird sie offiziell gewählt, von der Kibbuzbewegung ernannt? Gibt es eine Berufungsinstanz, an wen wendet man sich, wohin würde man seine Anfrage richten, wenn man bleiben will?

Kim Chernin kratzt die letzten Tomatenreste von ihrem Teller, als die Frau, die abwäscht, sich in die Hand schneidet. Jemand hat ein scharfes Messer im Becken liegenlassen. Als die Abwäscherin auf dem Beckengrund nach Geschirr greift, wird sie vom Messer erwischt.

Das gesamte Geschirr ist aus Plastik, auch die Tassen. Aber die Küchenmesser sind scharf. Eine Menge Blut fließt, die Frau hat ihr linkes Handgelenk mit der rechten Hand umfaßt und saugt mit einem scharfen, pfeifenden Geräusch die Luft durch die Zähne, in der Küche entsteht ein großes Durcheinander, jemand knallt mit der Holztür, die zur Straße, zur Obstplantage, in den Libanon führt. Der Farmtraktor fährt vor, bleibt schnaufend stehen. Der kleine gelbe Hund quetscht sich in die Küche, als die blutende Frau hinausgebracht wird.

Die Küchenchefin steckt ihr dunkles Haar ordentlich in den Knoten und bittet um einen Freiwilligen. Sie trägt eine makellose ausgeblichene blaue Schüre. Sie blickt in die Runde, die sich an der Tür versammelt hat. Hinter ihnen im Eßsaal sitzen die meisten noch an den Tischen, essen Kompott, trinken hellbraunen Kaffee.

Kim Chernin ist zum Abwaschbecken gegangen. Möglicherweise sind da noch mehr Messer? Extra reingelegt? Sie nimmt eine Gabel mit langem Griff, kratzt auf dem Beckengrund herum, findet den Stöpsel, läßt das Wasser ab. Es ist kein schöner Anblick. An dem restlichen Geschirr klebt Blut. (Außerdem liegt da noch ein weiteres scharfes Messer.) Kim Chernin ist sehr aufgeregt. Ihre Nerven sind zum Zerreißen gespannt. Schon dreimal an diesem Abend hat sie sich verliebt. Zuerst in die Berge, dann in den unbekannten Soldaten. Dann, kurz, in die Kameraden im Eßsaal, den Mann mit den Korkenzieherlocken, die Frau mit der geschwungenen Brille, den Mann mit den behaarten Händen, die sieben hochmütigen Sabras, in Devora mit ihrem Schmerz, den Mann, der früh seinen Vater verlor, in alle, die dort saßen, in jene, die über schlechte Witze gelacht, und jene, die sie erzählt haben, in die drei Männer, die einander ständig unterbrochen haben, die Frau, die mit dem Zeigefinger auf den Tisch getrommelt hat, den Mann mit dem Stirnband. Kim Chernins Liebe war so allumfassend, daß sie sogar noch für die Küchenchefin reichte und für die eigenartige Frau mit Zöpfen, die nur zu tratschen verstand. Doch das braune Plastikgeschirr im Metallbecken mit irgendwas darauf, das Blut sein mußte, ließ sie an Gemetzel, das Schlachten von Unschuldigen, einen Grabenkrieg denken.

Jemand hat hinter ihrem Rücken die Tür geöffnet. Hinein fährt der Wind vom Libanon, von den wilden Hügeln jenseits der Grenze. Er ist wie kein anderer Wind auf der ganzen Welt. Etwas Sanftes ist in ihm, eine verhaltene Lockung, welche Art Wetter ihn auch zu dir trägt. Er weckt ein ungestümes Verlangen in dir, nach etwas, was zum Greifen nah ist, nur weißt du nicht, was es ist. Mag sie ein Recht auf dieses Land haben oder auch nicht (sie glaubt, sie hat ein Recht, ich glaube es nicht), etwas in Kim Chernin wird nie von diesem Ort loskommen. Ungestüm im Innersten und genauso widersprüchlich wie sie, gehört dieses Land zur selben Sorte blutrünstiger Phantasten.

*K*im Chernin hat schon immer gern abgewaschen. Als Kind haben sie und ihr Vater, beide in Metzgerschürzen, sich nach dem Essen ums Geschirr gekümmert, während ihre Mutter, eine politische Aktivistin, draußen im Flur am Telefon Versammlungen organisierte. Kim Chernins Vater hatte Sinn für Komik. Einmal holte er aus der Familienbibliothek, in der die Regale hauptsächlich mit Büchern über Marxismus gefüllt waren, das Metronom vom Klavier. Während das Metronom auf dem kleinen Tisch in der Küchenecke tickte, wuschen und trockneten Kim Chernin und ihr Vater in so regelmäßigem Takt ab, als spielten sie eine Fuge von Bach. Zu anderen Zeiten hetzten sie um die Wette, weil Kim Chernins Vater behauptete, er könne so schnell abtrocknen, daß Kim Chernin es nicht schaffen würde, mit dem Abwaschen nachzukommen.

Hier waren die Becken sehr viel größer. Es gab drei Stück, zwei Becken für Vorspülen und Waschen und ein drittes fürs Nachspülen. Neben dem letzten Becken befand sich die große Platte mit hölzernen Abtropfgestellen.

Kim Chernin verzichtete auf eine Schürze. Obwohl sie energisch abwusch, in schnellem, stetigem Rhythmus die Teller kurz und gezielt vorspülte, sie in das seifige Wasser nebenan gleiten ließ, zweimal mit dem großen Schwamm in kreisender Bewegung darüberfuhr, sie dann ins Spülwasser plumpsen ließ, schwappte nicht ein Tropfen über. Wenn das Becken voll war oder das Spülwasser seifig wurde, beugte sie sich zur Seite, ohne sich von der Stelle zu bewegen, zog den Stöpsel raus, wechselte das Wasser und geriet doch nie aus dem Takt. Und wenn wieder jemand aus dem Eßsaal kam und einen Teller ablieferte, stand sie da, ihn entgegenzunehmen.

Niemand hatte je erlebt, daß Geschirr mit solch müheloser Anmut, solch heiterer Bereitwilligkeit, solcher Begeisterung für die Arbeit abgewaschen worden war. So stand denn auch eine ganze Reihe von ihnen plaudernd herum: die Messer im Becken, die Frau mit dem verletzten Handgelenk, wilde Spekulationen über die Herkunft der Messer. Ein paar behaupteten, daß Araber aus einem Dorf weiter oben an der Straße die Patrouillen passiert und sich vor Dunkelheit in einem der Wachtürme versteckt haben mußten, um dann in den Vorratsraum hinter der Küche zu gelangen und einen Augenblick abzuwarten, in dem die Küche leer war. Die meisten hielten das für Unsinn.

Mehrmals schien es der Küchenchefin angebracht, darauf hinzuweisen, daß sie den Eingang verstellten. Ein paar verzogen sich daraufhin, aber insgesamt wurde die Gruppe größer. Bevor Kim Chernin mit dem Abwasch fertig war, kamen sogar noch einige aus dem Gesellschaftsraum zurück, wo die Schachbretter schon aufgestellt waren. Schließlich hörten die meisten auf, hebräisch zu sprechen; zwei Männer kamen sogar und halfen beim Abtrocknen der Bestecke und Küchengeräte. (War das vor diesem Abend auch nur ein einziges Mal passiert? Laut Devora mit Sicherheit nicht.) Sie mußten über einem riesigen Tuch abgeschüttelt, kräftig trockengerieben und dann nach Sorten getrennt in die Schrankschubladen neben der Küchentür eingeordnet werden.

Kim Chernin wechselte häufig das Spülwasser; sie mochte es, wenn die makellos weiße Lauge wie durch Zauberhand aufschäumte, wenn man den Wasserstrahl ins Becken schießen ließ.

Der Mann mit den wippenden Locken trug das abgetrocknete Geschirr quer durch den Raum zu den Schränken. Dieser unerwartete Anblick (ein Mann, der Geschirr trägt) brachte zwei Frauen zu der Frage, ob etwa der Messias wiedergekommen sei. Der Mann mit den wippenden Locken grinste verlegen und kam schnell zurück, um einen weiteren Stapel zu holen.

Durch diese Abwascherei war Kim Chernin in eine ihrer aufgedrehten Stimmungen geraten. Und so hatte sie denn den Eindruck, sie habe zu allen schon sehr lange, vielleicht schon ein Leben lang, ein sehr enges Verhältnis. Vielleicht war das heute abend eine Heimkehr nach langer Abwesenheit. Aber die alte Vertrautheit war noch vorhanden, vielleicht so wie zwischen Vettern und Cousinen, die zusammen aufgewachsen sind und einander nach zehnjähriger Trennung zum Mittagessen treffen. Jedesmal, wenn sie von ihrer schaumigen Arbeit hochsah und jemand in die Küche kam, um seinen Teller abzuliefern, empfing sie ihn so, als strahle er wie das Plastikgeschirr, das sie in die hölzernen Abtropfgestelle schob. Auch sie selber strahlte, allem aufgeschlossen, in ansteckender Wärme und Herzlichkeit, eine Frau, die sich gerade verliebt hat.

Nach Kim Chernins Erinnerung wurde dieser Abwasch, bevor er zu Ende ging, noch zu einer regelrechten Orgie, und alle, die um das Becken herumstanden, wurden von gewaltigen Wellen der Ehrfurcht und des Verlangens erfaßt, wie sie mit dem Verschwinden von Barrieren und einem erhabenen

Miteinander einhergehen und auf ähnliche Weise auch die Verehrer von Bacchus oder Pan überwältigt haben mögen.

Kim Chernin sah sogar, daß eine Ähnlichkeit zwischen dem Mann mit dem Stirnband und Pan bestand. Die listigen, schrägen Augen, die durch hohe Wangenknochen fast zugedrückt wurden, der große, geschwungene Mund mit seiner gefährlichen Einladung zu absolut unschuldigem Vergnügen. So stand er da bei der Tür neben Devora, hielt die Hände gegen seine Schenkel gepreßt, hatte die Füße über Kreuz gestellt und registrierte die Szene äußerst genau.

Devora hatte die Hände auf den Rücken gelegt und lächelte verstohlen. Sie wußte, daß Kim Chernin in Araht bleiben würde, so lange sie Lust hatte. Die unwillkommene Fremde hatte schon eine Arbeit für sich gefunden, sämtliche Mitglieder der Farm kennengelernt, das Interesse von allen gewonnen. So etwas geschah nicht gerade oft in einem Farmkollektiv, wo höfliche Formen auf ein Minimum reduziert waren. Während Kim Chernin spülte und wusch und spülte, war eine Zeitlang eine wahre Flut von Namen zu hören, weil alle sich vorstellten. Yehudit, Amos, Tali, Boaz, Dan, Elana, Arik, Simon.

Andere – zwei Männer und eine Frau –, die vorher noch nie mit Devora gesprochen hatten, ließen Dani Grüße ausrichten. Eine hochgewachsene Frau, die jeder für eine Amerikanerin hielt und die seit ihrer Ankunft vor acht Monaten kein einziges Wort gesagt hatte, platzte plötzlich mit drei Sätzen in perfektem Hebräisch heraus. Die Leute schienen nur ungern die Küche zu verlassen. Ein Pärchen, das auf eine Extraportion Kompott gewartet hatte, brachte die Salz- und Pfefferspender in Ordnung. Sie waren überhaupt nicht mehr zu gebrauchen gewesen, Pfeffer hat sich mit Salz und Salz mit Pfeffer vermischt.

Simon ben Zvi unterhielt sich aus den Mundwinkeln heraus mit Devora (er hatte bis dahin keine drei Worte mit ihr gewechselt), ohne Kim Chernin aus den Augen zu lassen. Devora sagte, Kim Chernin könne einem Dalmatiner die weißen Flekken wegflirten. Simon ben Zvi sagte mit seiner rauhen Stimme und einem Akzent, der nicht ganz amerikanisch war: »Überall wo du sechzig Menschen beisammen hast, sind sechs davon Gangster oder Faschisten. Die Faschisten werden versuchen, die Frau draußenzuhalten. Ihnen gefällt ihr freier Geist nicht. Was die Gangster tun werden, ist unklar. Sie könnten sich in sie verlieben, sie könnten auch versuchen, sie umzubringen.«

Devora beschloß, ihn nicht ernst zu nehmen. Ihr Vater hatte ihr immer gesagt, sie könne einen Witz nicht von einer Beleidigung unterscheiden und halte Ironie für Verbitterung. Seither sah sie sich vor. Sie sagte: »Kim Chernin gehört zu denen, die alles einmal ausprobieren möchten.«

Simon sagte: »Aber es wird den Faschisten nicht gelingen. Ich werde sie daran hindern.«

»Das wirst du nicht«, sagte Devora, »weil ich sie retten werde.«

Kim Chernin glaubte, es gehöre einfach zur Liebe, daß Regeln gebrochen werden – Männer helfen beim Abwasch, zu viele Leute drängeln sich in der Tür, solche, die bislang stumm waren, unterhalten sich plötzlich miteinander. Eben diese unvermittelte, unvorhersehbare Bereitschaft, eine unerwünschte Fremde willkommen zu heißen. Die ganze Zeit, während sie abwusch und spülte und abtrocknete, hatte Kim Chernin nicht mehr als ihren Namen gesagt.

Ja, ich weiß, ich habe 69 Seiten gebraucht, um Kim Chernin in einen Bus, einen Berg hinauf und an einen Abendbrottisch zu verfrachten. Später werden Monate mit einem einzigen Satz hinweggewischt werden. Ist das mein Fehler? Die Form einer Geschichte muß der Erinnerung entsprechen. Literarische Überlegungen (Tempo, Erzählzusammenhang etc.) haben da zurückzutreten. Die Erinnerung verwirft diese Bedenken an jeder Ecke. »*Eyn mukdam u-meuhar ba-tora*«, wie die alte Redensart lautet. »Es gibt kein ›Früher‹ oder ›Später‹ in der Bibel.« Die Erinnerung ist sogar noch schlimmer. Alles geschieht zur selben Zeit, ist mit demselben Grad von Gültigkeit versehen. Man könnte sie genausogut von rechts nach links lesen oder verkehrt herum oder rückwärts.

Ich überprüfe jedes Detail, knete es durch, entkerne es, schneide Häute weg. Ich suche nach Belegen, die Zeit, Ort, Reihenfolge festsetzen. Niemand hat gesagt, daß ich alles aufschreiben muß. Wenn nun aber in jedem Detail ein Hinweis auf das, was später kommt, steckt? Will das Gedächtnis mich kleinkriegen? Ist es auf meiner Seite und hofft, daß ich herausfinde, was in seinen Bruchstücken verborgen ist? Ich bezweifle es.

Das Gedächtnis eines einzelnen Menschen besteht aus ebenso vielen Regeln, Gesetzen, Mythen und Geschichten wie die gesamte jüdische liturgische Tradition mit ihren Schichten von archaischem Hebräisch, Aramäisch und dem Griechisch der Septuaginta, gar nicht zu reden von den jiddischen Übersetzungen und Unterweisungen. Wenn ich so weitermache, muß ich demnächst mit Sicherheit einen Kommentar zu meinem Kommentar zu Kim Chernins Erinnerungen ausarbeiten, der bestimmt bis zu irgendeinem gemeinsamen rassischen Ursprung zurückführen wird und von dort in die fruchtbare Wiege der Menschheit, von wo der ruhelose Abraham sich vor nur wenigen Generationen aufmachte. Wenn es irgendwo aufhören soll, muß es auch einen Anfang haben.

Kim Chernin bahnte sich ihren Weg durch das langsamste Stück Erinnerung auf dem ganzen Gelände, indem sie sich sagte: Ich gehe jetzt zu dem Gesellschaftsraum. Ich befinde mich hoch oben auf einem Berg nahe der Grenze. Ich bin Teil eines Kollektivs, ich habe Brüder und Schwestern, wir werden die Feiertage gemeinsam begehen, wenn das Passahfest kommt, werde ich es sein, die den Afikomon findet.

Die Israelin mit der Hornbrille ging ein paar Schritte hinter Kim Chernin, Arm in Arm mit zwei Freundinnen, ebenfalls Israelinnen. Kim Chernin fand, sie sollten ein hebräisches Volkslied singen, eine Anrufung der Nacht. Der Mann, der immer noch seinen Vater betrauerte, sowie der Mann mit den behaarten Händen und Simon ben Zvi bildeten eine Gruppe. Der behaarte Mann wußte, wer die Messer ins Abwaschbecken gelegt hatte. Es war der Mann aus ihrem Nachbardorf, der die Ziege geschlachtet und sie, gehäutet und in Stücke geschnitten, für Terroristen in der Höhle an der Grenze bereitgelegt hatte.

Simon ben Zvi sagte wütend: »Laß bloß das Traktorfahren sein. Es rüttelt dir das Hirn in die Stiefel. Wie? Du glaubst etwa, das ist ein Kompliment? Du hast sowieso nie Hirn besessen.«

Der Mann mit dem angeklatschten Haar, der jeden Tag zwei Stunden früher von der Arbeit kam, um an dem alten Klavier im Eßsaal zu üben, legte ihr die Arme um die Schultern. Das wirkte beruhigend. Es entwickelte sich sogar eine gewisse Art von geschicktem Drängeln und Schubsen, weil man näher an Kim Chernin heran wollte, die alle anschaute, da sie rückwärts vor ihnen herging. Devora ging nur noch selten zum Gesellschaftsraum. Sie saß meist allein auf ihrem Zimmer und schrieb Briefe, klebte Fotos in ihr Album, las gelehrte Artikel über jemenitische Juden. Der Mann aus dem Bus ging neben Kim Chernin. Er nannte ihr die arabischen Namen der Sternbilder.

Eine schwangere Frau mit lauter Stimme gesellte sich zu ihnen. Sie sprach mit einem Mann, der beschützerisch seinen Arm um ihren Leib hielt. Beide wechselten ständig zwischen hebräisch und englisch hin und her. Kim Chernin dachte, sie übten sich in Zweisprachigkeit, um sie demnächst ihrem Kind angedeihen zu lassen.

Alle fanden, die Sterne hätten etwas von ausgestanzten Löchern. Kim Chernin sagte, der Himmel dort oben erinnere sie an das Exploratorium im Griffith Park, das ihre Oberschulklasse jedes Semester besucht hatte, wo man jeden Stern und jedes Sternbild in perfekter Beleuchtung sehen konnte und wo James Dean wie eine Kuh gemuht hatte. Genauso gehe es ihr, sagte Kim Chernin. Der Nachthimmel wecke in ihr den Wunsch, zu muhen oder zu blöken.

Dieser Äußerung folgten sporadische Ausbrüche von Gemuhe und Geblöke, was in Hebräisch anders klang als in Englisch. Kim Chernin ging jetzt, den Kopf im Nacken, langsam vorwärts, dann legte Simon ben Zvi seine Hände auf ihre Schultern. Er hatte einen Geruch, den Kim Chernin mochte, nach frisch gegossenen Pflanzen und dunkler Erde, vermischt mit Schweiß und Verderben. Hier war die pure sexuelle Hochspannung, der die alten Hebräer, wie Kim Chernin glaubte, nach ihrem Abfall von Jahwe gehuldigt hatten. So wie Simon sie heiß durchlief, mußte hier die archaische Lust sein, die nach Freuds Vorstellung den Körper verlassen hatte, um sich in patriarchalem Gehorsam dem Genitalen zu beugen.

Ich verweile bei dem Detail. Es weist diese Erinnerung unmißverständlich als Bericht einer ersten Nacht aus, da Simon noch Empfindungen zu wecken vermag, die später dann lau und schließlich kalt werden. Dann wird sie statt dessen seine Grübelei, seinen Scharfsinn und seine Treue bewundern, jene Eigenschaften, die ihn so vertraut werden lassen wie eine Mutter und einen Vater, denen ein ganzes Kinderleben lang nichts Sexuelles zugestanden werden darf. Was, wie Kim Chernin glaubte, jegliches Miteinander von Liebe, Intimität, Familienleben und heißem Sex für immer verhindert. Kim Chernin glaubte, daß die Art sexueller Lust, die sie suchte, die archaische, kanaanitische, vorhebräische Art, nach einer derartigen Geschichte nur noch zwischen Fremden möglich war. Sie hatte bis jetzt noch nicht entschieden, ob das ein tragischer Zug der menschlichen Existenz war oder nicht. Was war denn schließlich so verkehrt an Fremden, solange man sich nicht für Ehe und Familie interessierte?

Die meisten gingen jeden Abend in den Gesellschaftsraum, um zu lesen und zu plaudern, Karten und Schach zu spielen, um Tee zu trinken, Kekse zu essen und um zu politisieren. Es gab dort oben Leute, die den Gesellschaftsraum für die höchste Vollendung kollektiven Lebens hielten: Die Tagesarbeit war getan, (zukünftige) Kinder in ihrem Kinderhaus zu Bett gebracht, und hier nun vollzog sich das Miteinander des Kollektivs, es vergewisserte sich seiner Existenz und tauschte kleine Geschichten aus. Menschen, die so etwas mögen, hätten sich hier zu Hause gefühlt.

Der Gesellschaftsraum war ein großer, rechteckiger Raum mit bequemen Stühlen und niedrigen, schmalen Tischen, die sich in Fensternähe an den Wänden entlang gruppierten, dazu Regale mit Büchern und Spielen, bis fast unter die niedrige Decke gestapelt. Es gab zwei große Maschinen aus Metall für Tee und Kaffee; für jeden Abend war jemand eingeteilt, der dafür sorgte, daß sie stets gefüllt waren. Männer tauchten in diesen Listen offenbar nicht auf, später allerdings, als die Kinder geboren waren, beteiligten sie sich an den abwechselnden Nachtwachen im Kinderhaus. Selbst sehr kleine Babies schliefen nicht bei den Eltern.

Kim Chernins Gruppe stand bei den Bücherregalen. Die Israelin mit der Hornbrille brachte Kim Chernin eine Tasse Tee. Dann holte Kim Chernin eine Tasse Tee für sie. Es stellte sich heraus, daß sie heißes Wasser mit Zitrone und Honig mochte. Den Tee übernahm dann eine ihrer Freundinnen, eine hübsche Frau in einem blaubedruckten Kleid, die Kim Chernin beibrachte, wie man *Tee* auf hebräisch sagt, sie zeigte auf die Tasse, nannte das Wort, sie zeigte auf sich, sagte ihren Namen. Das lief sehr gut, andere machten mit, Kim Chernin wiederholte alles (*Tasse, Tee, Zipora, Mann, Frau, ich*), allerdings mit höchst merkwürdiger Betonung.

Der Mann mit dem Schnurrbart würde mit dem Bus fortfahren, der am nächsten Morgen vor Sonnenaufgang hochkam. Er sagte auf hebräisch und wählte dabei seine Worte sehr sorgfältig: »Ich werde niemanden von euch nach heute abend jemals wiedersehen.«

Er wirkte traurig und zerknirscht, als hätte er seine größte Chance für ein gutes Leben vertan. Die hübsche Israelin in dem bedruckten Kleid tätschelte seinen Arm. Er schenkte Kim Chernin einen hungrigen Blick. Vielleicht konnte sie ihn ja noch retten.

Kim Chernin nahm ihn kaum wahr, sie schwamm in der Liebe, die ihr entgegenschlug – eine Hand streifte die ihre auf dem Weg zur Kaffeemaschine, und immer wieder fand sie sich Schulter an Schulter mit jemand völlig Fremdem. Dann wurde sie mit einemmal von einer akuten mystischen Entrückung ergriffen. Sie wäre nun am liebsten in Tränen ausgebrochen, hätte sich gern niedergeworfen, um irgend etwas anzubeten. Sie war zu Hause angekommen. Das wird sie allen erzählen. Nach langen Wanderungen hatte sie sie endlich gefunden.

Bedauerlicherweise ist Ekstase keine gute Beobachterin. Kim Chernin bemerkte die verkniffenen Gesichter, die wachsamen Augen, die argwöhnisch gerunzelten Stirnen nicht. Ihre Stimmung trug sie über alle Hindernisse hinweg; sie sah nicht die vier Frauen, die sich weit weg von der Kaffeemaschine zusammengefunden hatten und gemeinsam strickten, und nicht den Mann im Overall, der auf seine Füße nieder sah, mit niemandem sprach, am anderen Ende des Raums neben der hinteren Tür an der Wand lehnte und seine Nägel kaute. Und Kim Chernin haßte?

Wer Simon kennenlernen möchte, muß ihn gehen sehen. Wie er, die Hände auf dem Rücken, plötzlich in der Mitte von Nirgendwo stehenbleibt und ins Nirgendwo starrt. Er macht zwei Schritte, schiebt die Hände in die Hosentaschen, macht noch zwei Schritte, kickt einen Stein aus dem Weg. Ob er etwa eine Liste von Leuten zusammenstellt, die möglicherweise für Kim Chernin stimmen, wenn eine Mitgliederversammlung einberufen wird?

Andererseits, wieso gibt es in Kim Chernins Gedächtnis die feste Vorstellung von Simon, auf dem Weg zu ihrem Zimmer, wenn Kim Chernin nirgends in Sicht ist? Egal. Dem Gedächtnis sind solche kleinen Diebstähle gestattet. Wie jeder andere auch möchte es gern gute Geschichten produzieren.

Simon glaubt, er sei der Mann, dessentwegen Kim Chernin

nach Araht gekommen ist. Um das zu beweisen, wird er ihr seine Tagebücher bringen, Seiten abschreiben, sie unter ihrer Tür durchschieben. Wenn man mich fragt, so ist eine ganze Reihe Erinnerungen hier von Simon abgekupfert.

Kim Chernin wurde auf seine innere Welt erst aufmerksam, nachdem diese zusammengestellt, analysiert, niedergeschrieben und in ihr Zimmer getragen worden war. Ich, die ich in der Erinnerung zurückblende, weiß, was Simon fühlt, schon in dem Augenblick, wo er es fühlt und Kim Chernin es noch keinesfalls wissen konnte. Ich bin Kim Chernin gegenüber im Vorteil. In diesem eingeschränkten Sinne bin ich allwissend geworden.

Simon hat das Licht in Kim Chernins Fenster gesehen. Obwohl es schon weit nach Mitternacht ist, macht Kim Chernin sich noch zu schaffen und zieht einen Stuhl hinter sich her. Sie hat mit dem Absatz ihrer Sandale eine Reißzwecke in die Wand geschlagen, ist einen Schritt zurückgetreten, um das Poster anzuschauen, hat es wieder abgenommen. Es war klar, daß sie nie die richtige Stelle finden und monatelang bis spät in die Nacht so lange hin und her probieren würde, bis es ihr gelänge, das Mädchen auf die Farm zu holen.

Simon glaubte, daß das noch schwieriger sein würde, als die Dinge für Kim Chernin zu regeln.

Er ging zu ihrer Tür, klopfte lauter. Eine belustigte, müde Stimme antwortet ihm: »Komm herein, Simon.«

Sie saß auf dem Schreibtisch gegenüber dem Poster und hatte die Knie bis ans Kinn hochgezogen.

»Wieso wußtest du, daß ich es bin?«

»Der Mann aus dem Bus war schon hier.«

»Du würdest doch nie mit diesem Idioten ins Bett gehen.«

Simon fand, das war keine würdevolle Äußerung. Am nächsten Tag strich er sie durch, malte einen dicken schwarzen Strich darüber, schrieb sie wieder hin.

Kim Chernin schaute ihn mit weit geöffneten Augen an und neigte den Kopf zur Seite (eindeutig eine typische Geste von ihr). Sie sagte: »Kenn' ich dich von irgendwoher? Aus einem anderen Leben? Offenbar hast du mich da so gut gekannt, daß du einen untrüglichen Sinn für meinen Männergeschmack entwickelt hast?«

Simon wußte nicht, ob Kim Chernin das ernst meinte.

Er sagte: »Als ich dich mit Devora sah, hast du mich sofort erkannt, du hast nämlich darauf gewartet, daß ich auftauche, weil du genauso jemand bist, und ich bin es auch.«

Kim Chernin sagte: »Ich brauche keine Hilfe, Simon ben Zvi. Geh wieder, und stell dein weißes Pferd woanders ab. Ich komme gut allein zurecht. Der Typ, den du Idiot nennst, war nicht ohne Grund hier. Was willst du?«

»Du wirst nicht allein zurechtkommen. Nein, das wirst du nicht. Nicht hier oben. Unmöglich.«

Er setzte sich neben sie auf den Schreibtisch, gegenüber vom Poster mit dem kleinen Mädchen.

»Sie sieht dir nicht ähnlich. Kein bißchen. Nicht mal die Augen. Du kannst hier nicht bleiben, ohne daß dir jemand hilft. Devora ist in Ordnung, sie ist lieb, aber du kannst dich nicht auf sie verlassen. Und mach dich nicht lustig über mich, versuch es erst gar nicht. Ich kann dir bis auf den Grund schauen. Im Gesellschaftsraum hättest du fast geweint oder noch Schlimmeres. Das habe ich die ganze Zeit, als du dort warst, in deinem Gesicht gesehen.«

Es hätte Kim Chernin entzückt, wenn Simon ben Zvi sie vom Schreibtisch gehoben und ins Bett getragen hätte. Stark genug war er. Und sie dann, so heftig er konnte, geküßt hätte, während er auf ihr lag. Simon blieb sitzen, wippte mit den Beinen und schaute sich seine linke Handfläche an, die voller Blasen war.

Er sagte: »Ich spiele Gitarre. Ich hasse Blasen. Araht ist heute nicht mehr das, was du glaubst; das wirst du merken, wenn du hierbleibst. Wenn ich dir helfe.«

Kim Chernin legte ihren Kopf auf seine Schulter. Sie machte solche Sachen, dadurch war sie auf verläßliche Weise widersprüchlich. Sie sagte: »Wieso gerate ich immer an solche wie dich? Wo ich auch hinkomme in der Welt, taucht einer von euch auf. Jedesmal vertraue ich am Ende einem Typ wie dir.«

»Und dann?«

»Kein ›dann‹ – dein Typ ist unendlich vertrauenswürdig. Verrät nie die Frau, die er liebt, läßt sie nie im Stich.«

»Du machst dich über jemand lustig. Vielleicht bin ich das aber gar nicht.«

»Wie alt bist du, Simon? Dreiundzwanzig? Vierundzwanzig? Beinah alt genug, um meine Tochter zu heiraten. Was passiert aber, wenn ich dich loswerden will?«

»Angenommen, du willst nicht?«

»Dann sitze ich früher oder später im selben Schlamassel, falls es ein Schlamassel ist, was dann ist.«

»Klar ist es ein Schlamassel. Das sieht doch jeder. Ich hab' es gleich von Anfang an gesehen, auch wenn du hübsch bist und jung aussiehst.«

Schon ganz früh (mit elf oder zwölf Jahren) hatte Kim Chernin entdeckt, daß Sex die Antwort auf alles war. Auf Schlaflosigkeit, Angst vor der Dunkelheit oder die Wut, die man manchmals als Kind auf Erwachsene kriegt, die nicht zuhören. Alle späteren Verzweiflungen ließen sich auf diese Weise besänftigen, vielleicht auch die in jener Nacht, wenn Simon da nicht so keusch gewesen wäre, in seiner edleren Aufgabe, sie zu retten.

Simon ben Zvi sprang vom Tisch herunter, drehte sich um und schaute sie an. Sie rückte zur Seite, um dicht neben sich Platz für ihn zu machen.

»Keine Angst«, sagte er, weil er zu dem Schluß gekommen war, daß sie sich hart gab, weil sie in Wirklichkeit empfindlich war. »Ich habe nicht vor –«

»Ich habe eigentlich keine Angst, Simon.«

»Das sehe ich. Trotzdem nicht. Ehrenwort. Egal was passiert, du sollst wissen, daß ich nicht deswegen hergekommen bin.«

»Egal was passiert? Was sollte denn passieren, von dem du oder ich nicht wollen, daß es passiert? Du gibst mir dein Ehrenwort, egal was passiert? Aber wenn etwas passieren sollte, dann wäre dein Ehrenwort doch bedeutungslos, oder? Wenn dein Ehrenwort wirklich gilt, dann gibt es keinen Grund, ›egal was passiert‹ hinzuzufügen.«

»Du hast ein hübsches Lachen, wenn du nicht über mich lachst. Ich werde dir jetzt etwas sagen. Ich möchte nicht laut werden. Wenn du glaubst, ich würde versuchen, dich trotz meines Ehrenworts ins Bett zu kriegen, dann irrst du dich.«

»Vielleicht hast du gemeint, ›ich würde versuchen, dich ins Bett zu kriegen‹. Was würde dein Ehrenwort dann nützen? In Wirklichkeit würde es dir nicht viel nützen.«

Simon hatte noch nie jemanden so gewaltig lachen sehen. Dieses Lachen war ebenso irreführend wie ihre zwei Gesichter, ein verborgenes und darüber eines, das jedermann sah, von dem er sich aber nicht täuschen ließ.

Kim Chernin liebte das Verlangen. Es machte ein Ende mit allem Türenschlagen, mit gramgebeugten Rosen und dem Aufschrei eines kleinen Mädchens, das weiß, daß es bald von seiner Mutter verlassen wird. Simon schüttelte den Kopf: »Ich möchte dir helfen. Ich möchte nicht irgendein weiterer Mann sein, der die Situation ausnutzt.«

Obwohl es schon sehr spät war und die Wände sehr dünn, lachte sie noch einmal. »Falsche Geschichte, Simon.«

Simon ben Zvi hätte Kim Chernin gleich am nächsten Tag geheiratet, obwohl man in einem Kibbuz gar nicht zu heiraten brauchte, man zog einfach zusammen. Doch er würde nicht mit ihr ins Bett gehen, selbst nicht, wenn sie ihn wollte, nicht einmal, um sich männlich zu brüsten, daß er der erste war, der sie gehabt hatte. Er war wohl noch ein sehr junger Mann, dachte Kim Chernin, so wie er aussah, sich andiente, ohne sie auszunutzen.

In jener Nacht, als Simon Kim Chernins Zimmer verließ, als er mit ihr hätte schlafen können und es nicht tat, faßte er schon den Plan, ihr von seiner Vision zu erzählen. Es würde eines Tages bei den römischen Ruinen oberhalb des Wadi stattfinden, wenn die arabischen Jungen kurz vor Sonnenuntergang die Ziegen aus dem trockenen Flußbett zurückriefen.

In Simons Vision kamen alte Männer vor, die mit schnellen Schritten hintereinander her gingen. Es kamen auch Kinder, Busse, Armeelaster und Frauen vor, die Bettzeug, Säcke und Bündel auf dem Kopf trugen. Überall auf der Straße lagen Kerosinöfen, Laternen, Stühle und Bettzeug verstreut. Kinder wurden an der Straße zurückgelassen, weil die Soldaten niemandem erlaubten, stehenzubleiben und die Kinder zu retten. Es war heiß, es gab nicht genug Wasser, die Kinder fielen in den Staub.

Die Kolonne rückte näher. Sie kam von weither, auf einer ungepflasterten Straße, die sich einen Berg hinab schlängelte. Es waren Tausende, Zehntausende, alte Männer, junge Männer, Frauen und Kinder.

Simon war sich absolut sicher, daß Kim Chernin diese Vision verstehen würde, aber Kim Chernin wußte ein paar Dinge, die Simon noch nicht wußte.

Sie wußte schon seit 1947 von ihnen, als ihre Eltern einmal beim Abendbrot erzählten, daß Zionisten in europäischen Lagern für »Displaced Persons« Menschen rekrutiert hatten, die nicht nach Palästina wollten. Sie wollten nach Amerika. Ihre Eltern sagten, Präsident Roosevelt sei nach dem Krieg bereit gewesen, die jüdischen Flüchtlinge aufzunehmen, doch die Zionisten hatten es ihm ausgeredet.

Als Simon seine Vision zum ersten Mal hatte, dachte er, die Soldaten seien Deutsche. Als der Zwangsmarsch am nächsten Tag wieder erschien, während er seine Arbeitsstiefel im Geräteschuppen reparierte, begriff er, daß die Soldaten zu jeder beliebigen Armee gehören konnten, zu sämtlichen Armeen, die die Juden verfolgt hatten, gleichzeitig. Die Juden waren der universelle Inbegriff menschlichen Leidens, sie wurden vertrieben, zusammengeschlagen, starben unterwegs an Erschöpfung, litten unter den Römern, den Assyrern, den Kosaken, den Nazis, der zaristischen Armee, den Horden Chmielnickis, den Babyloniern.

Kim Chernin hätte gewußt, wer die Soldaten waren. Sie wußte Dinge, die Simon noch nicht wußte, weil ihre Eltern sie ihr erzählt hatten. Aus diesem Grund konnte Simons Vision sie auch nicht so beeindrucken, wie Simon hoffte. Es ist dieser Fehlschlag, dem ich eine Menge von dem zuschreibe, was bald für Simon, Kim Chernin und selbst für Devora schieflaufen wird.

Kim Chernin hatte im Alter von acht Jahren ihren Frieden mit dem Zionismus geschlossen. (Sie war ein einsames Kind, sie las viel.) Sie brachte dieses Heldenstück zustande, indem sie jenem Impuls nachspürte, der ein Volk aus dem Land treibt, in dem es gelebt hat. Kim Chernin hatte ihre eigenen Ansichten über das, was die Geschichte vorwärts treibt. Wenn alte Lebensformen zusammenbrechen, wenn Menschen ihre Heimat verlassen und woanders hinziehen, weil die Reformen aus den frühen Jahren Zar Alexanders II. gescheitert sind, der Vorwurf des Ritualmords wieder erhoben wird, die Polizei untätig daneben steht, wenn Menschen zu Tode geprügelt, Synagogen entweiht und Häuser geplündert und niedergebrannt werden, wenn zwölfjährige Jungen zum Dienst in der Armee getrieben, zu Tode geprügelt oder zur Konversion gezwungen werden, wenn der jüdische Stiefelmacher durch Fabrikstiefel ersetzt wird, der Gastwirt seinen Lebensunterhalt verliert, Menschenmassen in Gebieten zusammengezwängt werden, die durch Verwaltungsbeschlüsse auf ein Zehntel ihres ursprünglichen Umfangs geschrumpft sind, wenn die Maigesetze verkündet werden, Juden ihre Städte und Dörfer nicht mehr verlassen und nicht mehr woanders verpachten oder Handel treiben dürfen, wenn das zugewiesene Aufenthaltsgebiet immer überfüllter wird, die Hygieneverhältnisse sich verschlechtern, die Menschen von der Hand in den Mund leben, das Schulsystem zusammenbricht, eine Massenflucht in die Städte einsetzt, aus denen diejenigen, die dorthin geflohen sind, nun vertrieben werden, dann machen die Menschen sich auf den Weg, sie fliehen aus Minsk nach Vilna, von Vilna nach Vitebsk, von dort nach Chernikow, Poltava, Kiew, Moskau, Sankt Petersburg, Berlin, Warschau, Jaffa, New York. Zwei Generationen vor Kim Chernin brachen Hunderttausende Juden aus jenem Teil Rußlands, in dem auch ihre Großeltern lebten, in die Vereinigten Staaten auf, unter ihnen die Eltern von Kim Chernins Eltern. Andere schifften sich nach Palästina ein. Kim Chernin wußte dies alles mit acht Jahrten auswendig und hielt es nicht für eine Frage von Ideologie oder Klassenkampf. Sie glaubte, daß diese Menschen verzweifelt waren, ihre Schwestern waren gestorben, sie verloren den Zusammenhalt, sie standen am Fenster und starrten auf die Straße, sie konnten nicht so weiterleben wie früher, sie verstummten, sie erfanden sich ihr eigenes Land, das in großer Ferne liegen und unvorstellbar sein mußte, einige hatten Erez Israel erfunden. Auf dem Weg von New York nach Kalifornien hatte Kim Chernin sich Missionsstationen mit Orangenbäumen vorgestellt, ein Land, das deutlich besser war als das, in dem eine Schwester gestorben, die Gastwirtsfrau vergewaltigt und der Sohn des Stiefelmachers eingezogen worden war. Kalifornien würde auch besser sein als das Hochland von Äthiopien, wo von einer Million äthiopischer Juden nur achtundzwanzigtausend überlebten, die anderen waren umgebracht worden durch Rebellenarmeen, umherstreifende Banditenhorden und die Judenhasserkosaken aus den Bergen des Großen Riffs. Als Kalifornien Kim Chernin dann enttäuschte, entstand an dessen Stelle ein Land mit Toten Meeren und Dattelpalmen, das war 1948, als Kim Chernin acht Jahre alt war und zum ersten Mal in einem jüdischen Tagescamp die blauweißgestreife Fahne des neuen jüdischen Heimatlandes sah, mit dem Stern Davids in der Mitte.

Bei dem Abendessen hatten Kim Chernins Eltern gesagt,

die Zionisten hätten während des Kriegs mit den Nazis zusammengearbeitet, sie zynischerweise bezahlt, um die jüdische Elite zu retten und nach Palästina zu bringen. Kim Chernins Mutter hatte gesagt: »Elite, wer soll das denn sein? Jemand, der weiß, wie man einen Löffel in Kaviar taucht?« Für Kim Chernin mußte Zion nicht rundum gut sein. In ihrer Verzweiflung tun Menschen Dinge, die sie später bedauern. Sollte sie das ihrer Mutter sagen? Wahrscheinlich nicht. Ich könnte mir denken, daß sie Simon etwas der Art zu sagen versucht hat.

Mag sein, Simon hatte in dem arabischen Dorf auf dem Hügel oberhalb der Ruinen schon genug gehört, wenn er jetzt noch etwas lesen würde, so könnte das womöglich einen unerträglichen Gedanken lostreten, der ihn erledigen würde, sollte er je Raum greifen. Was ihn zu Simon und nicht zu seinem Vater machte, war möglicherweise der Plan, der Hohepriester einer inneren Welt zu werden, in der der Zionismus geduldig auf die Ankunft des Messias wartet. Vielleicht hatte er seine Kindheitsverzweiflung heruntergeschluckt – über seinen Vater, der ihn haßte, und seine Mutter, die ihn zu sehr gegen den Haß seines Vaters abschirmte –, indem er sich sagte, daß er eines Tages im Lande Israel von Nutzen sein würde. Vielleicht wurden die zehn Teile, aus denen Simon bestand und die in Scherben auseinanderzufallen drohten, einzig und allein durch seine Liebe zu Israel zusammengehalten. Deshalb mußte die Vision auch wiederkommen. Die Prozession setzte sich in Bewegung, wirbelte den vielsagenden Staub auf, Soldaten, Armeelaster, sterbende Kinder, auf die Straße geworfene Kerosinlampen, Soldaten in Uniformen, die er nicht identifizieren konnte. Doch jedesmal wenn er kurz davor war, die Bedeutung all dessen zu erfassen – ein so ausgedörrtes Land, nur niedriges Unterholz und Büsche wuchsen auf den Hügeln –, dann zerfiel das Bild. Ganz aus der Nähe konnte er den zerquetschten Silberring an der Hand eines Kindes in allen Einzelheiten studieren. Ganz aus der Nähe Strähnen schwarzen Frauenhaars, das sich in der Schnur eines Bündels verfangen hatte. Simon nannte das Bündel jammervoll. Er fand es traurig, sogar noch schlimmer als den zerquetschten Silberring, so trostlos, daß er, der sich zu weinen verbot, plötzlich wußte, wer die Soldaten waren und auch die Namen der eroberten Städte kannte (ja, sie waren erobert, seine [arabischen] Bewohner waren mit Gewalt vertrieben worden. Folgt man heutigen israelischen Historikern, die noch kein Wort geschrieben hatten, als Simon seine Vision erlebte, so handelte es sich wahrscheinlich um jene wandernde Kolonne, die 1948 von Lydda und Ramla in die Gegend von Tel Aviv zog, um ihre Zelte bei Ramallah aufzuschlagen, und zwar unter dem Befehl von Yitzak Rabin, Oberstleutnant der israelischen Streitkräfte).

Gedanken, die ihrer Zeit voraus sind, wirken beunruhigend. Jeder in Simons Lage wäre entschuldbar, wenn er nicht sofort die richtige Bezeichnung für die Armee und die Unterdrückten wüßte. Die meisten hätten die ganze Angelegenheit ohnehin längst aufgegeben. Ein paar Jahre vorher, als Simon noch in Alexandria lebte, hatte er eine Menge Haschisch geraucht. Er hätte behaupten können, daß er einen Flashback oder einen Zusammenbruch hatte, er hätte auf Krankenurlaub bestehen oder sich freinehmen können, um an den Ufern des Sees Genezareth oder durch die heiligen Straßen von Safad spazierenzugehen. (Er setzte schließlich auch Safad, eine Stadt der winkligen Straßen und gewundenen Gäßchen, der eierschalfarbenen Dächer und üppig verzierten Fenster und der mittelalterlichen Steinbrücken, auf seine Liste der Städte, aus denen Menschen durch die israelischen Streitkräfte gewaltsam vertrieben worden waren. Ebenso wie eine Reihe anderer Männer aus dem Kibbuz mußte Simon im folgenden Jahr seinen Armeedienst antreten.)

Simon hatte keinen einzigen Freund im Kibbuz. Er war allein mit seinen undenkbaren Gedanken und setzte sich ihnen so lange aus, bis sie ihre Botschaft enthüllten. Er hatte nie die Absicht gehabt, irgendwem davon zu erzählen, bis er Kim

Chernin mit ihrem Strohhut begegnete, als sie an einem späten Silvesterabend mit Devora durch die Farm spazierte.

Wenn Kim Chernin nicht nach Araht gekommen wäre, um sich zwischen sie zu stellen, hätten Devora und Simon einander eines späten Nachmittags vor der Wäscherei begegnen können, als Devora ein jemenitisches Lied summte. Simon hätte die Sehnsucht nach einem Gott im Exil verstanden. Sie hätte umgekehrt Simon für sein heroisches Schweigen geliebt.

Simon hielt viel von magischen Bildern, Devora vom Backen, Kim Chernin vom Abwaschen. Sie hatte in den vergangenen drei Tagen so viel Geschirr gespült, daß es sich jetzt buchstäblich hätte selber waschen können. Kim Chernin log nicht absichtlich. Wenn sie behauptete, sie habe nicht mehr geschlafen seit ihrem Aufbruch von zu Hause vor fünf Tagen, so meinte sie damit, daß ihre Nächte ruhelos gewesen waren. Warum sich mit dem Zählen der halben Stunde Schlaf aufhalten, die man hier und da ergattert hat (auf den Kornsäcken im Vorratsraum vor der Küche)? Niemand hält so eine Hochspannung lange durch, ohne zusammenzuklappen. Simon sollte lieber ziemlich bald beschließen, mit ihr ins Bett zu gehen, sonst kippt sie womöglich irgendwann einfach um und kommt nie mehr auf die Füße.

Kim Chernin liebte Übertreibungen, sie vergrößerten die Welt, schenkten ihr jene Tiefe und Weite, die ihr bei ihrer trübseligen täglichen Runde sonst gefehlt hätten. Wo ich lebe, verlieren die Menschen nicht den Boden unter den Füßen, wenn sie nach dem Essen die Küche wischen. Kim Chernin jedoch sah sich, wie sie stets behauptet hat, in ihrer Erinnerung zwölf bis fünfzehn Zentimeter über dem Boden schweben, wenn sie das Wasser mit einem unterdrückten Freudenschrei unter der Spüle her und rund um die Kochherde zur Tür hinausjagte.

Nur Menschen, die verzweifelt sind, lassen den Boden zwölf Zentimeter unter sich. Wenn Kim Chernin mit dieser Geschwindigkeit weitermachte und dabei fast nur noch Yoghurt und hartgekochte Eier aß, dann würde sie in einen Zustand geraten, in dem schnelle Bewegung in Verzückung umschlug. Das Geschirr, das sich selber spülte und zum Abtrocknen aufstellte, und die beschwingten Levitationen mit dem Wischmop waren sichere Anzeichen drohenden Unheils. Auch Kim Chernins Gedanken bewegten sich schnell, schossen in fortwährendem Wirbel hierhin und dahin. Wenn sie die Augen schloß, sah sie, wie sich die Farben einer Primärfarbenskala zu immer neuen Klecksen mischten und entmischten. Oder ihre Exaltiertheit steigerte sich derart, daß sie plötzlich wußte, sie war zur Erkenntnis allen Seins durchgestoßen. Einen kurzen Moment lang wurde sie von einem tonlosen Weinen geschüttelt, entweder aus blanker Freude oder in der schmerzlichen Gewißheit, daß dieser Moment schon im Verschwinden begriffen war und vielleicht nicht einmal eine Erinnerung oder sonstige Spuren hinterlassen würde. Das war ein gefährlicher Zustand, er hat offenbar auch zu plötzlichem Zusammensakken geführt, dann schaffte sie es kaum aus dem Bett. All die Müdigkeit, die sie vorher nicht gespürt hatte, überfiel sie jetzt; und ihre Apathie konnte länger dauern als ihre Hochgeschwindigkeit. So schnell und hoch sie vorher geflogen war, so niedergeschlagen war sie jetzt, und das hieß, so zerschmettert. Wenn sie dort oben war, vergaß sie jedesmal, daß es ihr Höhenflug war, der sie hinabschleudern würde. Selbst wenn sie sich daran erinnert hätte, sie hätte dennoch nicht aufs Fliegen verzichtet. Unten war es über alle Worte hinaus düster und trostlos. Jeder ist dort, auf seine Weise, dem Tode nahe. Kim Chernin war an jenem dunklen Ort gewesen.

Wenn jemand Kim Chernin einen Zug Haschisch oder irgendeinen anderen Stoff anbot, warf sie den Kopf in den Nakken, stemmte die Hände in die Seiten und lachte unbekümmert: *Habe ich so was etwa nötig?*

In jener Zeit damals fand man es einfacher, an gewisse Dinge zu glauben, die wir heute belächeln. Devoras Großmutter hatte

Devora geraten, sie solle in jeden Kuchen, den sie für ihren Ehemann backte, einen Zitronenkern tun. Gleichzeitig sollte sie den frei aus dem Jiddischen übersetzten Zauberspruch gegen mögliche Untreue von Ehemännern aufsagen. (»Eins, zwei, drei, vier, fünf, sechs, sieben, immer wird er mich nur lieben.«)

Devora backte auch einen Kuchen für Kim Chernin. Ihre Großmutter hatte sie keinen speziellen Zauberspruch gelehrt, der Kibbuzmitglieder bei einer Sitzung dazu bringt, ihre Stimme für eine Fremde abzugeben. (Die Sitzung war Simons Idee gewesen. Den Freiwilligen hatte niemand solch ein Treffen vorgeschlagen. Wenn Kim Chernin arbeiten wollte, müßten mehr als die Hälfte der Mitglieder damit einverstanden sein, daß die Regeln gebrochen wurden. Wieso sollte irgend jemand für eine Fremde die Regeln brechen wollen?)

Devora dachte, vielleicht könnte der Liebeszauber bei der Gemeinschaftssitzung helfen. Als sie mit dem Streuselkuchen für Dani fertig war und ihn in einen mit Folie ausgelegten Schuhkarton verpackt hatte, begann sie mit dem *lekach*, einem verschwenderischen Honigkuchen, in den sechs Eier kamen, damit er besonders leicht wurde. In der Küche gab es einen Kochcognac von guter Qualität, und Devora hatte vor, ihn zu benutzen.

Mit kreisenden Bewegungen rührte sie nach und nach die sechs Eier unter den Zucker und schlug den Teig dabei so heftig mit dem Schneebesen, daß er eine Verwandlung erlebte. Kim Chernin war dabei, sie sah es. Während Devora schlug und rührte, wuchs der Teig über den Schüsselrand. Ein cremiges, gelbes Band aus Ei und Zucker stieg in die Luft und fiel in Spiralen wieder in die Schale zurück. Kim Chernin mußte schnell eine andere Schüssel holen und dann noch eine, als Devora mit einem entschiedenen »Ich-hab's-dir-doch-gesagt«-Blick hastig die schäumende Masse ausschüttete.

Kim Chernin beobachtete den Teig argwöhnisch. Menschen, die gern übertreiben, sind verblüfft, wenn die Welt sich auf eine Weise verhält, die keiner Übertreibung bedarf. Sie sagte:

»Simon arbeitet an Fruchtbarkeitszaubern. Hab' ich dir das schon erzählt? Er hat diesen einen Typ dazu verhext, daß er es Tag und Nacht mit seinem Mädchen beim Hühnerhaus treibt. Dieser Kuchen könnte ohne weiteres das postnukleare Zeitalter einläuten. Ihr beide habt ziemlich großes Vertrauen in meine Fähigkeit, allein klarzukommen. Ich will damit nicht Bubbes Kuchen beleidigen. Ich bin dankbar dafür. Und dir natürlich auch.«

Devora hatte sich in Schweiß gearbeitet und ihr Haar mit einem Küchenhandtuch zurückgebunden. Zuletzt hatte sich das Handtuch zu einem Turban verschoben. Sie trug lange Ohrringe aus Jade, ihre Augen blitzten, und ihre Wangen hatten Farbe bekommen. Kim Chernin dachte, wenn Dani sie jetzt so sehen könnte, würde er keine Zitronenkerne brauchen, um sie weiter zu lieben.

Devora hörte mit Sieben und Abmessen auf. Sie streifte die Hände zweimal kurz an der Stelle der Schürze ab, wo sie sich leicht über ihrem Bauch rundete. Sie blinzelte ein paarmal mit den Augen. Sie sah Kim Chernin durchdringend an und senkte den Blick wieder.

»Los«, sagte Kim Chernin, »raus damit.«

Devora legte beide Hände um die Kuchenschachtel. Sie hatte kleine Hände mit langen Fingern voller Silberringe. Sie überlegte, wer sie anrufen würde, wenn Dani etwas zustieß. Die Armee würde zuerst seine Eltern anrufen. Wenn sie mit Dani verheiratet wäre, wäre es etwas anderes, aber so würde die Armee nicht zuerst die Freundin anrufen. Also, wenn die Armee es nicht tat, dann mußte jemand anders sie anrufen. Danis Vater war ziemlich schweigsam. Devora hatte ihn nie am Telefon erlebt. Danis Mutter hing am Telefon, kaum daß sie nach der Arbeit das Haus betrat. Was würde passieren, wenn Dani etwas zustoßen würde, und die Armee kam nicht durch? Angenommen, sie kamen durch und Danis Mutter erfuhr die Nachricht und rief Devora absichtlich nicht an?

Kim Chernin behielt den Teig im Auge. Als Devora den in

heißem Kaffee aufgelösten Honig unter die heikle Masse rührte, kündigte sich bedrohlich eine weitere Verwandlung an.

Kim Chernin stützte sich mit den Ellbogen auf die Arbeitsplatte. Rechts neben ihr an der Wand stand ein mächtiger Backofen, zwei weitere stattliche Backröhren befanden sich in den schwarzen Eisenherden mitten in der Küche. Kim Chernin rüttelte am Drehknopf von dem an der Wand, öffnete die Tür und entfernte das schwarzverbrannte Backpapier. »Es gibt nur zwei Möglichkeiten für Dani und sein Schweigen. Entweder läßt die Armee ihn nicht anrufen, oder er will es nicht. Im ersten Fall wirst du früher oder später von ihm hören. Im zweiten kriegt er von uns so eins verpaßt, daß er es nie vergessen wird, wir werden ihn mit *lekach* und Zitronenkernen vollstopfen und ihn und dich zusammen ins Bett packen, dich mit deinem Turban und den wilden Augen, und dann wirst du diesen Knaben dort haben, wo du ihn haben willst, in der Tasche nämlich.«

Kim Chernin beugte sich über die ganze Arbeitsplatte, um Devora am Ohrläppchen zu ziehen. Übertreibungen wirken sehr beruhigend auf ein gebrochenes Herz. Devora lachte, siebte Mehl, Backpulver, Natron und Piment in den Kuchenteig. Leise sagte sie Bubbes Zauberspruch über den Schüsseln, und ihr Gesicht sah so versunken und friedvoll aus, wie ihre hohe Stirn es schon immer versprochen hatte.

Inzwischen gab es so gut wie keine Schüsseln mehr, Kim Chernin mußte jetzt an die großen Töpfe, damit der Teig überhaupt noch irgendwo hineinpaßte und Devora Rosinen und Nüsse und praktisch die ganze Flasche Cognac hinzufügen konnte, zwei Teelöffel voll hätten für so viel Kuchen nicht gereicht.

»Simon hat recht, du mußt heute abend auf der Sitzung was sagen«, drängte Devora. Sie kostete den Teig und verzog das Gesicht. »Irgendwas fehlt, probier du mal.«

Kim Chernin sagte: »Ich werde nichts sagen, weil ich nicht kann. Sieh mich doch an, ich schwebe jetzt schon fünfzehn Zentimeter über dem Boden. Wenn ich hingehe und zu reden anfange, stoße ich gegen die Decke, bevor ich noch zehn Worte gesagt habe. Laß Simon das für mich machen. Sobald wir diesen Urschlamm gebändigt haben, schreibe ich meine Lebensgeschichte auf. Und du liest sie für mich vor. Die kennen mich doch alle schon. Glaubst du etwa, auch nur einer von denen, die mich nicht wollen, wird mich wollen, weil ich eine rührselige Geschichte von mir erzähle?«

Devora schüttelte den Kopf: »Einige wollen sich erst heute abend entscheiden. Es gibt immer Leute, die unentschlossen sind. Simon hat eine Liste gemacht, und wenn all die Wischiwaschis am Ende gegen dich stimmen, sieht es schlecht für dich aus. Da ist Simon ganz sicher. Und ich auch. Überhaupt geht es nicht um das, was du sagst, sondern um deinen persönlichen Eindruck. Simon oder ich können das nicht vorlesen. Die Menschen glauben dir, wenn du was sagst. Wieso, weiß ich nicht, denn du bist die geborene Lügnerin. Aber selbst ich glaube dir alles, was du sagst, wenn ich dich reden höre, weil du selbst an dich glaubst, und dabei kenne ich dich; doch du sagst alles so überzeugend. Wenn du in meiner Lage wärst und wolltest, daß Dani nicht aufhört, dich zu lieben, dann würdest du keine Zitronenkerne brauchen, du würdest ihm einfach erzählen, daß er dich liebt, und dann würde er es auch. Dieser Mistkuchen. Was ist bloß verkehrt mit dem?«

Kim Chernin probierte einen Löffel voll. »Da müssen noch Tonnen Cognac rein und mehr Nelken. Hast du Zitronat drin?«

»Zitronat? Wie kommst du da drauf?«

»Probier mal.«

Devora sah besorgt aus. »Bei diesem Tempo sitzen wir noch den ganzen Nachmittag an dem Kuchen. Du solltest jetzt lieber deine Rede schreiben. Ich hab' noch nie Zitronat reingetan. Soll ich den ganzen Cognac aufbrauchen?«

»Den ganzen und dann noch was. Wo gibt es denn hier den Laden?«

»Der ist nur dienstags abends auf. Das ist nur unser Kibbuzladen. Die Vorräte verteilt du-weißt-schon-wer. Sie trägt alles in ein Merkheft ein. Ich weiß nicht, wer das Merkheft über sie führt. Ich mache jede Wette mit dir, daß der Kibbuz um einiges reicher wäre, wenn diese Dame Diät machen würde.«

Devora lachte so heftig, daß sie sich fast verschluckte. Kim Chernin mußte ihr auf den Rücken klopfen. Die plötzliche Erschütterung brachte den Kuchenteig aus dem Gleichgewicht, er fing wieder an zu steigen und vollführte eine seiner imposanten Drehungen.

Devora rief: »Guck mal, der Kuchen! Villeicht passiert das ja mit dem *lekach* in Erez Israel. Aber Bubbe war Sozialistin. Sie hat nie an Gott geglaubt!«

Eigentlich mochte Kim Chernin Hunde. Sie wußte um ihre eingeschränkte Bewegungsfreiheit und um ihr Leiden. Wann immer sie einen auf der Straße traf, sah sie ihm in die Augen. Jedesmal erwiderten die Hunde ihren Blick. Einmal hatte sie ihren eigenen Hund kuriert, einen braunweißen Spaniel, den winzige Kletten im Ohr quälten. Der Hund hatte solange gejault und sich gekratzt, bis Kim Chernin ihre Hände fest auf seine Ohren legte. Ihre Hände wurden heiß, der Hund wurde ruhig, er blieb still liegen und blickte sie an. Wenn es Gott gelungen wäre, ihre Schwester zu retten, dann hätte Kim Chernin ihm mit Sicherheit diesen Blick geschenkt.

In Araht gab es einen Hund, den Kim Chernin nicht mochte. Die störrische Töle gehörte dem Mann im Overall, der Kim Chernin seit dem ersten Abend im Gesellschaftsraum haßte, als alle anderen sie liebten. Allerdings wußte Kim Chernin da noch nicht, daß er sie haßte und daß der Hund namens Zigefuss ihm gehörte.

Kim Chernin stand an der Küchentür und hielt eine Kuchenschüssel im Arm. »Zigefuss, magst du Kuchenteig?« Statt dessen kam der kleine gelbe Hund angerannt. Kim Chernin nahm ihn auf den Arm. Sofort kam Zigefuss träge angetrottet.

»Knurr mich nicht an, du alter Satan«, fauchte Kim Chernin zurück. Zigefuss hing ein langer grüner Sabberfaden aus dem Maul. Er hatte hartes, gräuliches Haar, das überall scharf und stachelig vom Körper abstand. Wenn er sich manchmal mit seiner großen Pfote kratzte, konnte man denken, Zigefuss habe mehrere Köpfe, einer flohverseuchter als der andere. Die wenigen Male, da Kim Chernins Vater ihren schwarzen Cockerspaniel mit einer zusammengerollten Zeitung schlug, hatte sie geweint, jetzt aber ertappte sie sich gelegentlich bei dem Wunsch, Zigefuss zu würgen.

Der Hund leckte einen Löffel Teig auf. Dann noch einen. Schließlich die ganze (kleine) Schüssel.

Devora sah von der Tür aus zu. »Ich wünschte, er würde Krämpfe kriegen und tot umfallen. Irgendwas ist mit dem Hund. Wenn dieser Kuchen angeblich Leute dazu bringt, sich zu verlieben, dann kann ich mir Zigefuss irgendwie nicht als Liebhaber vorstellen.«

Kim Chernin hatte Zigefuss durch ein Mikroskop aus Daumen und Zeigefinger beobachtet. »Er hat sich nicht in Baal Schem tow verwandelt. Aber er zittert und schäumt auch nicht. Vielleicht verschafft der Kuchen ja heute abend uns keine Stimmen, aber für die Hunde reicht er bestimmt. He, Zigefuss, du erhabene Häßlichkeit! Ob du mich wohl mal deine Ohren kraulen läßt?«

»Kim, der wird dich beißen. Er hat schon mal die Küchenchefin gebissen, als sie ihm ein Stück Fleisch gab. Ich meine das ernst. Faß ihn nicht an. Sie mußte runter und sich eine Tetanusspritze geben lassen. Sogar Hiram darf ihn fast nie anfassen. Kschsch, Zigefuss. Weg mit dir, verzieh dich.«

Devora rannte schneller, als man glauben würde, Knie nach innen und Hacken nach außen gedreht, und wedelte mit ihrer Schürze vor Zigefuss herum, ohne daß er sich davon beeindrucken ließ. »Kim, bitte, laß ihn in Ruhe. Er ist bösartig. Kschsch, Zigefuss. Zisch ab!«

Zigefuss brauchte eine Weile, bis er sich hochgerappelt, ein oder zweimal geschüttelt und schließlich getrollt hatte. Selbst dann noch schaute er sich drohend nach Devora um. »Jede Wette, daß jemand ihn als Welpen geschlagen hat«, sagte Kim Chernin. Devora verfolgte ihn ein paar Schritte lang und wedelte immer noch mit der Schürze. »Es hat keinen Sinn, ihn zu bemitleiden«, sagte sie. »Selbst wenn er sich einmal streicheln läßt, beim nächsten Mal... Katastrophe!«

Danach ließ Kim Chernin alle anderen Hunde in die Küche.

Besiegt hatte Devora Zigefuss mit dem Kuchenteig, den er vertilgt hatte. Der Teig habe zwar sicher keine Liebe bewirkt, meinte Kim Chernin, den Hund aber vielleicht einen Hauch empfänglicher für Furcht und Gefahr gemacht, und das sei ja der Anfang der Liebe.

»Frag mich nichts über die Liebe«, forderte Devora mit Nachdruck und tat einen Löffel Teig in die Schüssel für den kleinen gelben Hund. »Du bist die Expertin. Du hast schon Simon in dich verliebt gemacht. Was ist eigentlich mit dem du-weißt-schon-wem, dem Typ aus dem Bus? Hat Simon die Nacht in deinem Zimmer verbracht?«

»Nicht so, wie du denkst, nicht ganz.«

Devora rieb sich heftig die Hände. »Das gefällt mir. Dieses ›nicht ganz‹ gefällt mir. Ehrlich. Ich kann es mir gut vorstellen. Also, jetzt erzähl mal, was wirklich war.«

»Wohl kaum.«

»Das meine ich nicht. Ich meine was anderes. Die meisten Menschen würden doch sagen, daß ich schön bin, oder? Wenn ich einen Mann kennenlerne, sage ich mir also: ›Er muß einfach finden, daß ich schön bin. Alle anderen tun das doch.‹ Aber es wirkt nicht überzeugend. Ich glaube nicht daran, ich weiß nur, daß andere es finden. Erst bist du nicht schön, nicht so, wie ich meine, und dann auf einmal doch. Ich weiß nicht, ob schön das richtige Wort ist. Es ist etwas in der Art, wie du lebst, plötzlich drehst du auf, und dann bist du noch mehr als schön. Weißt du noch, wie ich mit Barry in Berkeley war und Michael aus England zu Besuch kam? Wir haben dich angerufen, und du bist vorbeigekommen, und Michael wurde dann im Grunde dein Freund? Weißt du, was er Barry erzählt hat? Er sagte, als er dich zuerst sah, fand er dich überhaupt nicht attraktiv. Und nach zwei Stunden fand er, daß du die attraktivste Frau seist, der er je begegnet ist. Deshalb wollte Barry, daß wir zusammen zurückreisen. Wir alle vier. Ich hab' damals ja gesagt. Genau so war's. Ich ja, du nein. Komm, das mußt du doch noch wissen. Wieso wolltest du nicht?«

Kim Chernin sah nachdenklich aus. »Du hättest die Frau eines mystischen Rabbis sein sollen. Du hättest einen Mann heiraten sollen, der von Sonnenaufgang bis Sonnenuntergang für Gott tanzt, einen, der Pfirsichmarmelade und sanfte Frauen liebt, für den du die einzige Frau seines Lebens wärst. Du solltest nicht mit Sex herumexperimentieren; du bist eine von Grund auf treue Frau. Denk doch nur daran, wie lange du schon demselben falschen Kerl treu bist. Aber wenigstens fühlst du etwas, du leidest. Sex ist nur interessant, wenn man von einem unheiligen Verlangen getrieben wird...«

Kim Chernin redete immer schneller. Sie hatte einen hölzernen Kochlöffel gepackt, drehte ihn zur Untermalung hin und her und schwang ihn plötzlich so heftig, daß Devora sich duckte.

Devora legte ihre Hände auf Kim Chernins Schultern. »Hab' ich zu viel Kuchen gegessen? Vielleicht solltest du doch lieber nicht im Gesellschaftsraum sprechen, vielleicht hast du recht. Sie mögen dich sowieso schon alle ziemlich, aber wenn du so weitermachst...«

Kim Chernin sagte: »Wenn ich zu schnell rede und wenn es mich fortreißt, mach mir ein Zeichen. Ich werde dich im Auge behalten und langsamer reden. Kratz dich an der Nase. Versuch's mal. Oder noch besser, laß die Hände sinken so wie ich jetzt. ›Ruhig, Kim. Reg dich nicht auf.‹ Versuch's mal.«

Kim Chernin redete, um Übung zu kriegen. »Devora, hast du gehört, was ich gesagt habe? Das einzig Blasphemische, was einem westlichen Denker passieren kann, ist, Sex für göttlich zu halten. Also gut, ich beruhige mich. Aber das ist doch ruhig. Was ist hieran nicht ruhig? Der Ursprung aller Sexualität ist allerdings göttlich. Sogar im Alten Testament. Die kanaanitischen Göttinnen wurden immer mit sexuellen Handlungen verehrt. Das stimmt wirklich. Glaub mir. Ich habe mich schon beruhigt. Ich kann solche Sachen nicht denken, wenn ich ruhig bin.«

Devora rückte ganz dicht an Kim Chernin. »Du hast dich nicht beruhigt. Du hast es nicht mal versucht. Wenn du zum Gesellschaftsraum gehst und so redest, bist du vor Mitternacht draußen. Der arme Simon, wenn er sich für so jemand einsetzt.«

»Ich wußte nicht, daß du Sinn für Humor hast.«

»Das ist der Kuchenteig.«

Kim Chernin stemmte die Hände in die Hüften. »Wieso sollte ich nicht reden auf dieser Sitzung? Ich werde ihnen die Wahrheit sagen. Und wenn sie mich nicht wollen, finde ich schon einen andern Platz, wo sie mich wollen.«

»Kim, nicht die Wahrheit, alles, nur das nicht. Ich glaube, ich würde es hier nicht mehr aushalten, wenn du gehst. Es gibt in ganz Israel nicht noch so einen Kibbuz wie diesen hier. Glaub mir doch. Du bist zu wild für die anderen. Du würdest doch keinen Simon finden, nicht mal jemanden wie mich, die dir einen Kuchen backt.«

*K*ein Gedächtnis kann zwanzig Jahre lang jedes einzelne Wort einer Rede aufbewahren, die Tausende von Kilometern entfernt gehalten wurde, in einem Raum, der vor Anspannung und Erschöpfung vibrierte. Wenn ich sie an drei aufeinanderfolgenden Tagen niederschriebe, würde immer dieselbe verführerische, listige, verzweifelte Rede entstehen, ohne daß auch nur ein Wort identisch wäre. Wird das Gedächtnis dadurch zum Lügner (oder wird es das nicht)?

Der Raum quoll über, die Tische waren beiseite geräumt

und die Stühle in einem großen Halbkreis aufgestellt worden. Kim Chernin trug ein langes Kleid, Chaya (noch eine Strikkerin, die in der Küche arbeitete) saß in einer braunen Kunstseidenhose breit und mächtig in ihrem Klappstuhl neben Kim Chernin, um zu übersetzen. Verglichen mit Chaya kam sie sich leicht und unbedeutend vor, als würde sie gleich fortgeweht.

Wahrscheinlich ließ Kim Chernin auch ein Wort über das Gründungstreffen der zionistischen Studentenorganisation in Rußland fallen. Ihr Kopf war vollgestopft mit solchem Zeug, das für ihre Zuhörer äußerst schmeichelhaft klingen mußte, sie spürten wohl, daß sie mit Menschen verglichen wurden, die fünf Stunden lang gebrüllt hatten, bevor sie einverstanden waren, daß Erez Israel und nicht Amerika das Ziel der jüdischen Auswanderungsbewegung sein sollte. Das muß sich etwa gegen Ende des Jahres 1881 in einem verräucherten Zimmer in Moskau abgespielt haben. Kim Chernin wußte noch eine Geschichte. Und die handelte davon, wie Martin Buber vor russisch-jüdischen Studenten eine Rede hielt. Die Versammlung dauerte zwei Tage und drei Nächte und fand in einer Züricher Bierschenke statt. Ich bezweifle, daß sie ein einziges Argument für das Brechen von Regeln vortrug. Es war ihr wohl egal. Sobald sie zu reden anfing, muß ihr aufgegangen sein, daß sie selbst ihr bestes Argument war.

Als Kim Chernin ihre Rede beendete, herrschte Schweigen. Sie konzentrierte sich auf Devora, die in der ersten Reihe neben Simon saß. Devora machte ein Siegerzeichen. Kim Chernin hatte gut gesprochen. Die Wörter hatten sich zu weiten Bögen aus Geräusch, unerwarteten Betonungen und bedeutsamen Pausen zusammengesetzt. Sie hatte nicht mit den Händen gefuchtelt, sie hatte ruhig gesprochen, Devora hatte keinmal das Langsamer-Zeichen gemacht. Simons Gesicht war versteinert vor Qual. Er hatte beschlossen, daß er mit Kim Chernin fortgehen würde, wenn sie nicht bleiben durfte, er würde sie durch die ganze Welt begleiten, so lange, bis sie in Sicherheit war.

Kim Chernin hatte sich lange genug zusammengenommen. Sie konnte nichts weiter tun, mehr konnte man von ihr nicht verlangen, was sie und Devora tun konnten, war getan worden. Wenn man sie nicht zum Bleiben aufforderte, würde sie zu extremen Maßnahmen greifen, bei Simon einziehen, nach Schottland gehen. Sie fing an, die Dinge aufzudröseln.

Sie hatte eine klare Vorstellung, wie das Aufdröseln vor sich gehen würde. Zuerst ein Fuß, dann ein Finger, ein ganzer Arm mit Schulter, bis nach und nach das sinnreich gegliederte Skelett ihrer Person in seine Einzelteile zerlegt wäre. Plötzlich packte sie eisige Panik, genau wie damals beim Türenschlagen.

Simon sprang auf die Füße. Er trug ein schwarzes Stirnband und eine enge, zerknitterte weiße Hose, mit einer Falte quer über seinen muskulösen Bauch bis zur Taille. Das weiße T-Shirt, das stramm über seiner Brust saß, weckte Gedanken, die Kim Chernin für unangemessen hielt.

Devora beobachtete ihn ebenfalls. Sie hatte nicht geahnt, daß es so jemanden wie Simon im Kibbuz gab. Alle hielten sich versteckt. Simon, der in seinem Zimmer Gitarre spielte. Sie selbst, die alte Fotos durchstöberte und auf gutem Papier Briefe mit der Hand schrieb. Sie strich nie ein Wort durch. Wenn sie einen Fehler machte, riß sie alles durch und fing von vorne an. Simon war früher bestimmt einer dieser bescheidenen kleinen Jungen gewesen, die jeder entzückend fand. Das paßte gut dazu, wie er sich alles so zu Herzen nahm und immer sehr schnell merkte, was in der Luft lag. Devora hatte auf einmal den heftigen Wunsch, ihn an der Hand zu nehmen und zu bügeln.

Simon ballte die Fäuste vor der Brust. »Jetzt sage ich mal, was ich denke. Wenn wir wollen, daß Kim Chernin bleibt, können wir das auch hinkriegen. Wir machen die Regeln, und wir brechen sie. Also werden wir sie für sie brechen. Alle haben gesehen, wie sie arbeiten kann, sie kennt schon so gut wie jeden hier. Wenn es soweit ist, daß ihre Tochter nachkommt – und ich denke, wir sollten sie nicht ein Jahr lang warten lassen, das ist weder der Mutter noch der Tochter gegenüber anständig –, dann werden wir auch Wege dafür finden. Ihre Tochter könnte zum Beispiel jeden Morgen mit dem Farmlaster runter nach Kefar Blum fahren und nachmittags mit unseren Arbeitern wieder zurückkommen. Ihre Tochter könnte die Kibbuzschule besuchen, aber hier in Araht bei ihrer Mutter wohnen. Wenn Kim in Amerika lebte, würde ihre Tochter doch auch den Schulbus nehmen.«

Simon schnitt eine Grimasse. Das war ein Ausrutscher. Er zog sein Stirnband um den halben Kopf und zerrte nervös daran.

»Wenn Kim hier so leben will wie in Amerika, warum ist sie dann überhaupt hergekommen?«

Diese Bemerkung der Küchenchefin (in mittelmäßigem Hebräisch) traf nicht auf allgemeine Zustimmung. Man antwortete ihr in Hebräisch und Englisch. »Das ist mies. Das ist nicht dasselbe. Das ist gemein. Wieso sollten wir Regeln nicht brechen, wenn uns danach ist. Araht ist nicht irgendein alter Kibbuz.«

Anscheinend sind junge jüdische Menschen da aufgesprungen, haben mit den Armen gewedelt, andere Redner unterbrochen, die höchstwahrscheinlich ihrerseits irgend jemanden unterbrochen hatten. Chaya rief die Versammelten zur Ordnung. Sie hob ihre pummelige Hand mit gerecktem Zeigefinger. »Ich werde alle, die reden wollen, aufrufen. Wartet, bis ich euch aufrufe.«

In der dritten Reihe stand ein Mann in verblichenen Bluejeans auf. »Wenn wir Fragen an Kim Chernin haben, dann laßt uns jetzt die Fragen stellen. Wenn nicht, sollten wir mit der Diskussion und der Abstimmung beginnen. Sie bittet um Mitgliedschaft in unserer Gruppe. Das heißt doch nicht, daß wir diese Scheiße hier mit ihr veranstalten müssen . . .«

Der Mann sah nicht schlecht aus, obwohl er bestimmt nicht Kim Chernins Typ war. Er hatte einen seidigen rotblonden Bart im Quäkerstil, aber ohne Schnurrbart. Sein Haar sträubte sich zu kurzen blonden Stacheln und erinnerte Kim Chernin an geschnittenes Gras. Vielleicht brauchte er diese Frisur ja auch, um hart zu wirken. Er hatte die Ärmel seines T-Shirts bis hoch an die Schultern aufgerollt, und ein Päckchen Camel steckte im linken Ärmel. Hinter einem Ohr klemmte eine Zigarette. Seine ganze Aufmachung schien nahezulegen, daß ihm bei einem Streit zu trauen war; er würde zwar jedem den Kopf einschlagen, aber der Streit wäre fair.

Die Küchenchefin und die Frau mit den Zöpfen hatten ihr Strickzeug herausgeholt. Ihre Nadeln klapperten einen besorgten, verbitterten Kommentar. Gelegentlich zerrte eine heftig an einem Strang dunklen Garns. Gehorsam schoß es aus dem Beutel, als wäre es gerade streng zur Ordnung gerufen worden. Devora entdeckte einige Krümel im Schoß der Küchenchefin.

Boaz, der Mann in den verblichenen Jeans, zog seine Hose hoch. »Ich bin seit drei Stunden wieder hier«, sagte er. »Man braucht nicht lange, um zu begreifen, worum es geht. Sie möchte bleiben, was spricht also dagegen? Alle haben uns gesagt, wir würden es hier oben keine sechs Monate schaffen. Wir haben es geschafft. Und wie haben wir das? Bestimmt nicht dadurch, daß wir Fremde aus dem Kibbuz geworfen haben.«

Kim Chernin beobachtete, wie Simon neidisch den Mann in den verblichenen Jeans anschaute. Simons Gesicht war vollkommen durchsichtig geworden, einer dieser Frösche mit durchscheinender Haut, deren Herz man in der Biologiestunde schlagen sehen konnte. Während seines zweiten Jahrs in der Armee hatte Boaz einmal seine Einheit auf einem Achtzig-Kilometer-Marsch bei 38 Grad Hitze hoch nach Jerusalem geführt. Menschen, die ihn bei seiner Ankunft sahen, meinten, er habe nicht einmal geschwitzt.

Chaya beugte sich herüber und flüsterte: »Boaz ist der Leiter der Sicherheitsabteilung. Er ist erst vor wenigen Stunden von seiner Hochzeitsreise zurückgekehrt. Wenn wir jetzt mit der

Diskussion anfangen, mußt du den Raum verlassen. Nach der Abstimmung rufen wir dich wieder rein. Bist du sehr erschöpft?«

Es war heiß im Raum. Alle begannen gleichzeitig zu leiden. Einige öffneten die Fenster, andere holten sich ein zweites Stück Kuchen. Wegen der Hunde wagte niemand die Tür zu öffnen, seit Devora ihnen den überquellenden Kuchenteig zum Auflecken gegeben hatte, jaulten sie in einem fort. Devora hat immer behauptet, sie hätten kein einziges Mal geheult, als Kim Chernin sprach.

Kim Chernin sah zu dem Mann in den verblichenen Jeans. Er saß in seinen Stuhl zurückgelehnt und hatte die Arme über der Brust gekreuzt. Ein anderer junger Mann war nach vorn gekommen, kniete sich hinter Boaz auf den Boden und flüsterte. Boaz erinnerte Kim Chernin an die Jungen in ihrer Grundschule, die nie ihre Hausaufgaben machten, Bücher den Gang entlang schliddern ließen und einmal sogar ein Buch durch ein geschlossenes Fenster geworfen hatten. Wenn bei Filmvorführungen das Licht ausging, rannte Kim Chernin mit ein paar anderen Mädchen zu diesen Jungs, mit denen es immer am lustigsten war, und sie setzten sich bei ihnen auf den Schoß. Die Lehrer waren entsetzt, und darum ging es ja. In jenem Alter – sie war knapp zwölf – wußte Kim Chernin schon, daß es beim Sex im Grunde (manchmal) um den Skandal ging, den er bewirkte. Diese Sorte Jungen machte Mädchen dann oft zu Kameradinnen, wenn sie zäh genug waren.

Boaz sprang hoch. »Diese Scheiße, daß es in Araht keine Arbeit gibt, die nehme ich euch nicht ab. In der Obstplantage gibt es reichlich zu tun. Die gesamte Nachmittagsmannschaft legt Überstunden ein, um alles zu schaffen, der Arbeitstag endet bei ihnen nie rechtzeitig. Simha muß die Freiwilligen ständig bitten, daß sie länger bleiben. Wie alt ist die Tochter? Acht Jahre? Simha hat in der Plantage Arbeit für sie.«

Boaz schob die Hände hinten in seine Hosentaschen, reckte die Schultern und schickte sein Grinsen durch den Raum –

einer dieser Männer mit frechen, blaßgrünen Augen, die noch mit achtzig jungenhaft aussehen. Er war schmal, muskulös und nicht groß genug, um als der starke Mann aufzutreten. Das machte ihm nichts aus. Frauen waren nicht sein Problem, es waren die Männer, die er beeindrucken wollte, und das hatte er und tat es noch immer. Sein Weg hatte ihn von Chicagoer Straßenbanden direkt in die Armee geführt, er trug noch eine Tätowierung am rechten Arm, unmittelbar unter dem aufgerollten Ärmel, in dem seine Zigaretten steckten.

»Du, Boaz. Dank für Rede. Ich finde, Leute arbeiten viel extra in Kibbuz. Das meint, aufbauen Kollektiv. Nicht meint, noch zwei Mund füttern.«

Boaz sprang auf seinen Stuhl. »Unsinn, wer zum Teufel ist das?« Zwei der jungen Männer, beide sehr mager – Simon nannte sie Boaz' Sklaven –, gingen schnell nach hinten. Dort waren wohl etwa ein Dutzend oder mehr Leute versammelt, einige standen um den Honigkuchen herum, andere saßen. Der Unbekannte aus dem osteuropäischen Land saß neben der Kaffeemaschine, aber was bewies das? Jeder hätte da sitzen können. Er hatte ein Recht auf seine Meinung, oder etwa nicht?

Kim Chernin fiel der Mann im Overall auf. Er hatte sich zum Raum hin gedreht, sein Gesicht (mit derselben durchscheinenden Haut) sah sehnsüchtig aus. Er hielt sich mit beiden Händen an seinen Overallträgern fest und ließ seine Augen liebevoll auf Boaz, seinem Kameraden, ruhen. War er vielleicht auch in der Sicherheitsabteilung? Hatte er vielleicht gewartet und die Tage gezählt, bis Boaz endlich wiederkam?

Wohl kaum.

Kim Chernin fühlte sich müde. Zarte Fäden von Ermattung wanderten in ihren Stuhl und klebten sie dort fest. Wenn die Versammlung gegen sie stimmte, würde sie nicht aufstehen und fortgehen können. Sie müßten sie am Stuhl festgeklebt ins

Krankenhaus nach Safad tragen, wo der Soldat dann erscheinen und sie retten würde.

Chaya lehnte sich zu ihr herüber. »Ist alles in Ordnung mit dir, du siehst erschöpft aus. So habe ich sie noch nie erlebt. Sie haben alle die Beherrschung verloren, sogar Boaz. Ist irgendwas? Wenn du draußen bist, sollte die Diskussion anfangen.«

»Regeln tun nie, was sie versprechen«, flüsterte Kim Chernin. »Man erhofft sich so viel von ihnen. Form, Harmonie, jene himmlische Ordnung, die sie imitieren. Doch sie enttäuschen einen immer. Sie arten jedesmal in Starrheit, Strafbesessenheit und autoritären Terror aus. Oder sie laden einen dazu ein, sich über sie hinwegzusetzen, weil man sehen möchte, welche Erfahrungen sie einem vorenthalten wollen. Ich habe ein ganz eigenartiges Gefühl, ich würde nämlich am liebsten meinen Kopf in deinen breiten Schoß legen und für immer einschlafen.«

Hatte sie das gesagt? Natürlich nicht. Chaya stand auf und schwenkte die Hände über dem Kopf hin und her. Der Mann im Overall hatte zu reden begonnen.

»Geben wir es doch zu, wir reden hier nicht nur über die prosaischen Regeln, die das Leben in diesem Kibbuz ordnen. Wieso ist das Kollektiv vor uns gescheitert? Spielten da nicht auch Anarchie, Zügellosigkeit und das Fehlen jeglicher Form von verläßlicher Autorität eine Rolle?«

Chaya gelang es, ihn zu unterbrechen. Ihre Hände waren fest geschlossen. »Du redest von Regeln, aber du verletzt sie, ja, genau das tust du, jetzt, in diesem Augenblick. Die Diskussion sollte erst stattfinden, wenn Kim Chernin den Raum verlassen hat.«

Er antwortete schnell, mit einem weichen südafrikanischen Akzent. »Natürlich ist Kim Chernin charmant.«

Auf eine finstere, harte, holzschnittartige Weise hätte der Mann gut aussehen können, doch seine schmalen, rötlichbraunen Augen mit ihrem starren Blick erinnerten Kim Chernin an Augen auf Blitzlichtfotos, dämonisch und falsch.

»Natürlich würde jede Gemeinschaft sie nur zu gern aufnehmen. Doch um welchen Preis? Das möchte ich hier fragen, Chaya, dann höre ich auf. Das ist meine Frage, ich richte sie an Kim Chernin. Welchen Preis werden wir zu zahlen haben, wenn wir dich als Mitglied aufnehmen?«

Simon war aufgesprungen. »Setz dich, Hiram. Du bist nicht dran. Das ist nicht die Art Fragen, die Chaya meint. Du redest von Regeln, und du unterläufst sie, ich durchschaue dich, du bist einer von denen, die Regeln benutzen, um ..., um ..., ich weiß nicht, um sie zum eigenen Vorteil zu nutzen ..., um ... selber gut dazustehen.«

Auch Boaz sah jetzt durchscheinend aus. In seinem Gesicht arbeitete kaum verborgen eine stürmische, scharfe, listige, jungenhafte Überlegung. Er streckte seine Beine im Gang aus und verschränkte die Hände hinter dem Kopf. »Hiram will gar nicht, daß wir ihn ernst nehmen. Er übertreibt, damit wir kapieren, was er meint, das stimmt doch, Hiram, oder?«

Chaya klatschte viermal schnell und kurz in die Hände. »Boaz, auch du bist nicht dran. Wir sprechen hier alle in Englisch, kein Mensch weiß, worüber die anderen reden, ich hatte nicht den Eindruck, daß Hiram sarkastisch war. Ich dachte, er sei ernst. Aber nicht an der Reihe.«

Simon beachtete sie nicht. »Es ist doch egal, ob er es ernst meinte oder nicht. Ich glaube übrigens, daß er es ernst meinte, aber spielt das eine Rolle? Irgend jemand hier im Raum, vielleicht sogar eine ganze Menge mehr als einer oder zwei, denkt ganz sicher genau wie dieser Idiot. Welchen Preis müssen wir zahlen, um Kim Chernin aufzunehmen? Laßt uns überlegen. Wir haben die Regeln aufgestellt, als wir noch gar nicht sicher waren, ob wir überhaupt durch den Sommer kommen würden. Damals haben wir überall Probleme gesehen. Wir haben dauernd versucht, die Freiwilligen davon abzuhalten, daß sie Äpfel aßen, damit wir genug zum Verkaufen hatten! Das ist gar nicht komisch. So sind wir, werden von dem Jugendbund Haschomer hazair gefördert und können den Freiwilligen nicht mal erlauben, Äpfel zu essen! Und jetzt trauen wir uns nicht, einer Frau und einem Kind, die es nötig haben, eine Heimat anzubieten. Wenn es so mit uns aussieht, dann haben wir schon in unserem ersten Jahr als Kibbuz versagt, das ist meine Meinung. Wir können genausogut allesamt zusammenpacken und morgen früh mit Kim Chernin in den Bus steigen. Interessiert sich etwa irgend jemand dafür, wohin sie dann geht? Tun wir nicht genau das? Schicken sie allein in die Welt hinaus?«

In der Schule hatten die Jungen Simon nie leiden können. Die Mädchen aber schon. Als er vierzehn war und noch in Alexandria lebte, hatte ihn ein älteres Mädchen unter ihre Fittiche genommen, ihm die entscheidenden Dinge beigebracht und einen begabten Schüler in ihm gefunden. Das schlechte Gewissen wegen jener Lust damals war er immer noch nicht los. Er würde Araht zusammen mit Kim Chernin verlassen (ein Mann folgt der Frau, die er liebt), er würde nie auf seinen Stuhl springen und womöglich jemandem den Kopf einschlagen.

Boaz nahm sich die Zigarette, die hinter seinem Ohr klemmte. Er drehte sie liebevoll zwischen den Fingern. Er hatte seine Erfahrung mit Sex bei einer Gruppenvergewaltigung in Dublin gemacht. Fünf Jungen, das Mädchen wehrte sich gegen jeden einzelnen von ihnen, das erzählte Boaz Kim Chernin eines Tages, während sie im Regen von der Obstplantage zurück zum Geräteschuppen gingen. Boaz sagte, daß es ihn erregt habe, wie das Mädchen sich wand und um sich trat und sich aufbäumte. Aber er hatte es nie wieder getan. Nie mehr, glaubte Kim Chernin ihm etwa nicht?

»Ob ich dir glaube? Glaube ich denn überhaupt die ganze Geschichte?«

Obwohl die Vergewaltigung vor vielen Jahren stattgefunden hatte, kam es Kim Chernin nach dieser Geschichte so vor, als wäre Boaz nach Israel gekommen, wäre ohne zu schwitzen die achtzig Kilometer bis nach Jerusalem marschiert, um den Folgen zu entgehen.

Er selber äußerte sich nie in diesem Sinne.

Die drei israelischen Freundinnen standen gemeinsam auf. Die Hübsche sagte: »Wir werden Hiram in die Knesset schikken. Da kann er dann die großen philosophischen Fragen diskutieren.« Die mit der Hornbrille war als nächste dran. »Laßt uns jetzt abstimmen. Ich gebe meine Stimme Kim Chernin.« Die Hübsche klatschte in die Hände. »In meinem Kibbuz gibt es mehr Ausnahmen als Regeln. Wir haben die Nase voll von Regeln. Die Ausnahmen gefallen mir besser.« Die Dritte sah sich im Raum um. »Wollt ihr meine Lösung dafür wissen, wie man ein weiteres hungriges Maul füttern kann? Ich werde mein Abendessen mit Kim Chernin teilen. Gibt es jemand, der sein Frühstück teilen möchte? Es wird euch nicht umbringen. Sie ißt nur Joghurt und hartgekochte Eier.«

Während nun alle wild durcheinander lärmten, während sie schwatzten und lachten und klatschten, versuchte Kim Chernin, auf die Beine zu kommen. Doch der Stuhl klebte an ihr. Wenn sie schon nicht aufstehen konnte, dann wollte sie zumindest den Tumult mit ihrer Stimme verstärken. »Ich glaube, mir ist eine Frage gestellt worden. Hiram, du hast mir eine Frage gestellt? Ich werde antworten.« Der Mann im Overall beugte sich vor und legte seine Arme über eine Stuhllehne. Obwohl er wie Zigefuss aussah, zuckte Kim Chernin nicht zusammen. In seinen Augen war jetzt keine Bosheit mehr. Sie waren leer. Kim Chernin, die unpassenderweise saß, während praktisch alle anderen standen, öffnete ihre Hände in einer Geste, die zu sagen schien: *Und? Was soll die ganze Aufregung*?

»Ihr wüßtet gern, was es euch kostet, wenn ihr mich auf der Farm bleiben laßt. Ich gestehe, daß der Preis hoch ist. Ihr müßtet es ertragen, daß ihr eine Regel gebrochen habt, nur um festzustellen, daß eine Regel noch genausogut ist, nachdem sie gebrochen wurde. Nichts ist ihr passiert. Sie ist immer noch eine Regel, es gibt sie noch immer. Nur daß sie jetzt die Ausnahme produziert hat, durch die sie sich definiert.«

Heftiger Applaus, lautes Freudengeheul. Alle hatten den Eindruck, daß Kim Chernin irgendwie als Siegerin aus dem

Schlagabtausch hervorgegangen war. Nun machten die Leute lautstark Vorschläge, verwickelten sich kurz in philosophische Geplänkel, lachten ausgelassen, klopften einander auf die Schulter, klatschten, redeten in ihren Muttersprachen hebräisch, spanisch, norwegisch, portugiesisch, aßen Honigkuchen, schlossen die Fenster, öffneten sie wieder, setzten sich weiter nach hinten, rückten näher nach vorne. Simon und Devora steckten die Köpfe zusammen und flüsterten eifrig miteinander. Chaya klatschte in die Hände, gab es schließlich auf, setzte sich neben Kim Chernin. Aber Kim Chernin schwankte ganz, ganz leicht und lächelte dabei geheimnisvoll und geistesabwesend. Chaya zupfte sie an der Hand. »Entschuldige, daß ich das sage«, flüsterte sie, »aber ich glaube, du solltest rausgehen. Ich rufe jetzt zur Abstimmung auf.«

Kim Chernin schenkte Chaya ihr geheimnisvolles Lächeln. Der Gerechtigkeitssinn dieser Frau hatte etwas von einem zarten Daunenfederbett, auch wenn sie selbst nicht für Kim Chernin stimmen würde.

Irgend etwas geschah mit Kim Chernin, wahrscheinlich weil sie müde war. Der Raum war zurückgewichen, er befand sich ganz am Ende eines langen Tunnels, ein funkelnder Punkt lockenden Lichts jenseits der Dunkelheit. Sie versuchte, die Dinge wieder so zu ordnen, wie sie sein sollten. Wenn sie sich stark anstrengte und sich auf ihren Willen konzentrierte, wurde der Raum wieder normal. Die Wände standen senkrecht, ruhten auf einem Fußboden, trugen eine niedrige Decke, unter der sich Stühle befanden, auf denen Menschen saßen. Dann versagte das ordnende Prinzip plötzlich, gesetzloses Chaos stellte sich wieder ein, die Dinge schienen wie in eiskaltes Licht getaucht, Gerüche wehten vorüber, der Geruch nach Honigkuchen, der Geruch nach Zigefuss' Atem, ein Geruch wie Schnee, den jemand zum ersten Mal erlebt, das Bild des kommenden Soldaten erschien, er kam, um sie zu retten. Sie sah sein Gesicht, umrahmt von seinem langen braunen Haar, sah den Ausdruck freundlicher Intelligenz.

Etwas war geschehen. Und deshalb kämpfte Kim Chernin sich wieder zurück, sammelte die verstreuten Sinneseindrücke ein und zwang sie, ein vernünftiges Ganzes zu bilden. In einem jener Schauer kollektiver Hellsichtigkeit hatte die gesamte Gruppe die Veränderung gespürt und war nun merklich entspannter. Was war geschehen?

Eine Frau stand auf. Sie ging ungeduldig durch die Reihen, dann vorne quer durch den Raum, stellte sich vor Chaya hin, die aufsprang, sofort beiseite trat.

Die Frau dankte ihr mit einem kurzen Nicken. Sie wartete, bis Chaya sich in die zweite Reihe gesetzt hatte, in die Nähe der bartlosen Knaben, die an Boaz' Lippen hingen. Weil diese Frau einfach nur dastand, mit gesenkten Armen und ohne ein Wort zu sagen, sahen alle zu ihr hin. Mehr brauchte es nicht. Der Raum verstummte. Das war es, was Autorität meinte. Wenn herauskäme, daß Kim Chernin nicht von ihrem Stuhl loszueisen war, und wenn jemand versuchte, ihren Stuhl hochzuheben, dann, so hatte Kim Chernin sich ausgemalt, würden sie feststellen, daß der Stuhl in den Boden eingewachsen war, so wie der Boden seinerseits durch ein tiefes unterirdisches Geflecht von Wurzeln und Verzweigungen mit dem Herzen ihres Heimatlandes verbunden war.

Die Frau hatte langes, glattes, schwarzes Haar, das hinten zu einem einzigen Zopf geflochten war. Bernsteinfarbene Augen, leicht exotisch schräggestellt, hohe Wangenknochen. Eine undurchdringliche Schönheit, die bedrohlich wirkte, da sie den Grund für die Blässe des strengen, ovalen Gesichts verschwieg. Die Frau warf einen entschlossenen Blick auf Kim Chernin, und seine Kälte traf sie. Sie war groß, trug neue Bluejeans und einen blauen Baumwollpullover mit kurzen Ärmeln, eine Aura kühler Distanziertheit umgab sie, sie war eine der Überlegenen, der hier Geborenen, der Sabras. Sie war vor wenigen Stunden mit Boaz zurückgekommen, sie war *die Braut*.

Als sie sprach (ruhig, in Hebräisch), hörten alle zu.

»Würde mir bitte jemand erklären, wo ich hier bin? Bin ich

hier im Kibbuz Araht? Ist dies unser neues Experiment von gemeinschaftlichem Leben? Stimmt es, daß das, was ich heute abend hier sehe, im Kibbuz Araht passiert? Ich schaue mich um und frage mich, sind das die Leute, die mir so sehr gefehlt haben, daß ich eine Woche früher heimkehren wollte? Heimkehren in einen Kibbuz, der nicht merkt, daß Kim Chernin praktisch dabei ist, vom Stuhl zu fallen? Hat irgend jemand ihr einen Tee angeboten? Ein Stück Kuchen? Ich sitze jetzt eine Stunde hier, doch ich habe nur bemerkt, wie müde sie ist.«

Einer der Männer, die beim Tisch mit den Erfrischungen saßen, brachte Kim Chernin Tasse und Teller. Kim Chernin stellte beides neben ihrem Stuhl auf den Boden.

Diese Frau ist unser Gast. Sie hat uns die Ehre angetan – die Ehre und nicht den Affront –, uns zu fragen, ob sie mit uns leben darf. Sie ist seit drei Tagen hier, und wir sind ihr alle schon so ans Herz gewachsen, daß sie bei uns bleiben möchte. Wenn ich uns allerdings heute abend anschaue, frage ich mich, was ist denn so liebenswert an uns. Und doch mag sie uns. Ich schlage vor, wir laden sie für die nächsten sechs Monate ein. In dieser Zeit kann sie sich in Ruhe umschauen und überlegen, ob es eine Möglichkeit gibt, die Tochter nachzuholen. Wenn das klar ist, wird auch das Problem mit der Tochter gelöst, da braucht nichts diskutiert zu werden. In der Zwischenzeit werden wir diese Kim Chernin kennenlernen, und sie wird uns kennenlernen. Ich schlage vor, wir bitten unseren Gast, kurz hinauszugehen. Die Diskussion hat stattgefunden. Kann irgend jemand, vielleicht Simon, ihr zeigen, wo sie im Büro warten soll? Wir werden jetzt sofort abstimmen.«

Kim Chernin wartete im Büro. Von diesem kalten Fisch in Bluejeans, ausgerechnet von ihr, von niemandem sonst, fühlte Kim Chernin sich ins Gesicht geschlagen. Als ob es gar nicht um Kim Chernin ginge (wieso sollte es um Kim gehen?). Kim Chernin empfand diesen Appell an abstrakte Gerechtigkeit als einen furchtbaren Hieb. Sie wollte geliebt, ausgewählt werden, wollte, daß Regeln für sie gebrochen wurden. Sie sehnte sich nach Waffengefährten. Man würde sie zum Bleiben auffordern, nicht wegen Bubbes Honigkuchen und Simons Fruchtbarkeitsriten, nicht wegen der Solidarität der Hunde und der feurigen Kameradschaft von Boaz, nicht wegen ihres Siegs über die (notwendige) Opposition von Hiram im Overall und der Zuneigung der drei israelischen Frauen. Man würde sie zum Bleiben auffordern, weil eine solche Aufforderung der einzig angemessene Ausdruck von Kibbuzgroßzügigkeit gegenüber einer Fremden war.

Eine kalte Großzügigkeit, ein herzloses Mitleid.

Kim Chernin lehnte sich gegen den Schreibtisch, hinten im Flur knallte eine Tür, Schritte näherten sich eilig.

Ja, sie haben sich für mich entschieden. Wenn sie sich nicht für mich entschieden hätten, würde jetzt niemand rennen.

Der Soldat

Spätherbst 1971

Wenn du Kim Chernin auf ihrem Weg in Devoras Zimmer begegnet wärst, hätte sie dir nicht ihre Philosophie über das Leben, den Sex und den Körper vorgetragen. Und doch grübelte sie über *Die-da* nach, ein Wesen, das sie zum Teil selber war, wie sie wußte, und das sie haßte. Ich habe *Die-da* bisher noch nicht erwähnt. Ich fand es schon irritierend genug, daß eine Kim Chernin von jetzt über eine Kim Chernin von damals schreibt. *Die-da* sind jedoch nicht länger zu umgehen.

Binnen kurzem wird Kim Chernin für lange Zeit einschlafen. Während dieser Abwesenheit können wir uns ebensogut mit den verachteten *Die-da* beschäftigen, die Kim Chernin manchmal *Die-da*, die Willfährigen, nannte, wobei das »die« ein Ensemble darstellte aus Vater und Mutter, dem ersten Lehrer, dem Polizisten an der Ecke, dem Mann im Park, den Jungen aus der Nachbarschaft, die mit vereintem Gesinge spätabends die Gegend unsicher machten. Alle zusammengenommen bildeten sie ein Geschöpf, das ganz entschieden nicht Kim Chernin war. Gemeinsam hatten sie *Die-da*, ein Geschöpf, das sie nach ihrem eigenen Bild geformt hatten, von jenem Lust-Körper, den Kim Chernin ihrer Meinung nach rechtmäßig besitzen sollte, und ebenso von seinen Empfindungen losgetrennt. Deshalb wollte Kim Chernin *Die-da* unbedingt vernichten.

Vernichten ist ein starkes Wort. Vielleicht sollte ich lieber sagen, Kim Chernin wollte *Die-da* gerne aus dem körperlosen, willfährigen Zustand erlösen, in dem *Die-da* existierten. Wo ich sage, daß Kim Chernin nur Joghurt und hartgekochte Eier aß, hätte Kim Chernin gesagt, daß es *Die-da* waren, die ans Hungern glaubten.

Kim Chernin wollte *Die-da* vernichten. Sie wollte *Die-da's* Leidenschaft für eiskalte Duschen direkt nach dem Aufstehen mit der Wurzel ausreißen, sie verachtete *Die-da's* asketische Neigungen und *Die-da's* Leidenschaft für die Überwindung des Fleisches. Wenn Kim Chernin eine Rebellin war, so war sie es wegen *Die-da*, Kim Chernin rebellierte gegen *Die-da*.

Wieso rebellieren? *Die-da* waren immerhin auch ein Teil

von Kim Chernin. Ihre einzige authentische Regung in diesem ständigen Krieg zwischen Kim Chernin und *Die-da* war, wie Kim Chernin sagte, erotischer Natur. Diese Regung, so behauptete Kim Chernin gerne, habe ihr niemand eingeimpft, sie zumindest war etwas, was weder Mutter noch Polizist noch Vater bei ihr vorzufinden wünschten. Keiner von ihnen wollte, daß sie Wachtürme liebte. In dem Maße, wie Kim Chernin Verlangen spürte, war sie nicht *Die-da*, war sie sie selbst.

Die-da wohnten in einem Hohlraum hinter den Augen, in einem Kopf, der, aufgrund seiner Loslösung vom Körper, einen Begriff von sich selbst hatte. Es war für Kim Chernin nicht einfach, das Verhältnis von *Die-da* zum Körper zu beschreiben. Ließ sich behaupten, daß *Die-da* den Körper vergessen hatten? Ihn in ein Phantomglied verwandelt hatten? Ihn nur, wenn es paßte, oder in Notfällen hervorholten? (Es hatte den Anschein, daß jemand, der den Körper völlig verlassen hatte, für tot erklärt werden konnte. *Die-da* fürchteten den Tod).

Die Feindschaft zwischen Kim Chernin und *Die-da* entspann sich fast täglich an jener Empfindungsfläche, die Haut heißt. Kim Chernin lauerte darauf, jeden kleinsten Nadelstich von Empfindung anzuheizen, *Die-da* gierten danach, sie zu ersticken. *Die-da* mochten vielleicht in der Nahrungsschlacht gewinnen. Gegen den Sex und seine Kapricen, gegen das Verlangen und seinen Hunger waren *Die-da* machtlos.

Kim Chernins Strategie sah so aus: Indem sie jeder sich bietenden Versuchung nachgab, irgendwann spätabends mit Simon in dem Schuppen unten im Bananenhain (vielleicht), würden ihr nach und nach lauter kleine Schläge gegen *Die-da* gelingen. Wenn Kim Chernin zersplitterte, so war es genau das, was sie sich wünschte. *Die-da* waren es, die schließlich untergehen würden. Nicht mehr lange, und die originale Kim Chernin der reinen Empfindung würde geboren werden, und zwar genau an dem Ort, wo *Die-da* zerfielen.

Die-da hatten eine Psychoanalyse begonnen, um sich über Kim Chernin zu beschweren. Ihnen gefiel die Art nicht, wie

Kim Chernin in einem Café von Berkeley mit einem Fremden über dionysische Ekstase sprach. Sie waren schockiert, als Kim Chernin in die Tilden-Berge ging und Bananenschalen rauchte oder als sie an dem verbotenen Waldufer des Anza-Sees, wo es keine Rettungsschwimmer gab, baden ging und nackt und feucht unter Eukalyptusbäumen lag und Strategien gegen *Die-da* erprobte.

Der Analytiker erklärte *Die-da*, die Männer würden Kim Chernin ausnutzen. Er sagte, sie bedienten ihren Narzißmus, um sich ihres Körpers zu bemächtigen. *Die-da* bewunderten diese Formulierung, die Kim Chernin eine Stufe tiefer beförderte, weil sie sich jedem Mann anbot, der sie schön fand, (*Die-da* wußten, daß Kim Chernin nicht schön war, ihre Brüste waren zu groß, und sie hatte keine langen Finger, sie zog Männer an, weil sie eine Nutte war.)

Kim Chernin erwartete nicht, daß der Analytiker ihr Radikalprogramm zur Befreiung des Verlangens begriff. Wahrscheinlich hatte er keine Ahnung, daß Frauen ein ganz eigenes Verlangen besitzen, eine einzigartige Lust, die ihren ganzen Körper erfaßt, und der läßt sich in nichts mit einem männlichen Körper vergleichen, ist ihm nicht im entferntesten ähnlich. Wie sollte der Analytiker es auch wissen, da selbst die meisten Frauen es nicht wußten.

Im Laufe der viereinhalb Psychoanalysejahre konstruierten *Die-da* Kim Chernins sexuelle Geschichte, während sie selber diese Geschichte still für sich anders las. *Die-da* waren beeindruckt von der Entdeckung, daß das kleine Mädchen, das sie beide einmal gewesen waren, in einem Park der Bronx spazierengegangen und einem nackten Mann begegnet war, der ihr Geld gab, damit sie seinen Penis anfaßte. Kim Chernin sah in dieser Geschichte, ebenso wie in der mit den Jungen im Keller ihres Mietshauses, in dem sie mit ihrer Familie im fünften Stock wohnte, nur weitere Beispiele für die Verschwörung, der ihr Körper von Geburt an ausgesetzt war.

Jedesmal wenn sie eine Stelle berührte, die Lust schenkte,

und dafür gemaßregelt wurde, kam ihr ein Stück ihres Körpers abhanden. Die Empfindlichkeit ihrer Fingerspitzen verschwand als erstes, ihre Finger (die gerne jeden Winkel ausforschten) verschwanden bald darauf. Die Augen wurden ihr genommen, als ihr die Tür vor der Nase zugeschlagen wurde, weil sie neugierig war, was ihr Vater da in seiner Hose hatte und was eine Beule machte. Danach umgab diese Beule ein Geheimnis, das für alle späteren Geheimnisse stand. Die Beule war scheu, manchmal war sie sichtbar, dann wieder abgeflacht und versteckt, sie war, wie es schien, in drei deutlich unterschiedene Teile geteilt, ebenso wie auch Gott, der zur Erkenntnis auffordert, den Anblick des Objekts allen Begehrens jedoch verweigert. Schon in frühem Alter verlor sie ihre Hände, als sie die Brust ihrer Mutter (den wahren Grund allen Seins, schon vor den Göttern da) anfassen wollten. Inzwischen war das Anfassen verboten; niemand sagte, wieso, aber die Hände wurden geschlagen.

Damals, als drei oder vier Nachbarjungen sie unter dem Vorwand, mit ihr spielen zu wollen, in jenen Keller gelockt hatten, war sie auf eine Matratze geschubst worden. Sie war da noch nicht mal fünf Jahre alt. Was dann geschah, was dann geschah, ließ sich nur rekonstruieren. Die Erinnerung setzte aus nach der Erinnerung an die Bemerkung eines Jungen, der sagte: »Guckt mal, was für starke Beine sie hat.« Vielleicht wurde sie ohmächtig. Ihr Körper erinnerte sich an Tritte. Wenn sie abends zu Bett ging, waren da, seit damals Nacht für Nacht, Phantombeine, die traten und um sich schlugen. Innen, an einer unendlich empfindlichen Stelle oben zwischen den Beinen, ein Stoßen und Brennen. Obwohl weder *Die-da* noch Kim Chernin sich erinnern konnten, was da in dem Keller vor sich gegangen war, sagte der Körper: »Vergewaltigung.«

Die-da waren nur allzu froh, diesen Körper loszusein, der die Demütigung ertragen hatte, daß ein Mädchen in ihm aufwuchs. Nach *Die-da*'s Ansicht war Verhungern das angemessene Schicksal für diesen Körper, der die Selbstkasteiung nun in Eigenregie zu übernehmen hatte und hoffentlich rechtzeitig seine so begehrten Empfindungen brandmarken, disziplinieren und endlich ausmerzen würde. Nach Kim Chernins Ansicht war der wahre Sinn des Lebens der Körper, doch der Junge oder das Mädchen, die in ihm groß wurden, schlugen und demütigten ihn und entfremdeten ihn allem: der Bedeutung, die ein gezacktes grünes Blatt haben kann, dem Vergnügen des Mundes an den Sachen, die man hineinsteckte, dem Sehnen des Körpers. Für Kim Chernin war der Körper mit versteckten Naturgottheiten bevölkert, die alle danach hungerten, erweckt zu werden. Dieser Weg, der Weg zurück zum Körper, war es, den Kim Chernin gehen wollte. Sie wollte ihn sich von jenen zurückholen, die gemaßregelt, geschlagen, Türen geknallt und gestoßen hatten.

Die-da hatten eine Psychoanalyse gemacht, um Kim Chernin loszuwerden. Statt dessen erstarkte die wilde Kim Chernin in dem Maße, wie *Die-da* allmählich auseinanderfielen. Die Abspaltung von Kim Chernin, die der Psychoanalytiker vermutlich für unerwünscht hielt, machte es ihr möglich, die allmähliche Stück-um-Stück-Vernichtung von *Die-da* zu überleben. Als Kim Chernin in dem Gesellschaftsraum an ihrem Stuhl festklebte, war das ein Augenblick, in dem *Die-da* den Zugriff auf den Phantomkörper verloren.

Doch der Phantomkörper war der einzige Körper, den Kim Chernin besaß, und wenn der neue Körper erst im Entstehen begriffen war – wiederholte Episoden mit Sex und Gefühl halfen dabei –, wo sollte Kim Chernin sich dann unterbringen, wenn *Die-da* und der Phantomkörper sich auflösten? Wo sollte Kim Chernin sich unterbringen? Eine Frage die sich nicht stellen läßt, kann auch nicht beantwortet werden. Schlimmer noch, Kim Chernin gab sich nicht mit der philosophischen Erörterung ihrer Lage zufrieden. Sie wollte so lange durchhalten (wie? wo? eine Person ohne Körper?), bis der Lust-Körper, der ihr von Geburt an zustand, soweit ausgereift war, daß er ihr eine Heimat bieten konnte.

Verständlicherweise würde sich ein Mensch in dieser Lage an den Kollektivkörper einer kleinen Farm schmiegen wollen, in die Arme eines Mannes, der nur darauf wartete, sie zu nehmen. Dieser Mensch würde sehr lange schlafen wollen, denn der Schlaf besitzt seinen eigenen Körper. Ich glaube, es waren *Die-da*, die sie nachts wach hielten, weil sie wußten, daß der Körper im Schlaf zu sich selbst zurückkehrt, ursprüngliche Freuden erlebt, unschuldig wird.

Eine ihrer Erinnerungen besagt, daß Kim Chernin sieben Tage und Nächte schlief. Mag sein, daß der Sinn für Humor, den Kim Chernin da noch nicht besaß, in der Art, wie ihre Erinnerungen sich niederschlugen, schon zu spüren war. Manchmal denke ich, daß sie sie extra heimtückisch verstaute, in der Hoffnung, ich würde sie dann nur schwer entwirren können. Heißt das, Kim Chernin wußte, daß sie im Begriff war, sich selbst abzuschaffen? Heißt das, sie sah einen endgültigen Triumph von *Die-da* voraus? Ganz und gar nicht. Sie wußte, sie würde *Die-da* im Staub zertreten. Vielleicht ist es ja auch so, daß das Gedächtnis jemanden wie Kim Chernin bevorzugt. Ich bin sicher, ihre Erinnerungen meinen es nicht gut mit mir. Irgendwo ist hier ein Trick, eine Falle, die auf der Lauer liegt, jemand, der ziemlich am Ende ist, wird sehr wahrscheinlich eindrucksvolle, unglaubliche Erinnerungen haben. Ich? Was werde ich dem Gedächtnis überlassen? Gestattet das Gedächtnis überhaupt die Art von Entwirrung, der ich mich verschrieben habe?

Während Kim Chernin schlief, stellten ihr mehrere Leute Tabletts mit Joghurt und hartgekochten Eiern vor die Tür. Der Flur hatte einen Steinfußboden und war mit einem recht großen Spülbecken plus Vorratsschrank ausgestattet. Von der Diele aus ging es in zwei Schlafzimmer, und im gemeinsamen Bad mit seiner hervorragenden Dusche beschlugen die Fenster jeden Tag um vier Uhr, wenn die Arbeit getan war. Kim Chernin teilte sich diese schlichten Einrichtungen mit einer redseligen Frau, die just in diesem Augenblick sehr ungehalten über Kim Chernins langen Schlaf ist und im Zimmer nebenan so viel Lärm wie möglich macht, sie spielt Tanzmusik, summt, pfeift und trampelt mit harten Absätzen laut umher. Nichts hilft. Kim Chernin schläft weiter, sie schläft den Schlaf derjenigen, die mit ihrer Weisheit so ziemlich am Ende sind, einen heilenden Schlaf nach langer, heldenhafter Überanstrengung.

Sie war in Sicherheit, nach langer Fahrt durch gefährliches Gewässer hatte sie das Ufer erreicht, der Kibbuz würde sie in seine Obhut nehmen, ihre Steuern zahlen, dafür sorgen, daß ihre Wäsche gewaschen wurde, sich um Lebensmittel und Mahlzeiten für sie kümmern, sie mit einem Zimmer versorgen, ein Dach reparieren, sie im Kreise von Kameraden heimisch werden lassen, sich vergewissern, daß sie sinnvoll beschäftigt wurde, ihr dabei helfen, eine israelische Bürgerin zu werden, eine Ehre, auf die sie ein Anrecht hatte, da eine jüdische Mutter sie geboren hatte.

All die Dinge, die Kim Chernin Sorgen bereitet hatten (wie sie ihr Konto ausgleichen, rechtzeitig die Miete zahlen, schreiben und trotzdem ihren Lebensunterhalt verdienen konnte), würden ab jetzt von jemand anderem übernommen. Alle zwei Wochen erschien ein Arzt und hielt Sprechstunde in der kleinen Krankenstation neben dem Hühnerhaus. Falls Kim Chernin krank wurde und nicht arbeiten konnte, würde der Kibbuz für sie sorgen, wenn nötig, bis an ihr Lebensende. Wenn das Kollektiv sich dann später vergrößert hatte, würde man Kim Chernin vier Stunden am Tag schreiben lassen, falls sich herausstellte, daß sie Talent besaß. Kim Chernin hatte keinen Zweifel, daß sie Talent besaß. Sie wußte nur nicht, ob irgend jemand dort ihr Talent auch erkennen würde, wenn sie es bewies. Sie schrieb mystische Gedichte mit dunklen Bildern und in hochgestimmtem Ton – vielleicht nicht gerade das, was man auf einer hart arbeitenden Farm an der Grenze tun sollte, die noch keine eigene Molkerei besitzt.

Im übrigen würde das Kollektiv ihr dabei helfen, eine Arbeit zu erlernen, die gut zu ihrer Lesewut paßte. Ich glaube, sie wäre eine gute Lehrerin geworden, vielleicht sogar eine Psychoanalytikerin. Lehrerin war wahrscheinlich die beste Idee. Dann würde sie woanders arbeiten müssen, vielleicht auf dem Kibbuz, wo ihre Tochter dann eventuell zur Schule ging.

Die Tochter geistert mit unruhigen Möwenschreien durch ihren Schlaf. Sie schiebt ihr Briefe unter der Tür durch. Die Briefe sind offenbar auf marmoriertem Papier geschrieben, das in der linken Ecke mit dem Bild einer Stoffblume bedruckt ist. Sie kommen in leuchtendgelben Umschlägen an, auf denen das Wort Israel falsch geschrieben, durchgestrichen und neu geschrieben ist. Die Traumtochter beschirmt ihre Augen mit den Händen und schaut durchs Fenster. Sie ist hungrig, ihre Mutter schläft. Sie geht auf Zehenspitzen davon.

Der Soldat kommt und geht durch ihren Schlaf. In einem ihrer Träume betritt er spät nachts, als es fast schon Morgen ist, leise ihr Zimmer, stellt seine Lampe auf ihren Schreibtisch, nimmt sein Gewehr ab, prüft das Patronenmagazin, hängt es über die Stuhllehne. Sie sieht zu, wie er sich auszieht. Im Traum ist sie gespannt, was für eine Sorte Mann er ist. Sie ist nicht enttäuscht. Ohne seine Stiefel, seine Socken, ohne Khakihemd und -hose ist der Soldat nackt, er will sie. Man kann das An- und Abschwellen von langen Muskeln sehen, als er das Gewehr ablegt. Er atmet offenbar sehr schnell. Für die Träumerin führt dieser schnelle Atem zu Asahel, dem jüngsten Sohn von König Davids Schwester. Asahel wurde durch einen Speer getötet, der ihn unter der fünften Rippe traf, als er Avner während der Gefechte zwischen Davids und Sauls Armeen verfolgte. Es heißt, daß Asahel flink auf den Beinen war, schnell wie ein wildes Reh, doch er lief so weit, daß er schließlich außer Atem geriet, verletzlich wurde, leicht zu fällen. Die Träumerin verfällt dem gefallenen Krieger. Sie weint Möwenschreie um ihn. Sie entdeckt den Sinn der Wehklage. Ihr langes Haar läßt sich zerraufen wie Trauerkleidung. Die Haut ihres

Soldaten könnte gut von einem hochberühmten Schneider stammen. Ohne jeden Stich, ohne einen einzigen Fehler oder Kniff spannt sie sich gleichmäßig über seine gesamte hohe, straffe, magere Gestalt. Er ist mehr als eine Armeslänge von ihr entfernt, sonst würde sie die Hand nach ihm ausstrecken, damit er kommt.

Wo man auch ist in der Welt, die Tage zwischen Rosch ha Schana und Jom Kippur sind Tage heiliger Scheu. Zu ihrem Charakter von Düsternis und Erhabenheit gehört denn auch die ernsthafte Erforschung des eigenen Innenlebens. Es sind Tage der Zerknirschung, man wägt seine Verantwortung gegenüber der menschlichen Gemeinschaft und prüft das Konto seiner Schulden, Diebstähle und Ausgaben. Ob Kim Chernin unterm Joch ihres Schlafes während der Feiertage Heiligkeit übte, ist nicht gewiß. Ich für mein Teil glaube, daß sie die Feiertage in heidnischem Stil, mit frivolen Gedanken und Wünschen, verschlief. Später behauptete sie immer, sie habe mit den Erzvätern Walzer getanzt und (vor allem) Abraham das Tanzen beigebracht, während *Die-da* ausgestreckt vor dem Altar lagen. *Die-da* hofften, Gott werde seinen Bannfluch über Menschenopfer aufheben und das Lamm durch Kim Chernin ersetzen.

Während Kim Chernin schlief, schauten Simon und Devora häufig bei ihr herein. Devora brachte ihr einen Stapel tadellos gebügelter Arbeitskleidung, das meiste davon in Kim Chernins Größe. Simon hatte ein gutes Paar Arbeitsstiefel für den Winter aufgetrieben. Mit mehreren Paar Socken würde es gehen. Alle, selbst Kim Chernins Feinde (etwas anderes hätten sie sich nicht zu sagen getraut), fanden es richtig, daß sie ungestört schlafen durfte.

Die meiste Zeit saßen Simon und Devora einfach nur still da. Simon war sicher, daß Devora nicht begreifen würde, warum er aufgehört hatte, Zionist zu sein. Er wartete darauf, daß Kim Chernin aufwachte, damit er es ihr erklären konnte. Devora horchte auf Kim Chernins Atem. Ihr gefielen die wachsenden Schatten im Zimmer; mitunter hörte sie, wie von ferne, einen Schrei des kleinen Mädchens auf dem Poster an der Wand über Kim Chernins Bett. Am letzten Tag von Kim Chernins langem Schlaf brachte Simon seine Gitarre mit und sang etwas in Arabisch. »Ich wache über deinen Schlaf, Liebste, ich wache über deinen Schlaf, ich warte, meine Kleine, ich wache über deinen Schlaf, ich wache über dich.«

Hier war die Liebe, nach der Kim Chernin sich immer gesehnt hatte, das halbe Haus, das sie brauchte, bis ihr wiedergeborener Körper für sie bereitstand. Nicht einfach nur die Liebe von Simon oder Devora oder der scheuen Israelin mit der Hornbrille, die immer wieder errötend und verstohlen mit Tee und Keksen an der Tür erschien. Ohne es selber zu wissen, brauchte Kim Chernin die Liebe eines Stammes, einer Gemeinschaft möglichst verwandter Geister, sie wollte mit ihnen vernäht werden, hineinverwoben in das dunkle Netz ihrer kollektiven Identität, nichts anderes würde helfen. Vergessen wir die Sache mit den fünf Tagen und Nächten. Zum ersten Mal nach der Vergewaltigung, nach dem Mann im Park, nach dem Tod ihrer Schwester, als Kim Chernin viereinhalb Jahre alt war, gelang es Kim Chernin (sie träumte, daß ein Grashalm durch ihr Ohrläppchen wuchs), eine ganze Nacht lang durchzuschlafen.

*H*abe ich das schon erwähnt? Kim Chernin hatte 1968, in dem Jahr, als ihr Vater starb, einen Streit mit ihrer Mutter. Der Streit entzündete sich daran, daß sie einen Artikel über Rabbi Moshe Levinger gelesen hatte, der aus Protest gegen die Regierungspolitik, die die jüdische Besiedlung der West Bank verbot, in das Park-Hotel in Hebron gezogen war. Nach einer Abstimmung im israelischen Kabinett wurde ihm und seinen Anhängern dann später der Aufenthalt in dem besetzten Gebiet gestattet. Und kurz darauf errichtete die Regierung dort eine Siedlung für sie. Sie hieß (und heißt noch) Kiryat Arba.

Kim Chernins Mutter war der Ansicht, daß das israelische

Kabinett (damals war die Arbeiterpartei an der Macht) wieder einmal die Ideale des jüdischen Volkes verraten hatte, weil es ein Volk von Imperialisten aus ihm machte. Sie zeigte Kim Chernin das Poster eines Palästinensers, der von einem israelischen Soldaten erschossen worden war. Der Palästinenser war ein junger Mann mit einem friedlichen Gesicht, er trug seinen Tod mit Würde. Sein Blut lief über den Rand des Posters hinaus. Kim Chernin sah ein paar Tropfen auf dem Küchenboden.

Kim Chernin sagte zu ihrer Mutter: »Vielleicht gibt es immer Opfer, wenn sich wichtige archetypische Gesetzmäßigkeiten vollziehen. Unsere Sicht reicht nicht weit, wir wissen nichts über den tieferen Sinn dessen, was geschieht. Könnte es nicht sein, daß am Ende gerade durch das Leiden eines unschuldigen Menschen wie diesem hier Gerechtigkeit für beide Seiten entsteht?«

Ihre Mutter sagte: »Wo hast du nur verlernt, was ich dir beigebracht habe? Wenn du das Bild eines gehängten Juden sehen würdest, und dieser Jude wäre gehängt worden, weil ein Nazi ihn dort aufgehängt hat, würdest du dann auch sprechen von ... wie hast du das genannt, von was für einer Sorte Gesetzmäßigkeiten?«

Kim Chernin mochte es nicht, wenn sie mißverstanden wurde. Sie sehnte sich nach vollkommenem Verständnis, besonders von ihrer Mutter. Ihre Stimme wurde lauter: »Was für Gesetzmäßigkeiten? Das werde ich dir sagen. Wenn Menschen plötzlich in ein Land zurückkehren, das sie zweitausend Jahre lang nicht gesehen haben, dann ist das die Erfüllung einer archetypischen Sehnsucht. Niemand hat sie dazu veranlaßt, sie würden es wahrscheinlich noch nicht einmal Zionismus nennen, es hat nichts mit Ideologie zu tun, es entspringt der Verzweiflung, der totalen Verzweiflung über die Lage, Hunderttausende wissen nicht mehr weiter, nur eines hält sie aufrecht, eine einzige Idee, und die macht ihnen das Leben möglich, wenn es sie nicht gäbe, würden sie irgendwann keinen Sinn mehr darin sehen, ein Feuer anzuzünden, in kalten Nächten die Bettdecke hochzuziehen oder den Kühen Heu zu geben . . . «

Kim Chernins Mutter stemmte die Hände in die Hüften, schaute dramatisch über ihre Schulter und rief die Lebenden und die Toten als Zeugen dieser Rede ihrer Tochter an. Sie sagte: »Wer spricht hier von Kühen? Was haben Kühe damit zu tun? Und Heu? Um was für Heu handelt es sich eigentlich? Etwa um archetypisches Heu?«

Damals besaßen weder Kim Chernin noch ihre Mutter Sinn für Humor. Kim Chernin sagte: »Na bitte! Du weißt doch ganz genau, was *archetypisch* meint. Du willst mich einfach nicht verstehen. Es ist mir mittlerweile auch egal, ob du es tust oder nicht. Das ändert aber nichts an der Tatsache, daß das jüdische Volk sich auf den Weg nach Palästina machte, weil es in Europa die Vorboten seiner eigenen Vernichtung spürte, und ich sage dir, die Menschen spürten sie schon vor der Jahrhundertwende und haben versucht, sich in Sicherheit zu bringen. Ist Israel denn nicht, bei all seiner moralischen Zweifelhaftigkeit, besser als Hitlers Öfen? Ist der Mord an Millionen unschuldiger Kinder denn nicht schlimmer als ein unschuldiger Araber, der gehängt wird?«

Kim Chernins Mutter tippte sich mit einem ausgestreckten Finger an die Brust. Das bedeutete, daß sie wütend war und bald sehr wortgewaltig werden würde. Ihre Stimme wurde lauter. »Fang mir nicht mit ›besser und schlimmer‹ an. Beides ist schlimmer. Und es ist ebenfalls schlimmer, daß das jüdische Volk zu Mördern wird. Was zweitausend Jahre Verfolgung nicht schafften, was Hitlers Öfen nicht schafften, das haben Zionisten innerhalb einer Generation fertiggebracht. Sie haben das jüdische Volk zugrunde gerichtet. Ja, zugrunde gerichtet. Ein Volk, das einem anderen Volk Land wegnimmt, unschuldige Menschen aus ihren Dörfern vertreibt, sich gierig Felder und Obstplantagen einverleibt und dann diejenigen erschießt, die protestieren, solch ein Volk ist nicht mein Volk!«

Kim Chernin sagte: »Vielleicht wird es ja Zeit, daß das jüdische Volk sich von seiner moralischen Überlegenheit verabschiedet und die Welt der Nationen betritt, in der man für eine Grenze tötet oder einem Nachbarn Land wegnimmt. Wer hätte das denn nicht schon getan? Welche Nation tut das nicht? Wieso sollte es nur den Juden verboten sein, sich ein Land anzueignen? Was moralisch sicher immer zweifelhaft ist. Du möchtest das jüdische Volk durch unsere Heimatlosigkeit definieren, unsere Fähigkeiten als Kulturträger, unsere ethischen Verträumtheiten in irgendwelchen abgelegenen zerbröckelnden Tempeln. Nein danke. Mir gefällt die Vorstellung vom jüdischen Krieger. Und es ist mir egal, ob er sieben Generationen lang kulturell verkommt, solange er nur lernt, sich zu erheben und zu kämpfen.«

Ich bin sicher, daß Kim Chernin nicht meinte, was sie soeben gesagt hatte. Ein ungebildeter Krieger hätte ihr nicht gefallen. Auch ihre Mutter meinte wahrscheinlich nicht, daß der Zionismus das jüdische Volk zugrunde gerichtet hatte. Ebensowenig erwähnte sie Miriam Levinger, die Frau des Rabbi, die eines Tages vierzig Frauen und Kinder versammelte und mit ihnen von Kiryat Arba nach Hebron marschierte, um Beit Habbash, ein verlassenes jüdisches Krankenhaus, zu besetzen. An jenem Tag jedoch, als Kim Chernin in dem Kibbuzbüro darauf wartete, wie die Abstimmung ausgehen würde, als sie sich vorzustellen versuchte, wie Miriam Levinger wohl beim Einmarsch in die Kasbah aussah, kam ihr das Gesicht der *Braut* in den Sinn. Dieses Entschlossene, Erleuchtete, diese unmenschliche Ruhe der Fanatikerin, diese unheilvolle Macht eines Menschen, der fähig ist, Prinzipien über alles zu setzen.

Vergiß dieses Gesicht nicht! Während ihres langen Schlafs erschien Kim Chernin dieses Gesicht, vermischte sich manchmal mit dem ihrer Mutter, war manchmal der Soldat; es begleitete sie durch die versickernden Wasser des Schlafs und hinterließ den Eindruck jenes trockenen, kalten Windes dort oben, der für manch kommenden Schmerz und manch leidenschaftliches Gefühl verantwortlich war. Es schenkte ihr aber auch einen Hauch flüchtigen Glücks der Kinderzeit, als ihre Schwester sie zum Schlittenfahren auf den Hügel im Bronx-Park mitnahm. Schwester zuerst, Kim Chernin obendrauf, hält sich an ihrem Hals fest, aber nicht zu stark, nicht so, daß sie erstickt.

Die Avocadobäume gediehen nicht. Die herabtropfende Flüssigkeit der Bananenpflanzen wirkte sich offenbar schädlich aus (die Avocados waren unter die Bananen gepflanzt worden, damit sie Schatten bekamen). Kim Chernin mußte sie ausgraben, die Erde von ihrem spinnennetzartigen Wurzelwerk lösen, sie vorsichtig in ein kleines Loch setzen, das sie ein Stückchen weiter weg gegraben hatte. Yosif, der Mann mit den Korkenzieherlocken, arbeitete mit ihr zusammen und half ihr, aus einigen vertrockneten Bananenwedeln einen Schattenschutz zu bauen.

Yosif gegenüber erwähnte Kim Chernin es zwar nicht, aber ihr Körper hatte sich während ihres Schlafs verändert. Sobald sie, um 3.33 Uhr morgens, aufgewacht war, schlüpfte ihr Körper aus dem Bett, machte ein paar Luftsprünge, um zu sehen, ob er wirklich so in der Luft schweben konnte, wie es von Nijinksy erzählt wird. Dann runter, leicht wie Regen. Dann wieder hoch und so weiter, vielleicht zehnmal, danach verflog die Wirkung allmählich.

Zuerst das Geschirr, das sich selbst abwusch. Dann die Levitation mit dem Küchenmop. Danach Devoras Liebeskuchen. Schließlich der Schlaf von fünf Tagen und Nächten. Und jetzt ist ein neuer Körper da! Sind diese unwahrscheinlichen Vorfälle Wegmarken auf dem Pfad der Wunder, die Kim Chernin verwandelten, als sie ihren Fuß in das Heimatland setzte?

Solcherlei Gedanken tauchen plötzlich auf, weil Kim Chernins Urgroßvater väterlicherseits ein mystischer Mann war, ein Chassid und Nachkomme der wunderwirkenden Ba'al Shem Tov. Das habe ich kürzlich von Kim Chernins Onkel erfahren, dem jüngeren Bruder ihres Vaters. Die Mutter von Kim Chernins Vater war allerdings eine Nachfahrin jenes Gaon von Vilna, eines hochgerühmten Gelehrten der Aufklärung im achtzehnten Jahrhundert und entschiedenen Gegners chassidischer Sehnsüchte. Bei diesem Stammbaum sollte es nicht so leicht fallen, an Wunder zu glauben, selbst wenn sie geschehen. Die Frage aber ist, hat Kim Chernin an sie geglaubt? Hat sie tatsächlich erlebt, wie sie fünfzehn Zentimeter über dem Boden schwebte? Hat sie wirklich geglaubt, daß sie einen neuen Körper besaß?

Kim Chernin erblickte sich im Spiegel. Was sie sah, gefiel ihr, obwohl der Körper kleiner war als vorher. Schätzungsweise war sie jetzt etwa fünfundsiebzig Zentimeter groß. Der kleine Körper war unentwickelt, das war eindeutig. Er schaute sich selbst unverkrampft an. Seine Brüste waren noch nicht gesprossen. Seine Füße waren nicht schön. Sie waren breit, ohne Anmut, die Zehen waren knubbelig. Andererseits war es die Sorte Füße, die einen da hinbringt, wo man hinwill. Kim Chernin gefielen sie.

Sie hob die Arme. Kein Schatten war zu sehen in der bleichen Höhle verborgener Haut. Sie streichelte sie lustvoll. Weiter unten, wo der Haarschopf sich noch nicht entwickelt hatte, fiel ihr Auge auf weiche, begierige Lippen. Da war ein zart gewölbter Bauch; wenn man mit den Händen darüber strich, wurden sie nach da unten weitergeführt. Dies war also ihr Körper, keusch und unschuldig in der heiteren Gewißheit seiner Vergnügungen. Ihre Beine würden nie so lang werden, wie *Die-da* es sich gewünscht hatten. Kim Chernin bewunderte ihre Robustheit, sie würden alles mit ihr durchstehen, was sie durchzustehen hatte, bis die Beine wieder das waren, was sie gewesen waren, bevor sie sie haßte. Sie hopsten von neuem hoch, stießen und verrenkten sich, um sich selber zu feiern. Dieser Körper war hellwach, im Stande animalischer Freude, unbelastet noch von Scham, Ekel und Moral, die die Zivilisation ihm laut Freud aufbürden sollte.

Yosif schien nicht zu bemerken, daß Kim Chernins Körper sich verändert hatte. Für Yosif würde sie wahrscheinlich immer die Frau mit den großen Brüsten bleiben, die mit feuchten Locken und im karierten Rock den Eßsaal betreten hatte. Jeden Morgen saß sie vorne bei ihm im Fahrerhaus (der Rest der Mannschaft saß hinten auf der offenen Ladefläche). Es war Kim, die auf dem Weg zur Bananenplantage im Dorf mit der arabischen Bäckerei neben der Moscheeruine aus dem Wagen sprang, um Brot zu kaufen. Sie sprang immer noch wie schwerelos und sehr hoch. Der Araberjunge, der in der Bäckerei arbeitete, beobachtete, wie sie herunterglitt, als fliege sie wie ein kreiselndes Stück Papier. Wenn das stimmt, war er der einzige, dem das je auffiel.

Kim Chernin liebte die Bäckerei, besonders jetzt, da *Die-da* verschwunden waren, vielleicht für immer. (*Die-da* verschwunden, für immer?) Sie hatte Bäckereien schon immer gemocht, hatte sogar mal daran gedacht, sich als Bäckerlehrling zu verdingen, in der dänischen Bäckerei in Berkeley, gegenüber von ihrem Lieblingscafé in der Telegraph Avenue. Sie lag sowieso die halbe Nacht wach, hatte eine ausgesprochene Vorliebe für Brot und Brötchen und dachte häufig an das Brot, das sie gerade gegessen hatte, oder malte sich aus, welche Sorte sie demnächst wohl mal essen könnte, und die Nachtarbeit würde ihr den Tag zum Schreiben freihalten. (Außer mystischen Gedichten schrieb sie Erzählungen, die im Mittelalter spielten. Natürlich bestand keinerlei Hoffnung auf Veröffentlichung). Sie sah sich schon in eine weiße Schürze gewickelt, die mit lauter Fingerabdrücken von Teig und Hefe beschmiert war. Die Tochter würde in einem Bett neben den Öfen schlafen, und Rosinen und Nelken würden ihr, so gut sie vermochten, zu friedlichen Träumen verhelfen, jedenfalls dürften sie nicht so sein wie die ihrer Mutter.

In der arabischen Bäckerei lagen die Brote auf einem dicken Holzbrett aus, der kleine Junge mit dem leichten Schielen half Kim Chernin beim Einpacken einiger Laibe. Ein gräulicher

Mehlstaub, der sich schlecht entfernen ließ, legte sich auf ihre Arbeitskleidung. Er verlieh ihr einen Geruch von frischgebakkenem Brot, Simon mochte ihn. Der Geruch von Teig haftete immer noch an ihr, als der Soldat ankam, er sagte, er mache sie eßbar. Sie sagte, das sei ihr recht (»Los, komm, iß mich«), doch sein Englisch war zu schlecht, er kapierte es nicht.

Kim Chernins kleiner Körper reagierte sehr stark auf Geschmack (er reagierte auch auf Berührungen. Zum Beispiel konnte sie Yosifs Blick, der über ihre Wangen glitt, so spüren, als sei er schon ein Kuß). Das Brot bestand aus einem Teil Weizen, einem Teil Gerste und einem Teil ganz hellem Mehl. Wenn sie es kaute, konnte Kim Chernin die verschiedenen Körner auseinanderhalten und die mit Salz von denen ohne unterscheiden. So gegessen, war ein dickes Stück Brot eine mehr als ausreichende Mahlzeit. (Kim Chernin glaubte, dies sei das Geheimnis der Lust, das *Die-da* nie hatten knacken können.)

Sie waren immer noch heiß, die langen, späten Erntetage auf der Farm an der Grenze. Vor ihrem langen Schlaf war die Zeit über ihre eigenen Füße gestolpert, hatte sich selbst überholt, sich geballt, gekrümmt, gedrängt und verheddert. Nun wurde die Zeit lang und geschmeidig, sie setzte Fett auf den Rippen an. Kim Chernins langsame Zeit hatte begonnen, das langsame Hineinwachsen in diesen Ort, als stünden ihr lange, gemächliche Jahre bevor, um ihn sich einzuprägen.

Es gab nun reichlich Zeit, zu trödeln und sich zu recken, den Bananen beim Reifen zuzusehen und nachmittags stundenlang mit Devora über die scharfen Falten einer gebügelten Hose zu sinnieren, während Simon einfach nur auf einem Wäschestapel hockte und über seiner Gitarre döste.

Die Anspannung des letzten Jahres war gewichen; sie, deren ganzes Leben nur Krise und Kampf gewesen war, hatte schließlich ihre Schlacht gegen *Die-da* gewonnen. Für den wiedergeborenen Körper war die Zeit eine Kelle mit süßem Sirup. Kim Chernin konnte ihn aufschlecken oder zusehen, wie er in langsamen, bernsteinfarbenen Tropfen niedersank, konnte die Welt in ihm einfangen, ihn durchschwimmen und dabei mit Simon über die Geburt einer Nation und den richtigen Weg dahin diskutieren. Und all das war nur ein einziger Tropfen der süßen Unendlichkeit. Da war es nun aufgeschlagen – in diesen Wochen, bevor der Soldat aufkreuzte –, das langsame, einzigartige Kapitel in Kim Chernins Leben, ihre Zeit der Versunkenheit, ihre Idylle.

Unglücklicherweise gefiel Kim Chernin die Arbeit nicht. Die Mannschaft im Bananenhain war meistens stumm, jeder ging für sich allein in den langen, ungastlichen Reihen auf und ab und verhüllte die Stauden mit blauen Plastiksäcken, damit die Früchte schneller reiften. Es waren die Introvertierten der Farm, die dort arbeiteten, und wahrscheinlich verbrachten sie ihre Tage mit Nachdenken über die wahre Natur der Seele, besonders jetzt, da Jom Kippur gekommen war.

Simon sagte zu Kim Chernin, sie brauche keine Arbeit zu machen, die ihr nicht gefiel. Der Kibbuz habe sie zwar nur auf Probe akzeptiert, aber ihr stünden alle Vorrechte der anderen Mitglieder zu. Jeder habe am Anfang erstmal herumprobiert und nach der passenden Arbeit gesucht. Simon selbst hatte in den Bananen und im Hühnerhaus gearbeitet, er hatte ein wenig gegärtnert und sogar ein oder zwei Wochen lang den Traktor gefahren.

Simon liebte Jom Kippur, jenes düstere, grüblerische Abrechnen mit sich selbst. Wegen Jom Kippur hatte er schon als kleiner Junge stets darauf vorbereitet sein wollen, jederzeit Rechenschaft abzulegen. Sollte ein Engel Gottes herabsteigen, um zu prüfen, ob er geeignet war, den innersten Hof des Tempels zu betreten, weil er plötzlich dazu ausersehen war, die Stelle des Hohenpriesters einzunehmen, dann wollte Simon bereit sein.

Wenn Simon zum Hohenpriester ausersehen wäre (das hatte seine Mutter ihm erzählt zusammen mit dem vernünftigen Rat, es seinem Vater gegenüber nicht zu erwähnen), dann würde er die ganze Nacht vor Jom Kippur nicht schlafen. Er würde nur Leichtes essen, um nicht müde zu werden. Er würde bei Mitgliedern der Sanhedrien studieren, der ranghöchsten Körperschaft innerhalb der Priesterkaste. Auf diese Weise würde er die Regeln des Gottesdienstes auswendig lernen. Er würde etwas über die abschließende Beschau der Tiere erfahren, bevor sie zur Opferung in den Tempel gebracht werden.

Am besten von allem gefiel Simon (man mußte ihm nicht sagen, daß er seinem Vater nichts erzählen sollte) der Teil, wo die anderen Priester den Hohenpriester zu dem Raum bringen, in dem die Weihrauchmacher arbeiten und der Hohepriester üben kann, wie man Weihrauch in der Hand hält. Die Hände des Hohenpriesters dürfen nicht überlaufen von Weihrauch, sie sollten aber voll sein. So, wie Simons Hände Kim Chernins Brüste umfaßten, wäre es schon ein Überlaufen gewesen.

Beim Jom-Kippur-Mahl saß Simon mürrisch neben Kim Chernin. Mehr als einmal hatte er auf die Freuden mit Frauen verzichtet. Und noch nicht ein einziges Mal hatte er Gottes Engel zu Gesicht bekommen, obwohl eines Tages eine Feder aus dem reglosen, vollkommen blauen Himmel gefallen war. Wäre Simon bereit, das Leben eines Hohenpriesters aufzugeben, um statt dessen seine Hände auf Kim Chernin zu legen? Warum sollten sie leer ausgehen, wenn Yosifs Hände gefüllt worden waren! Hatte Kim Chernin recht mit ihrer Behauptung, daß der Verzicht auf das Vergnügen ihm sogar noch mehr bedeutete als das Vergnügen selbst?

An Jom Kippur dauert der Sonnenuntergang länger als an allen anderen Tagen. Das kommt daher, daß das Widderhorn so laut geblasen wird, daß es die Sonne erschreckt, die ebenfalls Rechenschaft ablegen muß. Während es dunkel wurde, wanderte Kim Chernin zusammen mit den Dorfmädchen durch die Marokkanersiedlung, statt in den Tempel zu gehen. Die kleinen Mädchen hatten sich Kim Chernin bei ihrer Ankunft ausgeguckt, sie von ihren Freunden fortgezogen, ein Lied aus ihrem Namen gemacht, sie über die Sandwege geschleppt, als wäre sie die Neue in der Straße. Später überlegte Kim Chernin, ob sie vielleicht den wiedergeborenen Körper erkannt hatten, auch wenn Kim Chernin selbstverständlich keine Luftsprünge machte, nicht einen einzigen. Noch vor Dunkelheit wurde sie zu einer alten Frau geführt, die gerade Kuhfladen in ein Feuer legte. Die alte Frau trug einen verschlissenen Schal und hatte nackte Füße; sie reichte Kim Chernin eine Tasse Pfefferminztee. Danach zeigte sie erst auf ihr Herz, dann nacheinander auf ihre Brüste und versuchte, Kim Chernin auf geheimnisvolle Weise etwas mitzuteilen, was Kim Chernin nicht begriff. Um dieses Versagen wieder gutzumachen, veredelte Kim Chernin diese Tasse Tee später zu einem feierlichen Kelch.

Kelch oder nicht, was mich betrifft, so weigere ich mich, daraus zu trinken, mag das Gedächtnis ihn mir auch noch so oft anbieten. Ich glaube, die alte Frau versuchte, Kim Chernin verliebt zu machen. Sie wollte, daß Kim Chernin die Farm aufgab und statt dessen Kinder unterrichtete, denen es nicht beschieden war, viel mehr als die Armut kennenzulernen. Kim Chernin sollte lieber lernen, für ihr eigenes Kind zu sorgen, bevor sie sich in eine Aufgabe stürzt, die ihre Kräfte übersteigt.

Ich weigere mich. Ich habe keine Lust, das Schicksal zu durchleben, das sie nicht wählte; nichts – weder das flehentliche Drängen der alten Frau noch der Druck einer dunklen Kinderhand oder der Geschmack von Minze, der diese Erinnerung durchtränkt – kann mich dazu bewegen.

Am nächsten Tag kehrte Kim Chernin in die Küche zurück, wo sie von einer (mystischen) Abwäscherin zur Braterin von Gemüsepfannkuchen befördert wurde. Sie übernahm den Platz einer Frau, die einen Tag freigenommen hatte, um ihren Cousin aus Chicago abzuholen. Der Cousin sollte auf dem Flughafen von Lod ankommen und dann weiter zu einer Konferenz nach Jerusalem fahren. Die Frau wirkte aufgetakelt in ihrem schlichten Rock und den flachen Schuhen, als sie vor der Ankunft des Busses für einen Morgenkaffee noch kurz in der Küche erschien. Sie war die Hilfskraft der Köchin, obwohl man munkelte, sie sei viel besser als alle drei Köchinnen.

Kim Chernin hatte nichts dagegen, nur Hilfskraft zu sein. Sie nahm ihre Aufgabe ernst und gab die Mischung aus kleingeschnittenem Gemüse, Eiern und Mehl löffelweise in eine große Pfanne mit rauchendem Öl. Sobald die ersten Anzeichen von schwarzem Rand auftauchten, wendete sie den Pfannkuchen rasch und drückte ihn fest an. Sie ließ den knusprigen Kuchen auf eine Holzplatte gleiten, die mit mehreren Schichten Papier belegt war. Es gab im Radio eine stündliche Nachrichtensendung, die mit einem doppelten Piepton angekündigt wurde. Jedesmal, wenn der kam, ging jemand zum Gerät und drehte es lauter. Obwohl die Nachrichten in Hebräisch gesprochen wurden, konnte der wiedergeborene Körper (er lernte alles mit Blitzgeschwindigkeit) manchmal jedes Wort verstehen.

Kim Chernin hatte keine Lust, wieder in die brennende Sonne zurückzukehren, zu den stummen Arbeitern und den Bananen, die ihren tödlichen Saft auf die zarten Avocados tropften. Sie hoffte, die Hilfsköchin würde sich wahnsinnig in ihren Cousin verlieben und mit ihm nach Chicago durchbrennen, wo seine Familie einen Fleischabpackbetrieb besaß. Devora, die mehrmals am Tag bei Kim Chernin vorbeischaute, um zu sehen, wie es ihr erging, berichtete, daß die Hilfsköchin bereit war, bei der ersten Gelegenheit ein Flugzeug zu nehmen.

Devora und Kim Chernin waren besorgt. Es war jetzt der neunte Tag nach der Sitzung im Gesellschaftsraum. (Man beachte die Drei, Neun, Sieben, Dreizehn. Das Gedächtnis stellt Dinge gern zu bedeutsamen Mustern zusammen, die dann doch zu nichts führen, wie oft man auch darüber grübelt.) Kim Chernin hatte immer noch keine passende Arbeit für sich gefunden.

Sie hatte seit jeher gern Gemüse geschnitten. Und weil der wiedergeborene Körper Freude daran fand, sich in allen möglichen Fertigkeiten zu bewähren, meldeten sich jetzt auch kleine dekorative Anwandlungen. Kim Chernins Hände, die ihre Geschicklichkeit verloren hatten, seit sie von der Brust ihrer Mutter verscheucht worden waren, konnten jetzt einen ganzen Apfel an einem Streifen schälen, ohne daß der kleinste Kringel abfiel. Sie konnte es sogar mit geschlossenen Augen. Sie fuhr mit der Gabel unter der Schale einer Gurke entlang, schnitt sie schnell in Scheiben, faltete die Scheiben zu raffiniert geschwungenen Figuren, schnitzte Tulpenradieschen und Rosentomaten. Als die Hilfsköchin wiederkam, verdarb sie Kim Chernin die Aussicht, sich zur Meisterköchin hochzuarbeiten. Aber, sagte Devora, es bestand noch Hoffnung. Von Anfang an, schon seit dem ersten Nachmittag ihrer Rückkehr, ließ die Hilfsköchin die Briefkästen nicht mehr aus den Augen. Kim Chernin und Devora waren einer Meinung. Wenn sie beide für die Post verantwortlich wären, hätte die Post Vorrang vor allem anderen.

Unterdessen rückte Kim Chernins Einsatz im Hühnerhaus näher. Bislang hatte niemand diese Aufgabe auf Dauer übernommen. Die meisten arbeiteten dort für ein oder zwei Wochen und machten dann was anderes. Nacheinander kamen die Leute aus den anderen Arbeitstrupps an die Reihe, sammelten Eier, säuberten Käfige und Fenster und achteten auf Hühner mit kaputten Krallen. Seit Kim Chernin den Untergang von *Die-da* überlebt hatte, hielt sie sich in mancher Hinsicht durchaus für heldenhaft, im Hühnerhaus blieb sie jedoch nur genau zwei Stunden und zehn Minuten. Wie sie es so lange ausgehalten hatte, war Simon unklar, er hatte sie gewarnt.

Er schaute in der Frühstückspause bei ihr vorbei; sie stand innen direkt neben der Tür und stand da schon, seit sie eingetreten war. Sie hatte beide Hände fest vor Nase und Mund gepreßt. Das Hühnerhaus war ein langer, schmaler, rechteckiger Schuppen mit Käfigen an beiden Längswänden, unter kleinen, hohen, schmutzigen Fenstern. Der Zementfußboden, über den eine Holzplanke lief, sah feucht und ungesund aus. Was sie von dem Federstaub, der sauren Luft, dem ekligen Getröpfel und dem muffigen Körnergemisch hielt, läßt sich leicht denken. In ihrer wiedergeborenen Empfänglichkeit las Kim Chernin inzwischen die ganze Welt so, als wäre sie dazu da, Sinn zu verkünden, und so wußte sie, daß es der Phantomkörper in seiner unausweichlich eingekerkerten Gefangenschaft war, den sie da vor sich hatte. Das hier war die schauerliche Welt unter der Herrschaft von *Die-da*, die gänzlich unempfindlich waren gegen das Leben der fühlenden Natur. Die Hennen waren drinnen aufgezogen worden, zu mehreren in einem Käfig und abgeschnitten von jeder Kenntnis des anderen Geschlechts. Diesem ruchlosen Zustand war es zu verdanken, daß sie immer wieder außerirdische Tonfolgen hervorstießen, halb schriller Schrei, halb Klage. Zu Simon, der sie beim Arm nahm und nach draußen zog, sagte Kim Chernin, atemlos und die Wörter halb verschluckend, die Käfige seien Gefängniszellen. Nein, schlimmer noch. Für immer um Lust und Mutterschaft gebracht, ihrer Eier beraubt, kaum daß sie gelegt waren, wurden die Hennen einfach umgebracht, wenn sie ihr Jahrespensum von achtzehn Dutzend unfruchtbaren Eiern produziert hatten. Sie waren ihres Sinnes beraubt. Für den Rest ihrer Zeit auf der Farm aß Kim Chernin keine Hühner mehr, kein einziges, nicht einmal Hühnersuppe.

Simon nahm ihre Hand. Sie überraschte ihn, da sie so viel kleiner war als alles andere an ihr, die pummelige, gierige Hand eines Kindes. Er glaubte, das Purgatorium, das die Hennen erleiden mußten, werde durch die hehre heilende Funktion ausgeglichen, die ihnen am Ende zufiel. Er ging so weit zu behaupten, daß die Hühnersuppe, verstanden als elementarer Ausdruck jüdischer Mutterliebe, den Hennen postum die Mutterschaft verlieh, die ihnen im Leben verwehrt war.

Kim Chernin sagte: »Jetzt mach mal einen Punkt. Spinnst du? Du treibst es ein bißchen weit mit deinem Hang zum Priesterlichen; du wirst noch selber als Gefäß der Mutterliebe enden! Wenn du mit solcher Grausamkeit leben kannst, und das kannst du ja offensichtlich, glaube ich nicht, daß ich noch was mit dir zu tun haben will.«

Simon sagte: »Und ob du willst. Du willst was mit mir zu tun haben, weil ich immer bereit bin, mit dir zu streiten. Wenn jeder die Welt so sähe wie du, dann könnte man gar nichts mehr essen, weil alles zu heilig wäre.«

Simon hielt ihre Hand fest. Sie ging, wohin sie wollte, er folgte ihr. Es waren dreizehn Tage vergangen seit der Sitzung im Gesellschaftsraum, und sie hatte immer noch keine Arbeit gefunden. Ihr Weg führte sie an der Wäscherei vorbei, wo Devora gerade einen Brief von Dani las. Als der Brief vor einigen Tagen gekommen war, hatte Devora ihn ungeöffnet in die Samtschatulle gesteckt, in der gewöhnlich zur Passahzeit nur der Afikomon aufbewahrt wurde. Sie war zwar fest überzeugt, daß Dani wiederkommen würde, aber falls der Brief doch schlechte Nachrichten enthielt, sollten sie lieber gelöscht werden, bevor sie ihn las. Das Afikomon-Gefäß hatte offenbar seinen Dienst getan. Als Simon und Kim Chernin in die Wäscherei spähten, stand Devora neben dem Bügelbrett und hielt mit der rechten Hand trimphierend das Bügeleisen über ihren Kopf.

Es mögen die Hennen in ihren Käfigen gewesen sein, Kim Chernins Sorge um ihre zukünftige Arbeit, die Ungewißheit, wie und wann ihre Tochter herkommen würde, oder auch die Art, wie Simon neben ihr ging, einen muskulösen Schenkel dicht an ihren gedrängt, zum blanken Entzücken des wiedergeborenen Körpers, der spürte, wie die Erregung in feinen Verästelungen bis zu den schönsten Stellen lief. Jedenfalls fiel es Kim Chernin schwer, zu entscheiden, ob die Hirse- und Tabakfelder, im vollen Glanz der Mittagssonne eines Tages, der zum ersten Mal ahnen ließ, daß Herbst möglich war, ob die Kühe, die fett und verwildert in großen Herden frei auf unabgeernteten Feldern herumstreunten, ob all das jetzt hier war oder damals, in jenem Krieg, den Simon gerade beschrieb. Die jüdischen Soldaten hatten das Gebiet besetzt. Die Dorfbewohner waren geflohen, hatten ihr Vieh zurückgelassen und ihre Felder nicht abgeerntet. Die Frontlinie der jüdischen Soldaten verlief auf ihren Feldern. Nachts schlichen die Bauern hinter die feindlichen Linien und ernteten ihren Tabak. Es gab auch Beduinenstämme, die Rinder, Kamele und Ziegen züchteten. Das meiste Land hier oben hatte bis 1948 arabischen Dorfbewohnern gehört.

Vor ihnen stieg die Straße an. Kim Chernin war froh, daß sie auf kurzen Beinen wanderte, die dem Boden so viel näher waren als früher. Am Straßenrand, vor den Feldern mit Hirse und Tabak, entdeckte sie einen Käfer auf der Spitze eines Grashalms. Wenn sie sich hinwerfen, die Arme lang ausstrecken, die Augen schließen und ganz laut schreien würde, könnte Kim Chernin die ganze Strecke bis hinunter zum Wadi rollen. Dort oben in den Bergen gab es nichts, was die Luft störte. So konnte sie die Kohlenstoffatome schmecken und in ihnen das trocknende Gras. An jenem Tag war es windstill. Die rote Schubkarre mit faulenden Äpfeln, aus denen jemand eigentlich Apfelwein machen wollte, hatte das ihrige getan. Für den wiedergeborenen Körper schmeckte die Luft auch nach Äpfeln.

Der Herbst brachte klare, trockene Luft. Plötzlich gab es kalte Nächte. Kerosinöfen wurden zusammen mit der Warnung verteilt, sie nachts nicht bei geschlossenem Fenster zu benutzen. Auf den Feldern zwischen den weißen Felsen brach überall roter Hahnenfuß aus der roten Erde, die hier einen eher beunruhigend rostigen Ton hatte. Es gab auch lavendelfarbene Herbstzeitlose, ein ganzes Büschel wuchs am Fuße des Wachturms, wo Kim Chernin auf kurzen Beinen herumsprang und wo sie im Gras zu ihren Füßen, in den purpurnen Bergen, im durchdringenden Blau des Sees Genezareth, in den ausgebreiteten Flügeln eines dahingleitenden Vogels ein vollkommenes Gleichgewicht zwischen

Hell und Dunkel beobachtete. Sie, die die Dinge zu entwirren versucht hatte, war zur Ruhe gekommen.

Vor oder nach diesem Erlebnis hatte sie mit Devora wilde Anemonen in der Nähe des arabischen Dorfes gepflückt, wohin Simon sie mitgenommen hatte, um ihnen seine Freunde, den Dorf-Muchtar und seine Familie, vorzustellen. Kim Chernin, die von Simon fünf oder sechs arabische Wörter gelernt hatte, lächelte strahlend, ließ die Menschen in ihre Augen schauen und machte einen guten Eindruck. Deswegen wurden sie und Simon noch zum Abendessen eingeladen.

In dieser Familie wurden fast alle Speisen auf einem Kerosinofen gegart, während andere Dorfbewohner einen Herd im Freien hatten. Die Ehefrau des Dorf-Muchtar servierte Kim Chernin eine Schale mit Dickmilch, die einen Schnurrbart auf ihrer Oberlippe hinterließ. Die Kinder kletterten auf ihren Schoß, um den Milchschnurrbart abzuwischen. Kim Chernin sparte sich ihre sechs arabischen Wörter für die Frau des Muchtar auf, die nicht über ihre Aussprache lachte.

Die Ziege, die auf dem Herd draußen gebraten worden war, schmeckte nach Kumin, Koriander und Safran. Kim Chernins kleiner Körper hatte sich seine ursprüngliche starke Empfindungsfähigkeit bewahrt, obwohl ihm schon Brüste zu wachsen begannen. Vor dem Essen zerdrückte Simon Kichererbsen in einer großen Keramikschale. Kim Chernin kam es so vor, als finde niemand es richtig, daß Simon, ein Mann, Kichererbsen zerdrückte. Die Kinder brachten ihm Sesampaste und Öl. Die Schale war schließlich voll, und während Simon immer noch weiterrührte, stieg die Paste bis hoch an den Rand, die Kinder juchzten, kein Tropfen kleckerte über. Beim Essen saßen Simon und der Muchtar nebeneinander auf gefalteten Teppichen. Kim Chernin brauchte keine Sprache. Der wiedergeborene Körper trank die unsichtbaren Gefühlsströme. Er schmeckte die kaum wahrnehmbaren Wallungen, die zwischen Ehemann und Ehefrau hin und her liefen, die mal überraschend geballt, dann wieder langsamer von den Kindern kamen und Kim

Chernin als ebenso viele Einzelpartikel von Erkenntnis erreichten. Einige Einzelheiten entgingen ihr, aber wem wäre das schließlich nicht passiert?

Als Kim Chernin in ihr Zimmer zurückkehrte, war sie im Besitz von gebratenen Honigküchlein, die in ein weiches blaues Tuch geschlagen waren, sie war auch im Besitz eines kleinen Holzkästchens mit Feigen, die sie sich mit Devora teilte. An jedem ihrer freien Tage fuhr Devora in ein von Jemeniten bewohntes Gebiet in der Nähe Tel Avivs, um ihre Musik aufzunehmen. Sie fuhr mit dem Farmlaster nach unten, trampte dann auf der Straße von Tiberias weiter, Kamera und Aufnahmegerät hatte sie über die Schulter gehängt. Die Kamera benutzte sie nur, wenn jemand sie um ein Bild bat. Nachdem sie die Leute besser kennengelernt hatte, wollten alle ein Foto von sich. Devora ließ immer drei Abzüge machen, einen für ihre jemenitischen Freunde, einen für ihre eigenen Eltern und einen vergrößerten für sich selbst, den sie in ihrem Zimmer aufhängte. Wenn sie genügend Lieder gesammelt hatte, wollte sie ein Buch über jemenitische Musik schreiben. Sie vernahm in ihr eine hochgespannte Sehnsucht nach Gott, die gleichzeitig eine leidenschaftliche Sehnsucht nach dem geliebten Menschen war. Devora konnte diese Lieder mit einer kleinen Altstimme mit viel Luft singen. Sie hatte einige Worte aufgeschrieben, die sich als Gedichte von Shalem Shabazi herausstellten, einem kabbalistischen Rabbi des sechzehnten Jahrhunderts. Devora glaubte, Nachklänge nordafrikanischer Musik zu entdecken, sogar die einer islamischen Musiktradition. In den jemenitischen Liedern war der Beischlaf zwischen Frau und Mann ein Symbol für die Vereinigung zwischen Gott und der Seele. Aus diesem Grund waren die Gedichte zugleich ehrfürchtig und erotisch, sexuell und heilig.

Die Qualität der Musikaufnahmen auf Devoras Bändern war schlecht. Man mußte sich durch eine dicke Schicht von Knistern, Nebel und Undeutlichkeit durcharbeiten, bis man das erotische Fieber der Gottessehnsucht entdeckte. Kim Chernin konnte gerade mal das Geräusch von Trommeln ausmachen, die, wie Devora sagte, in Wirklichkeit Benzinkanister waren. Die Jemeniten tanzten bei festlichen und rituellen Anlässen zu dieser Musik. Wenn Devora sie allein in ihrem Zimmer hörte, wenn sie länger nicht von Dani gehört hatte und wenn es schon fast Morgen war, dann spürte sie, daß ihre schmerzliche Sehnsucht auch die schmerzliche jemenitische Sehnsucht nach der Vereinigung mit Gott war.

Inzwischen hatte Kim Chernin einige Freunde gewonnen. Die schwangere Frau hatte Zuneigung zu ihr gefaßt. Sie ließ Kim Chernin den Herzschlag des Babys hören, ein weit entferntes Geräusch, nicht ganz wie die Benzinkanistertrommeln, eher ein dumpfes Pochen, doch mit derselben Sehnsucht nach Vereinigung. Hier oben wurde Kim Chernin geliebt und geschätzt; sie würde den Rest ihres Lebens hier verbringen, wenn sie bloß eine Arbeit fände. Unterdessen wurde sie überall herumgeschickt, wo zusätzliche Arbeiter gebraucht wurden. Sie war stolz darauf, wie geschickt sie die unterschiedlichen Aufgaben bewältigte, sie beschnitt Pflanzen im Garten, bügelte Ärmel in der Wäscherei, räumte im Vorratsraum auf, wo riesige Kornsäcke mit hebräischer Beschriftung lagerten. Beim Abendessen saß sie mit Simon, Devora und dem Mann mit glatt zurückgekämmtem Haar zusammen, der Kim Chernin die Musik erklärte, die Schubert nach Beethovens Tod schrieb. Bei Beethovens Beerdigung gab es sechsunddreißig schwarzgekleidete Fackelträger. Sie gingen zu beiden Seiten des Leichenwagens. Schubert war einer von ihnen. Alle trugen sie weiße Lilien, Rosen und brennende Fackeln, die gelöscht wurden, als Beethovens Leichnam in die Grube gesenkt wurde. Ein Jahr später rief Schubert auf seinem Totenbett: »Nein, es ist nicht wahr. Beethoven liegt hier nicht!« Schubert wurde in einer Eremitenkutte und mit einem Lorbeerkranz um die Stirn beerdigt.

Nach dem Essen spielte Boaz mit einem jungen Mann aus seiner Arbeitstruppe Schach im Gesellschaftsraum. Sie saß bei ihnen, weil ihr Vater ihr die Züge beigebrachte hatte, als sie acht Jahre alt war. Sie gesellte sich nie zu den strickenden Frauen, die bei der Kaffeemaschine saßen. Auch wenn sie nicht so schön wie Devora waren, wieso hätte man sie verachten sollen? Vielleicht erfüllten sie die Funktion der Heldenmütigen, der Esches Chajil, jener Frauen, die im Stetl das Geld zum Leben verdienten, die Vorräte hüteten, die Wiege schaukelten, während der Ehemann sich in seine Studien vertiefte. An manchen Abenden saß die Braut neben Boaz. Wenn sie anwesend war, sprachen alle Hebräisch. Kim Chernin schloß die Augen. Sie nahm den Duft von Anisplätzchen in sich auf und das Geräusch der Schachfiguren, die vom Brett gewischt wurden, wenn Boaz zu schnell ein Spiel gewann. An einem Tisch in der Ecke hielten die drei israelischen Freundinnen eine Tasse für Kim Chernin hoch. »*Ma zeh*? Was ist das?« fragten sie. Sie hielten einen Schuh hoch. Ein Foto wurde hervorgezogen, ein Päckchen Zigaretten. Kim Chernin benannte jedes Ding mit komischer Aussprache. Sie konnte ziemlich bald sagen: »Mein Name ist Kim Chernin. Ich lebe im Kibbuz Araht. Ich komme aus Kalifornien. Ich bin eine neue Immigrantin. Ja, mir gefällt es hier gut.«

Wenn es denn möglich gewesen wäre, hier, in dieser längsten Phase inneren Seelenfriedens, die Kim Chernin je gekannt hat (wenn man dem Gedächtnis in derlei Dingen überhaupt trauen kann), zu enden, so hätte ich als Biographin alles in meiner Macht Stehende dazu getan; angesichts dieser störrischen Person, deren Geschichte schon bald eine Wendung nehmen wird, die sie wieder zu alldem zurückbringt, dem sie dadurch entfliehen wollte, daß sie nach hier oben kam. Wenn ich den Berg in einem Ring aus Feuer einschließen könnte, der Eingang und Ausgang versperrt, dann wäre es das, was ich tun würde, um Kim Chernin von jener Liebe abzuhalten, die sie sich aufhalsen wird. Vorausgesetzt natürlich, daß der Soldat nicht mit einem Kopf voller Unsinn erscheint und ganze Passagen eines nächtlichen Liedes von Liebe und Tod auswendig kann; in diesem Falle gäbe es natürlich keine Möglichkeit, ihn fernzuhalten, er wird durchs Feuer wandeln, ewige Liebe schwören, vom Berg hinuntersteigen, sie verraten. Da ist nichts, was ich tun kann, genauso wird es geschehen, allerdings mit der entsprechenden unvermeidlichen Verzerrung, die den Dingen beim Erzählen widerfährt, anders lassen sie sich wohl kaum bewahren. Vermutlich regieren dieselben Gesetze die Struktur von Oper, Sage, Epos, Legende, Jägerlatein und Gedächtnis.

Jeden Samstagabend gab es im Eßsaal einen Film. Die Tische wurden beiseite geräumt, Klappstühle in fünf Reihen aufgestellt, und sie saß immer mit Simon und Devora zusammen, was sich allerdings später änderte. Die Filme waren gewöhnlich Spionagethriller. Die Küchenchefin hatte die Aufgabe, sie auszusuchen. Sollte es in der ganzen Zeit von Kim Chernins Aufenthalt dort oben je einen einzigen anständigen Film gegeben haben, so finde ich keine Belege dafür. Nach dem Film brachten Kim Chernin und Simon Devora auf ihr Zimmer, dann ging Chernin in Simons Zimmer. Eines Nachts sang er: »Dies sind meine Hände, du, meine Schwester, dies sind meine Hände, du, meine Braut.«

Kim Chernin, deren kleiner Körper inzwischen mit Haarbüscheln und Brüsten ausgestattet war, nahm ihm die Gitarre aus den Händen, legte sie oben auf den Schrank und setzte sich auf seinen Schoß. Sie knöpfte sein Hemd auf. Er schloß die Augen. Kein Murren von *Die-da* war zu vernehmen, niemand der Kim Chernin vor dem Spiel mit diesem Mann warnte. Er hatte einen Bauch wie ein gewelltes Waschbrett, obwohl er nie Gewichte, sondern nur während der Ernte riesige Kisten mit Pfirsichen gehoben hatte. Sie legte ihre Handflächen auf seinen Bauch. Dann machte sie sich weiter ans Aufknöpfen. Hosenknöpfe sind schwerer zu öffnen als Hemdknöpfe. Er sagte: »Bis hierhin ist genug.« Sie sagte: »Nein. Jetzt bist du dran.«

Wenn er gewußt hätte, daß die Zeit knapp wurde, und wenn er gewußt hätte, daß er sie nach der Ankunft des Soldaten keine Minute länger würde halten können, dann hätte auch er sie entkleidet, er selbst sagte das später. Wenn er ihre ertrödelte Seidenbluse aufgeknöpft hätte, die sie unter ihrer Clubjacke trug. Wenn er sein Gesicht zwischen Brüste gebettet hätte, die da schon geküßt werden wollten. Wer weiß? Wenn Simon doch alles nur ein wenig leichter genommen hätte. Wenn der Soldat doch nur in letzter Minute woandershin abkommandiert worden wäre.

Irgendwann in diesen Wochen bekam Kim Chernin ihr endgültiges Zimmer. Es war länger als ihr erstes, auch ein bißchen breiter, hatte denselben Zementfußboden, ein paar Borde, einen Schrank neben der Tür und einen Schreibtisch, der vors Fenster geschoben war. Das Fenster ging auf das steile, trockene Flußbett oberhalb des Tals. Sie konnte den schnellen Flug der Vögel durch das Fenster beobachten. Selbst Safad war zu sehen. Nachts wurde der See, der von Tiberias herangekrochen kam, von den Wächtern des Tals zurückgeschickt.

Simon hatte dafür gesorgt, daß Kim Chernin sich die englische Schreibmaschine vom Kibbuz ausleihen durfte. Sie teilte sich das Spülbecken im Flur, das Bad und die Dusche mit der bezopften Frau von der Wäscherei, die vom ersten Tag an kein einziges Wort mit Kim Chernin sprach, bis zu jener Nacht, als es Ärger gab, als jemand Kim Chernin umzubringen versuchte. Da war es dann schon Winter.

Devora bekam regelmäßig Briefe von Dani, sie waren voller Neuigkeiten über seine Einheit. Die Männer seiner Einheit mußten im Regen in voller Montur im Kreis laufen, sie marschierten fast fünfzig Kilometer im Laufschritt, und ihre Zelte waren dort aufgeschlagen, wo der Regen am heftigsten herunterkam und riesige Pfützen bildete.

Es existierte eine Art Etikette, sagte Simon. Kim Chernin mußte alle unbeliebteren Arbeiten einmal durchmachen, bevor Boaz ihr den besten Job auf der Farm besorgte, das Beschneiden der Bäume in der Obstplantage. Als Kim Chernin stocksteif vor Boaz stand und den Job nicht annahm, sondern nur überlegte und einzuschätzen versuchte, was wohl als Gegenleistung von ihr erwartet wurde, legte er seine Handgelenke auf ihre Schultern, die Hände sanft zu Fäusten geballt. Es gibt Menschen, die so etwas tun, und es gefällt einem nicht. Als Boaz es machte, auf seine lässige, freundliche Weise, mit seinem jungenhaften Grinsen, eifrig bemüht, zu gefallen, und stolz, daß er den bestmöglichen Job besorgt hatte, nahm sie an. Wenn ihr die Arbeit gefiel, wenn sie sich darin bewährte, wäre ihre Zukunft im Kibbuz gesichert. Selbst ihre Feinde könnten dann nicht gegen sie stimmen.

Bei Regen brachen sie gewöhnlich früh auf. Wenn es schon ganz früh morgens regnete, arbeiteten sie nicht. Dann nahm sie die englische Schreibmaschine, schrieb Briefe an ihre Tochter und den Mann, der sie liebte, der ihr das Geld für die Reise gegeben hatte. Sie schrieb auch Gedichte, in denen die fetten Rinder vorkamen, die in den Hirse- und Tabakfeldern umherstreunten. Ebenso der Wind in den Fensterluken, Danis Wochenendbesuch auf der Farm. Er wurde von einem Armeelaster gebracht, der auf dem Weg zum Sicherheitsstreifen an der Grenze war, der gerade ausgebaut wurde. Sofort nach seiner Ankunft duschte er sich (alle konnten die beschlagenen Fenster sehen). Dann warf er sich ins Bett und schlief sechsunddreißig Stunden lang. Auch wenn alle wußten, daß es jedesmal passierte, wenn ein Soldat nach Wochen des Drills nach Hause kam, waren die Klatschmäuler zufrieden. Devora kam in die Küche, um Brot und Käse und Gurken zu holen, sie sah blaß aus, was man als sicheres Zeichen hätte lesen können, daß Dani nicht nur geschlafen hatte, aber das war es nicht.

In der Apfelplantage weiter unten an der Straße erhielt Kim Chernin eine kleine Heckenschere, eine große Säge (sie steckte sie sich an den Gürtel) und eine hohe Metalleiter. Es gab auch große Scheren mit langen Holzgriffen, aber der Arbeitstrupp besaß nur drei davon, die reihum gingen. Es waren noch mehr in Amerika bestellt worden, und die Bestellung war schon vor Monaten aufgegeben worden – damals, als die ersten Mitglieder in Araht eingetroffen waren, um die Farm von der Reserveeinheit der Armee zu übernehmen, die sie seit dem Scheitern des anderen Kollektivs verwaltet hatte. Die Scheren waren noch nicht angekommen. Mit ihnen ging die Arbeit leichter. Man konnte mit einem einzigen Schnitt einen ziemlich dicken Ast kappen. Mit der Säge brauchte man dafür vielleicht zehn Minuten. Boaz paßte auf, daß die großen Scheren regelmäßig weitergereicht wurden. Bald waren es nicht mehr nur die jungen Männer aus der Sicherheitsabteilung, die ihn liebten. Er arbeitete härter als alle anderen in der Mannschaft, meist hatte er sich bis auf das T-Shirt ausgezogen, obwohl es so kalt war, daß Kim Chernin dauernd herumhüpfte. Er hielt alle bei guter Laune, erzählte Geschichten und Witze, es gab immer drei oder vier zu voller Lautstärke aufgedrehte Radios in jeder Ecke der Plantage, die Pausen wurden streng eingehalten, irgend jemand, meist Devora, hatte immer Plätzchen gebacken, die dann zum Kaffee verteilt wurden. Wenn auf den Gasflaschen nicht mehr genug Druck war, besorgte er neue. Hier in der Plantage war der Kaffee immer heiß.

Seit ihrem langen Schlaf war Kim Chernin stark (mag sein, daß Dani auf dieselbe Weise wieder zu Kräften kam, nach seinem Sechsunddreißigstundenschlaf wachte er mit einem Körper auf, der unschuldig war, erfüllt von keuscher Sehnsucht nach Gefühlen und bereit, sie selber zu schenken), sie konnte eine schwere Leiter hochheben, sie durch eine Baumreihe schleppen, auf ihr hochsteigen, ohne Angst, daß der Wind sie umkippen würde, konnte da oben ohne Gefahr arbeiten, die Hauptäste der Pfirsichbäume genau an den Stellen absägen und kappen, wo sie sich verzweigten, so daß der Lebenssaft in den Ast schoß, der zum Knospen und Blühen vorgesehen war.

Es war immer Simha, der als Chef der Obstplantagen auf der Vollversammlung der Arbeitskomitees Bericht erstattete. Kim Chernin war eine der besten Beschneiderinnen der Truppe. Nicht nur er dachte so. Der erste, der das sagte, war Nahum, der Berater, der Bäume beschnitt, seit er 1946 nach Israel gekommen war. Damals wies die Landkarte von Palästina, die von der Jewish Agency entworfen worden war, schon das gesamte obere Galiläa, nördlich von Haifa und über die Grenzen des Libanon bis hin zum Litani-Fluß, als jüdisches Gebiet aus.

Die Apfelplantage reichte von der Straße bis ganz an die Grenze. Die Pfirsichplantagen lagen auf der anderen Seite der Straße, oberhalb des Wadis, des ausgetrockneten Fußbetts. Wenn die Winde von Norden herabkamen, schwankten die Bäume. Kim Chernin strich Pech auf die Wunden, die ein weggeschnittener großer Ast hinterließ. Sie und Simon arbeiteten allein in einer Ecke der Plantage, weit weg von den Radios, den stündlichen Nachrichten, der amerikanischen Rockmusik.

Eines Tages entwarf sie mit Simon vor dem Frühstück einen Brief an das amerikanische *Jewish Committee* und drängte darauf, daß sie sich der Sache der äthiopischen Juden annahmen. Simon meinte, es müsse ein starke Lobby geben, die die Kongreßabgeordneten für den Plan interessieren sollte, der vorsah, die schwarzen Juden Äthiopiens nach Erez Israel zu überführen. Simon suchte immer noch nach Möglichkeiten, wie der Zionismus zu retten war. Er erzählte Kim Chernin, die Juden von Äthiopien praktizierten nicht das talmudische Judentum, er sagte, ihre Wanderung hätte schon vor der Kodifizierung von Gesetzen stattgefunden und ihre Liturgie werde in dem uralten äthiopischen Dialekt Ge'ez abgehalten. Beim Pessachfest opfere ihr Hoherpriester ein Lamm auf dem Altar im Hof der Synagoge. Wenn es mit Araht nicht klappte, würde er mit Kim Chernin nach Äthiopien gehen, um die Lage zu prüfen und die Dinge in Gang zu setzen.

Kim Chernin erwärmte sich für die Idee, ein Schicksal, ähnlich dem jener Frau, die ihr den Pfefferminztee angeboten hatte, die immer noch jemanden sucht, der die Mädchen im Dorf unterrichtet. Vierzehn Jahre später, als der geheime amerikanische Lufttransport von Äthiopien stattfand, bedankte sich niemand, weder bei Simon noch bei Kim Chernin, obwohl beide sicherlich für sich beanspruchen könnten, daß sie den Anstoß dazu gegen hatten, und zwar an einem Herbsttag vor Sonnenaufgang, als Kim Chernin auf ihre Leiter stieg, während Simon trockene Äste ins üppig wuchernde Gras zwischen den Reihen warf. Ich dachte gestern an die beiden, als Israel (nach Jahren schamvollen Jonglierens) kurz vor der Besetzung Addis Abebas durch Rebellenarmeen seine Waisen einsammelte. Wußte Simon tatsächlich, daß sechzehntausend Menschen in sechsunddreißig Stunden per Flugzeug transportiert werden würden? Glaubte ihm Kim Chernin zwanzig Jahre vorher, als sie sich in der Nähe einer gefährlichen Grenze herumtrieb, tatsächlich, was er sagte? Hatten sie sich überlegt, wo die Nachfahren von Salomon und der Königin von Saba hinverpflanzt würden? Für Kim Chernins mythische Seele war das vielleicht nicht von Belang; und Simon brütete wahrscheinlich schon über die besetzten Gebiete, das würde zu ihm passen.

Kim Chernin war glücklich. Sie spazierte mit ihrem Pecheimer auf dem Grasstreifen zwischen den Bäumen entlang, sie hatte Lust, Simon zu fragen, ob er sich mit ihr ins hohe Gras direkt hinter der Obstplantage auf der anderen Seite der Grenze legen würde, wo man angeblich erschossen werden konnte, einfach weil man sich dort aufhielt, doch das glaubte Kim Chernin nicht. Sie hätte Simon am liebsten ausgezogen, ihn überall angefaßt, sein verstecktes Allerheiligstes in die Hand genommen. Die Neugier übermannte sie. Nun, da *Dieda* nicht mehr existierten, die Kim Chernin hätten zurechtweisen können, da kindliche Neigungen noch nicht durch die Zivilisation beanstandet wurden und die Männer des Plantagentrupps ihre Hosen eng trugen. Wenn man dorthin guckte, wo man nicht hingucken sollte und auch nicht hinzufassen hatte, dann war da manchmal etwas Lockendes, deutlich Spürbares, was bei den Frauen fehlte, so wie sie ihre Arbeitshosen trugen. Simon sollte lieber aufpassen, der wiedergeborene Körper kennt keine Scham, er stiftet nur Unheil.

Einige, die in der Plantage arbeiteten, sagten, sie könnten

die Gewehre fühlen, die unsichtbare, stumme Beobachter auf sie gerichtet hatten. Kim Chernin, ausgelassen und den Kopf voller Unfug, sagte, sie sollten sich alle splitternackt ausziehen, bis auf die Gürtel mit den Scheren und Sägen, weil Sex ohne Liebe viel besser sei, Liebe lenke nur ab.

Es gab noch zwei weitere Frauen in der Gruppe. Eine reizende, schlanke junge Finnin, die mit ihrem düsteren israelischen Freund in Kim Chernins Gebäude wohnte, und eine andere Frau (sie versuchte immer mit Boaz zu arbeiten), die einen Bogen um Kim Chernin machte. Die übrigen waren Männer, und die meisten hielten sich dicht beieinander in Straßennähe und weit weg von der Grenze. Der Mann, der im Gesellschaftsraum einen Overall getragen hatte (der Besitzer von Zigefuss), arbeitete allein. Hier unten zeigte er tagsüber kein Interesse an Boaz, sah nie zu ihm hin und sprach selten mit ihm oder sonst jemandem. Er war so groß, daß er manchmal gar keine Leiter brauchte, vor allem wenn sie in den unteren Ästen Keile herausschnitten, große dreieckige Stücke als Trittstufen für die Leute, die im nächsten Sommer die Früchte ernten würden. War er der Mensch, der versuchen würde, Kim Chernin umzubringen?

Manche Bäume wurden ausgelichtet, damit sie Sonne bekamen, dann schnitten sie das sprießende Grün weg, damit die Früchte nicht im Schatten reifen mußten. Ein andermal sollte der Schatten gerade erhalten bleiben, und sie schnitten nur sehr zurückhaltend, um die unerbittliche Sonne fernzuhalten. All das verlangte viel Geschick. Wenn man einen kleinen Baum auslichtete, fügte man ihm womöglich Schaden zu, und er hatte keine Kraft mehr für eine reichliche Ernte. Winzige Hinweise verrieten einem, wo man mit Säge oder Schere weitermachen sollte und wo nicht, eine alte Narbe vielleicht oder die Farbe der Rinde an den obersten Ästen. Kim Chernin verstand sich auf diese Arbeit, weil es eine Form der Liebe war; der wiedergeborene Körper, der in seine Lüste hineinwuchs, spürte Ehrfurcht vor Wachstum und Opfer, aus denen das Lebensdrama der Obstplantage bestand. Ihre Arbeit sei ein Liebesakt, sagte sie zu Devora, eine Frage der Zärtlichkeit und Genauigkeit, der kräftigen, schnellen Bewegungen und verharrenden Bedächtigkeit, des geschickten Abschätzens des richtigen Zeitpunkts, der Huldigung.

Devora sagte: »Ich wünschte, Dani könnte dich hören. Warum schreibst du ihm nicht eine Moralpredigt darüber, wie man mit Bäumen schläft? Schlag ihm doch vor, daß er noch ein paar Grundregeln lernt, du weißt schon, was ich meine. Er ist ein netter Mann, wirklich nett, aber man merkt eigentlich nie, wenn er mit einem schläft. Vielleicht denkt er ja, Frauen kommen gar nicht. Wenn er nie mit einer zusammen war, dic gekommen ist, wie soll er es dann auch wissen? Wir glauben immer, Männer wissen mehr als wir. Sie sind diejenigen, die einen immer drängeln, und meistens sagen die Frauen nein. Deshalb kommen wir überhaupt nicht auf die Idee. Da kann dich jemand küssen, und es ist das erste Mal, daß er überhaupt küßt, und er tut so, als wüßte er, was er machen muß, aber das stimmt gar nicht, obwohl sie nämlich immer von Instinkt reden, kann es gar kein Instinkt sein, weil niemand einfach instinktiv weiß, was er machen muß. Verstehst du, was ich meine? Ich habe noch keinen Mann kennengelernt, der Bescheid wußte, wenn es darum ging, eine Frau glücklich zu machen. Wieso will Dani eine Jungfrau? Damit sie nicht merkt, daß er zwei linke Hände hat? Damit sie glaubt, so wie sie dachte, daß es geht, geht es nicht? Niemand besteht auf Lust. Wenn du aber keine Lust erlebst, fängst du an zu überlegen, wieso du überhaupt Lust erwartet hast. Wenn Männer dauernd Jungfrauen heiraten, wird nie jemand kapieren, daß Männer nichts kapieren. Sie kapieren es nicht mal! Kannst du dir auch nur eine einzige Frau auf der Welt vorstellen, die es nicht kapiert? Ich habe seine Hand du weißt schon wohin gelegt. Ich habe sie einfach nur dahin gelegt, aber er hat sie weggezogen, also habe ich seine Hand hierhin gelegt, ich habe sie gepreßt, nicht sehr doll. Wenn du das mit einer Frau machen würdest, dann würde sie sich doch denken, daß diese Brust gerne gedrückt werden möchte.

Du schreibst Dani eine Moralpredigt darüber, wie man mit Bäumen schläft. Wenn Simon mit dir schläft, wird er wissen, was man machen muß. Wenn Simon beim Abendessen neben dir sitzt, sieht er alles, was du tust. Wenn du ein Stück Brot möchtest, hat er schon die Hand nach dem Korb ausgestreckt. Und das heißt, Dani könnte auch Bescheid wissen. Es hat nichts damit zu tun, daß er beim Militär ist, es hat nichts damit zu tun, daß er ein Mann ist; er könnte wie Simon sein, aber ist das ein Grund, ihn nicht zu heiraten? Meine Mutter sagt, Sex hält sowieso nicht ewig. Die Männer treiben es zwar auch später noch, aber das ist nicht dasselbe, meine Mutter sagt, es ist wie ein Zwang bei ihnen. Ein Zwang! Ich glaube, Männer machen es, weil sie vielleicht einsam oder verzweifelt sind, sie fühlen sich hilflos, aber sie wollen nichts von ihren Gefühlen wissen, schon gar nicht, daß sie hilflos sind und erst recht nicht als Soldaten. Und deswegen wird aus einsam, verzweifelt, hilflos plötzlich ein Zwang. Die meisten Männer, die ich kenne, würden sich lieber für Rammler, Ehebrecher und Lüstlinge halten als zuzugeben, daß sie manchmal einfach nur in deinen Schoß kriechen möchten, um sich die Augen auszuweinen.

Klar ist die Armee nicht dazu da, große Frauenliebhaber auszubilden. Frauen verlieben sich immer in Soldaten, die im Krieg sind, aber ein Soldat hat das Gegenteil von einem Liebhaber zu sein, jedes Gefühl, das er vielleicht noch hat, muß ihm rausgeprügelt werden. Diese ganze Rumrennerei im Regen und in voller Montur. So scharf in ihren engen Hosen. Sie kommen in dein Bett. Ein Kopf mit einem Kettenpanzerhemd. Sechsunddreißig Stunden. Ich sitze da, ich versuche rauszukriegen, was nötig ist, damit man nichts kapiert. Nötig ist auf jeden Fall, daß man nicht neugierig ist. Nötig ist vielleicht auch, daß man eigentlich die Art nicht mag, wie Frauen sie mögen, wenn sie es tun. Ich glaube, Dani hat mit seiner Einheit geschlafen. Mit all den Jungs da. Mit seiner Mission als Soldat. Er bringt es hinter sich, jetzt schläft er ein, morgen muß er früh raus. Männer verbringen nicht viel Zeit ihres Lebens mit Frauen, vielleicht kommt ihre Haut ja hart auf die Welt, und vielleicht macht es sie nicht wild, wenn jemand sie streichelt, ich habe keinen einzigen Mann erlebt, der darum gebeten hat, daß er noch weiter berührt wird. Wenn sie wollen, daß du Dinge tust, die du gewöhnlich nicht tust, dann wollen sie, daß du das Gefühl hast, sie haben dich dazu gebracht, sie haben dich dazu gekriegt, es hat nie was damit zu tun, daß man irgendwas einfach gerne mag. Stimmt doch, oder?

Wenn Frauen all das sind, was Männer nicht sein wollen, wie können sie uns dann lieben? Wieso sollten sie uns glücklich machen wollen, wenn wir nichts anderes sind als Überbleibsel dessen, was sie nicht sind? Meine Mutter sagt: ›Nur verbitterte Menschen verallgemeinern.‹ Bin ich verbittert? Weißt du, wie lang sechsunddreißig Stunden sind? Ich meine, wenn du sie daran mißt, wie lange es dauert, bis jemand aufwacht? Ich will nicht sagen, daß ich ein gebrochenes Herz habe. Das Schönste in den jemenitischen Liedern ist immer der Teil mit der Sehnsucht. Niemand glaubt wirklich an die Vereinigung. Vereinigung mit Gott? Ich bin zu dem Schluß gekommen, daß es hier genauso ist. Liebe bedeutet, daß du dich auf die verrückte Hoffnung stürzt, es könnte jemanden geben, der dich aufnimmt. Guck nicht so erstaunt! Sehnsucht meint, daß man sich nach jemandem sehnt, der nicht da ist, wenn er da wäre, dann wäre er ja da, wozu dann noch die Sehnsucht? Als ich auf einen Brief von Dani wartete, war das etwas Heiliges. Ich hätte mein Leben gegeben, das schwör' ich dir, ich hätte mein Leben dafür gegeben, daß er bei mir ist.

Also schreibst du Dani eine Moralpredigt darüber, wie man mit Bäumen schläft. Du sagst ihm, daß es damit anfängt, daß man Dinge wahrnimmt. Sag ihm, daß es unnatürlich ist, nicht neugierig zu sein. Richte ihm von mir aus, daß man es nicht mit einer Frau treiben kann, wenn man gar nicht merkt, daß die Frau da ist.«

Hier ist eine gute Stelle für Kim Chernins Lieblingstheorie. Sie macht Sinn hier, nachdem Devora ihr Klagelied durch den Obstgarten geschleift hat. Ich will damit nicht sagen, daß Kim Chernin Devora nicht zugehört hat. Sie muß zugehört haben. Wieso wäre ihr sonst wieder eingefallen, wie sie zum ersten Mal auf die Idee kam, Jungen wären vielleicht gar nicht gerne Jungen? Während Devora ihr Herz ausschüttete, schweiften Kim Chernins Gedanken zu jenen Spekulationen, an denen sie schon herumbastelte, als sie zwölf Jahre alt war.

Also, Jungen waren nicht gerne Jungen. Sie begründete diese Feststellung damit, daß die Jungen es offenbar nötig hatten, dauernd Bemerkungen zu machen, wenn Kim Chernin mit ihren Freundinnen die Korridore entlangging, sie riefen ihnen obszöne Dinge hinterher, versuchten sie anzugrabschen, folgten ihnen nach der Schule nach Hause, malten auf die Sitze hinten im Bus Bilder von ihnen mit übertriebenem Busen und Hintern. Was sollte das alles? Worauf wollten sie hinaus? Waren sie wütend auf die Mädchen, weil sie weiter Mädchen blieben, während Jungen gezwungen waren, Männer zu werden?

Einige dieser Gedanken müssen ihr erst später gekommen sein. Gedanken von der Sorte, die sie gern in Cafés auf Papierservietten schrieb. Die Servietten konnte sie dann zwischen die Seiten von Büchern legen, die sie gerade mit Anmerkungen versah; sie faltete die Servietten gern so raffiniert zusammen, daß man den Gang der Gedanken verfolgen konnte – mit ihren Untergliederungen, den eingeschobenen Kommentaren zu früheren Kommentaren zu bestimmten Sätzen, die so mit beachtlichen Abschweifungen zu plötzlichen Einsichten führten, welche die Schreiberin überraschten, so daß sie begeisterte und reichliche Unterstreichungen machte. Wenn ich sie finde, zerknüllt, glattgestrichen, auseinandergefaltet in einem früheren

Versuch, Ordnung im Gedächtnis zu schaffen, denke ich, sie hätte besser daran getan, auf linierten Karteikarten zu schreiben, wo die Tinte nicht wie auf saugfähigem Papier zu breiten Linien und welligen Klecksen auseinandergelaufen wäre. Wenn es Kim Chernin allerdings reichte, die Zettel hinten in ihren Hosentaschen steckenzulassen, wenn sie sie nie für eine Doktorarbeit benutzte und nicht mal ein Buch daraus machte, kann es mir eigentlich egal sein. Ich erwähne sie nur nebenbei, weil sie ständig in ihren Erinnerungen herumschwirren, für mich sind sie jedoch so attraktiv wie eine Zeitung, die schmutzig auf der Straße liegt.

Vieles von den Serviettenkritzeleien war durch die Lektüre von Freuds Essay über Fetischismus angeregt worden. Sie hatte den Essay nicht mit nach Israel genommen, sie kannte ihn auswendig, da sie ihn mindestens dreizehnmal gelesen hatte, um herauszufinden, ob Freud das Ganze ernst meinte. Sie verdächtigte ihn einer subtilen Form von jüdischer Selbstironie Wiener Färbung. Es war ihm doch selbstverständlich nicht ernst mit dem, was er über die kleinen Jungen schrieb, die angeblich schockiert und entsetzt sind, wenn sie heimlich ihre nackte Mutter beobachten, und, nachdem sie festgestellt haben, daß sie gar keinen Penis besitzt, annehmen, daß sie kastriert worden ist und dasselbe furchtbare Schicksal womöglich auch sie ereilt.

So heftig, wie Männer die Kastration fürchten, hatte Kim Chernin erst vor wenigen Tagen auf eine Serviette vom Eßsaal geschrieben, kann die Furcht nur die verkappte Form eines Wunsches sein, Ausdruck des verborgenen Wunsches der Männer, den Penis loszuwerden, der es allen Jungen unmöglich macht, je wieder an der reinen Herrlichkeit der ursprünglichen Mutter teilzuhaben. Das Entsetzen des Jungen beim Anblick des spezifischen Unterschieds muß als Folge einer unerträglichen Kränkung begriffen werden (schrieb sie in kleinen Buchstaben mit einem abgekauten Bleistift, den sie in ihrer Hemdtasche trug), als eine erste Ahnung, daß er zu dem aufwachsen wird, was sein Vater ist, ein Wesen, daß wenig festen Halt in dieser Welt hat, da es nicht mehr im schöpferischen Können und Wissen der Erde verankert ist. Männer fürchten und hassen Frauen nicht von Anfang an, dachte Kim Chernin, ebensowenig wie sie an die natürliche Minderwertigkeit der Frauen glauben. Männer hatten sich einfach nie mehr von dem Schock erholen können, daß sie nicht dazu bestimmt waren, Mütter zu werden.

Kim Chernin glaubte, daß sie (wie auch Devora) wahrscheinlich mehr über Männer wußte als Freud, weil sie mit ihnen geschlafen hatte. Er kannte sie als Wissenschaftlerkollegen, als briefschreibende Freunde, als Söhne, Patienten, Ehemänner und als Väter von Patienten. Er war wahrscheinlich nie mit einem Mann im Bett gewesen, hatte nie einem dabei zugesehen, wie er sich mit einem heimlichen ärgerlichen Blick nach da unten auszog. Sie hatte kein Mitleid mit ihnen, Mutter Natur war streng, ihre Gesetze waren unanfechtbar, jene Wesen, denen es für immer verwehrt war, das Geheimnis des Lebens zwischen ihren Beinen zu tragen, würden ihre Defizite akzeptieren müssen.

Während Devora redete, stellte Kim Chernin sich eine Zeit vor, in der es nur Mütter mit ihren Babies gab, einen geschlossenen Kreis von tastenden Händen, Hautoberflächen, den feuchten und den trockenen, von langen Blicken, Nadelstichen, parfümiertem Talkumpuder und der unsicheren, sonnenverbrannten Savanne der Mutter, aus der alle späteren Geschlechter, alle Trennungen, alles Verlassensein und alle Unterscheidungen hervorgehen würden.

Wußte Freud wirklich nicht, daß Männer ihr Leben lang unter dem Verlust ihres Mutterkörpers litten? Er muß doch gewußt haben, daß in jenem Moment des verhängnisvollen Blicks die Vorstellung des Jungen von seinem eigenen mit Brüsten ausgestatteten Körper für immer verlorenging, einem Körper, der sich bedeutsam rundete und schwoll, in den schon die Keime erster Selbstwerdung gestreut, schon eingebettet waren.

Wie sich herausstellte, gab es bei Freud keine Anzeichen für dieses Wissen. Keinen Hinweis darauf, daß jene erste Wahrnehmung von Differenz durch den Stamm, dem man angehörte, geprägt worden sein mußte, durch das Alter der Mutter, die Klimazone. Wahrscheinlich waren Kim Chernins Serviettenkritzeleien auch eine Folge des Eindrucks, den ihr sanfter, Gedichte rezitierender Vater und ihre grimmige Mutter bei ihr hinterlassen hatten. Gesondert betrachtet würden diese speziellen biographischen Details ihre Ideen vermutlich nicht allgemeingültiger (oder weniger allgemeingültig) machen als die Freuds. Auch er wurde von einer ganz bestimmten Mutter, einem bestimmten Vater geboren. Als Kim Chernin noch klein war und einmal mit ihrer Mutter durch die Straßen der Bronx nach Hause hastete, hatte sie geglaubt, der Wind sei ihre Mutter. Ihre Angst war durchsetzt von Sehnsucht und Ehrfurcht. Ihren Vater konnte sie sich nicht als Hurrikan vorstellen, es wäre nicht möglich gewesen.

Kim Chernin fühlte Sympathie für diese gequälten, tapferen Kreaturen, die ihr Leben der Entdeckung von Sonetten, wilden Oden und Ländern am Ende des bekannten Universums gewidmet hatten, als Ausgleich für ihren ersten, nie verwundenen tiefen Schmerz, für jenes harte Schicksal, von Frauen geboren, aber selbst keine Frau zu sein. Sie wußte, wie viele Frauen sich derlei Abenteuer, für die sie von Natur aus bestens ausgerüstet waren, in der Hoffnung versagten, daß die Männer auf diese Weise einen kleinen Bereich ganz für sich hatten, in dem auch sie erschaffen, triumphieren konnten.

Wenn sie ein Café betrat und ein Mann sie dabei anschaute, sah sie in seinen Augen die Sehnsucht nach seinem verlorenen weiblichen Körper. Das war der Grund dafür, daß er eine Sprache des Besitzenwollens benutzte, glaubte, er habe ein Recht auf den Körper der Frau, ihn manchmal mit Gewalt nahm, sich diese Berechtigung einbildete. In der Art, wie ihr Vater ihre Mutter geliebt hatte – ein Leben lang mit derselben aufmerksamen, unerschütterlichen Hingabe –, sah Kim Chernin den Ausweg für Männer. Aber erstmal mußten sie den Frauen vergeben, daß sie von ihnen anders gemacht worden waren, ohne die nachhaltigen Wunder von Milch, Blut und Babies. Alles in allem glaubte Kim Chernin nicht, daß Dani zu diesem Schritt fähig wäre.

Ich für mein Teil würde es nur ungern mit Sigmund Freud aufnehmen ohne konsequente psychoanalytische Ausbildung und ohne die genaue, sorgfältige Lektüre seiner Schriften in chronologischer Reihenfolge. Ich habe der Serviettenphilosophie aus Kim Chernins Jugend hoffentlich nichts Unzulässiges hinzugefügt. Kim Chernins Analytiker hat darauf hingewiesen, wie gründlich Kim Chernin ihren eigenen Penisneid hinter dieser geschickten Umkehrung von Freuds Text verbarg. Er hatte Kim Chernin nicht überzeugt, die ihrerseits Devora nicht im mindesten überzeugen konnte, welche sich wahrscheinlich wiederum fragte, wovon Kim Chernin eigentlich redete, wo sie, Devora, doch soeben ihr (zartes, scheues) Herz bloßgelegt hatte.

In den römischen Ruinen sammelten die Menschen Keramikscherben, leuchteten mit ihren Taschenlampen in eine niedrige Wölbung und warfen Steine in den verfallenden Brunnen. Weil das antike Gelände außerhalb der Farm dicht bei dem arabischen Dorf lag und gefährlich über dem Wadi hing, ging im Spätsommer kaum noch ein Farmbewohner dort hin, und im Herbst waren Simon und Kim Chernin die einzigen.

Kim Chernin war überzeugt, daß der Ort auf historischen Schichten gesetzeswidrigen Treibens erbaut worden war. Sie hielt ihn für einen der zentralen Orte, wo kanaanitische Gottheiten mit sexuellen Fruchtbarkeitsriten verehrt worden waren. Sie hätte gern gewußt, ob Sex anders war, wenn das Verlangen aus dem Bedürfnis der gesamten Schöpfung nach Erneuerung durch die orgiastische Bewegung zwischen Ei und Samen entsprang.

Simon saß gegen die Böschung gelehnt nahe bei der Höhle. Ihm gegenüber und die Beine über seine gekreuzt, saß Kim Chernin und schaute ihm direkt ins Gesicht. Da sie mit ihren kanaanitischen Grübeleien beschäftigt war, hatte sie die ganze Zeit, während er ihr von seiner Vision erzählte, kaum hingehört. Im wesentlichen hatte sie beschlossen, daß sie spielend mit ihren Schwierigkeiten fertigwerden müßte, wo Simon doch mit der Marschkolonne zurechtgekommen war.

Simon mied ihren Blick. Sie war ein Falke, nahm es ihm wahrscheinlich übel, daß er sie aus ihrem Flug zurückgeholt hatte. Mit einem Satz sprang er auf die Füße und zog sie mit sich hoch. Er ging zum Brunnen und stieß mit der Spitze seines Arbeitsstiefels dreimal hart dagegen. Er hatte geglaubt, er würde weinen müssen, weil Kim Chernin hier war, weil sie seine Freundin sein, seine Vision verstehen, für immer bei ihm bleiben würde. Kim Chernin legte ihren Arm um seine Taille. Sie stand hinter ihm und grub ihr Kinn in seinen Rücken. Ein oder zweimal in ihrem Leben war Kim Chernin so vernünftig gewesen, zu schweigen. Diesmal wäre es besser gewesen, sie hätte es nicht getan.

Wenn ein Mann eine Frau in seinen Armen trägt, sieht er gewöhnlich so aus, als könnte er sie fallenlassen. Simon setzte Kim Chernin sicher auf einer Wolldecke neben der Höhle ab. Wenn sie ihn nicht wegen seiner Vision liebte, dann bleib ihm noch eine andere Möglichkeit. Ihre Haut war rosa vom Hals abwärts bis zu der Stelle, wo er sein Gesicht vergrub, weil sie das mochte. Sie schüttelte die Decke ab, in die er sie beide einwickelte. Als er über ihr kniete, fiel ihm auf, wie jung sie war, elf oder zwölf Jahre alt, mit aufgerichteten Brustwarzen, noch bevor er sie küßte. Morgen würde er ihr noch einmal von seiner Vision erzählen. Morgen würde sie nicht an ihre Tochter denken. Ein Brief war angekommen, in dem die Tochter schrieb, sie habe vergessen, wie die Mutter aussah.

Simon hatte bemerkt, daß Kim Chernin ihre Fäuste ballte, wenn sie sich irgend etwas mehr als alles auf der Welt wünschte.

So war es gewesen, als sie sich freinahm, um den Kibbuz im Tal zu besuchen, wo ihre Tochter vielleicht zur Schule gehen konnte. In dieser Schule schrieen die Kinder alle durcheinander und fragten, wie ihre Tochter hieß. (Ihre Tochter hieß Larissa). Es war schon ein kleines Mädchen in roter Hose ausgewählt worden, das sich um Larissa kümmern würde, wenn sie kam. Als Kim Chernin Simon erzählte, daß sie da ihre Hände zu Fäusten geballt hatte, erklärte sie, das komme davon, daß sie alles so heftig erlebe und gar nicht wisse, wie sie es bei sich behalten sollte.

Kim Chernin war neugierig auf ihn, besonders dort. Erregung ließ ihre Augen dunkelgrün werden, gewöhnlich waren sie grün mit gelben Einsprengseln. Sie wollte ihn sehen, wie sie noch nie zuvor jemanden gesehen hatte. Ihre Hände flatterten über ihm, bevor sie ihn nahm. Er entdeckte einen Tropfen der Erregung an der Spitze, sie machte sich darüber her.

Sie sagte: »Wir sind Meeresgeschöpfe. Salzig.«

Er hatte große Hände, sie konnten ihre Brüste nicht umfassen.

Sie sagte: »Jemand hat dir schon Dinge beigebracht. Wie schade. Ich ertaste dich hier zum erstenmal.«

Er kniete über ihr und stützte sich zu beiden Seiten mit den Armen ab. Sie schaute überallhin, schnell hierhin, dann dorthin, so wie man es täte, wenn man dächte, wer weiß, wann man noch einmal die Gelegenheit bekommt. Scharfes Gras schnitt ihm in die Finger. Wenn er jetzt anfing, würde er anfangen zu zählen. Sollten seine Arme zittern, sollte sein Körper sich gegen sie werfen, so würde er sich fürchterliche Dinge vorstellen, den Zwangsmarsch, wenn es sein mußte, um sich bis zum vollkommenen Augenblick zurückzuhalten. Doch sie, sie kam ihm entgegen, begehrte ihn, bevor der Zeitpunkt da war, zu leichthin, ohne Raffinement, so wie es jeder könnte, sie war nicht auf ihn angewiesen, jeder Moment war ihr recht, keiner nur deshalb der genau richtige, um einzudringen, weil er sie so gut kannte, weil er sie liebte . . .

Hier höre ich auf.

(Einige Stunden später), als Simon in ihr Zimmer hochkam, glaubte er nicht, daß er wütend war. Selbst junge Männer wissen, daß Liebe nichts ist, was man bekommt, weil man es verdient.

Kim Chernin saß an ihrem Schreibtisch. Sie quälte sich mit einem Brief an ihren Analytiker, sie hatte Simon nicht ins Zimmer treten hören. Er drehte ihren Stuhl um, legte seine Hände um ihre Taille und hob sie zu sich empor. Erst lächelte sie, dann verengten sich ihre Augen.

Sie sagte: »Nicht dies, Simon.«

Er sagte: »Ich habe extra gewartet. Ist es jetzt zu spät?«

Sie packte sein Haar mit ihren Fäusten. Sie sagte: »Laß mich runter. Wenn es etwas zu sagen gibt, sage ich es bestimmt nicht hier oben.«

Er trug sie zur Wand neben dem Schrank. Als er sie absetzte, stand er so dicht an der Wand, daß sie dagegen gedrückt wurde, genauso wie es der Freiwilligen mit Yosif ergangen war, als Simon einmal spätabends vom Wachgang zurückkam, damals, in den ersten harten Wochen, bevor er begonnen hatte, die Frau mit dem Strohhut zu erfinden, die im Sommer hiersein würde. Es gab im Buch Sohar eine Stelle über das Licht, das Gott am Anfang der Welt schuf. Die Frau mit dem Strohhut würde etwas von diesem Licht haben, einen Funken davon. An diesem Funken würde Simon sie erkennen.

Yosif war ein magerer, drahtiger Kerl, der als Freiwilliger zur Armee wollte. Zu Hause in Alaska hatte er schwarzes Haar gehabt, hier oben war es rot geworden, weil er den ganzen Tag draußen in der Sonne arbeitete. Er verliebte sich nie; wenn er ein Mädchen wollte, machte er den Gockel. Simon hatte ihn am Hühnerhaus gesehen, wie er es mit runtergelassenen Hosen, die dünnen Schenkel zu harten Muskeln angespannt, dem Mädchen besorgte, das die Arme um seinen Hals geschlungen hatte.

Kim Chernin sagte: »Du verschwendest deine Zeit, Simon.

Ich will keine Liebe. Ich habe dir schon tausendmal gesagt, daß ich keine Liebe will. Willst du, daß ich dir das Herz breche, ist es das, was du von mir willst?«

Simon drückte sie fester. Er schloß die Augen, obwohl er immer vorgehabt hatte, die Augen offen zu behalten. Er berührte sie überall. Er sagte (keuchend): »Ich dachte, du magst das.«

Sie sagte: »Wenn ich halt sage, hörst du auf. Hast du verstanden? Jetzt sofort. Hörst du? Halt.«

Simon hörte auf. Er ließ sie los. Er zitterte stark, wandte sich schnell ab und legte ihre Arme um seine Taille, so wie sie beide es getan hatten, als sie noch Freunde waren.

Er sagte: »Was ich dir erzählt habe, habe ich noch nie jemandem erzählt. Seit dem Augenblick, als ich dich sah, wollte ich es dir erzählen. Warum dir? Es bedeutet dir nichts. Niemand könnte so mit dir schlafen, wie ich, wenn du wolltest, daß ich mit dir schlafe. Das ist alles Quatsch, nicht? Wenn ich jetzt aus dem Zimmer gehe, wirst du mich nie mehr wiedersehen.«

Sie sagte: »Wehe, du tust das, Simon. Du bist mein bester Freund. Du hattest recht in jener ersten Nacht, ich hatte unrecht. Wer sagt denn, daß wir ein Liebespaar sein müssen?«

»Ich hatte recht? Recht? Recht worin? Ich habe gewartet, um zu lernen, um dich kennenzulernen, damit es vollkommen würde, für einen Mann ist das einfach, ich habe gewartet, damit es für dich vollkommen würde. Und das wäre es geworden. Ich hätte ganz genau Bescheid gewußt. Ganz genau. Ganz genau.«

Er machte ein paar Schritte zur Tür.

Sie lief hinter ihm her. Sie sagte: »Bist du wütend, weil es für mich kein Ganz-genau gibt? Bist du deshalb wütend? Ich habe dir ja gesagt, daß ich schließlich bei jemandem wie dir lande. Dem einzigen Mann in der Welt, der verrückt wird, weil eine Frau nicht darauf angewiesen ist, daß er den supertollen Liebhaber macht. Komm zurück. Was ist los, warum starrst du mich so an? Ich mache mich nicht über dich lustig. Komm her, du bist glitschig wie ein Aal. Meine Hände rutschen dauernd an dir ab. Sei kein Idiot. Wohin gehst du? Warum die Eile? Wir haben doch Zeit.«

Das hatten sie nicht. Es war das Ende. Simon stieß sie weg, ging aus ihrem Zimmer und die Treppe hinunter. Der Armeelaster hielt beim Eßsaal. Es war beinah dunkel, beinah Winter. Der große Mann, der mit Boaz sprach (Boaz war länger in der Armee gewesen als er), war der langhaarige Soldat.

Wenn das Gedächtnis mit den Fakten herumgepfuscht hat, wenn es den Soldaten drei Tage früher hat ankommen lassen, damit er in dem Moment auf der Farm erscheint, als Simon Kim Chernins Zimmer verläßt, dann ist das nicht meine Schuld. All dies geschah. Namen und Gesichter wurden verändert ebenso wie der Name des kleinen Farmkollektivs auf dem Berg nahe der Grenze. Falls das zu dichterischer Freiheit verführt hat, so entschuldige ich mich.

Beim Abendessen sagt Devora: »Hast du den Soldaten mit dem schönen Gesicht gesehen?«

Falls Kim Chernin auf diese Worte gewartet hat, so läßt sie sich nichts anmerken. Der Brotkorb fällt nicht hin. Ihre Hände zittern nicht. Was ich ihr allenfalls zugestehe, sind die gesträubten Haare in ihrem Nacken. Bevor noch das Geschirr abgewaschen ist, haben andere Frauen den Soldaten mit dem langen Haar erwählt. Bis dahin ist noch kein Soldat hier oben von irgend jemandem überhaupt nur wahrgenommen worden.

Ein Soldat in Uniform ist sehr schön. Sie nimmt ihm viel von seiner Individualität, schenkt ihm dafür einen Hauch von Überlebensgröße. Er ist nicht mehr schwach, allein, etwas Besonderes, er ist einer, der eine Grenze verteidigt, das Land durch sein heiliges Opfer schützt. So einer, dessen Kriegerstammbaum bis ganz zum Hause Abraham zurückreicht, muß für Kim Chernin sicher sehr attraktiv gewesen sein. (Ich nehme ihre schamlose Verklärung des Heroischen nicht in Schutz.)

Safad liegt in erreichbarer Nähe. Falls sie sich ineinander verlieben, wird es nicht viel anders sein als bei Devora und Dani, dem Musiker und seinem Mädchen, der in einem Kibbuz im Sinai stationiert ist. In einem Land, das im Kriegsfall innerhalb von drei Stunden mobilmachen kann, ist das so. Wenn er zu Besuch kommt, wird er die Treppe zu ihrem Zimmer hochjagen, die Tür aufstoßen, wie wahnsinnig zu ihrem Schreibtisch stürzen, sie mit sich zu Boden reißen. Er ist von der Sorte verrückter Jungs (wieso sollte sie hier aufhören, ihn zu erfinden, nur weil er da ist?), der nicht duscht, bevor er wieder aufbricht, weil er ihren Geruch mitnehmen will. Vielleicht ist er noch unberührt. Nicht daß er rumfummeln würde oder nicht wüßte, was er tut. Er lebt zu Hause bei seinen Eltern, teilt sich ein Zimmer mit seiner Großmutter, damit seine Schwester ein eigenes Zimmer hat. Wenn Kim Chernin seine Eltern in ihrer Wohnung besucht, wird er in der Küche stehen und seiner Mutter den Arm um die Taille gelegt haben.

Nach dem Essen geht Kim Chernin wieder in ihr Zimmer. Sie geht eilig und will immer noch nicht glauben, daß sie einen realen Mann aus Traummaterial zusammengebraut hat. Was ist, wenn der Soldat gegen den Mann, den sie sich ausgedacht hat, abfällt? Was ist, wenn sie auf ihm sitzenbleibt, nur weil sie ihn herbeizitiert hat? Was ist, wenn er Hände hat, die über sie herfallen, während er gar nicht anwesend ist, Hände, die gar nicht wissen, daß sie vorhanden ist? Irgendwo da draußen durchstreift er die Farm, hält unschuldig Ausschau nach der Frau, die ihn heraufbeschworen hat, der Soldat.

Für Kim Chernin wird nun alles sehr dringend, sie will ihn meiden, ihm begegnen, die Zeit nützen, den richtigen Zeitpunkt abwarten, nicht fast umkommen vor Neugier auf sein leibhaftiges Gesicht, das in ihrer Traumsprache nie deutlich auszumachen war. Devora hat ihn zuerst gesehen. Das ist ein Vergehen, wenn auch ein unschuldiges, das Kim Chernin ihr womöglich nie verzeihen wird. Schon kurze Zeit später, wenn die Küchenchefin Devora aus ihrem Zimmer auszuquartieren sucht, wird Kim Chernin nicht mit Devora zu dem Aussprachetermin gehen. Es mag mildernde Umstände gegeben haben. Ich finde, Kim Chernin hätte auf jeden Fall hingehen sollen.

Manche Nächte dort oben sind wirklich sehr dunkel. Manche Erinnerungen sind voller Hundegeheul, doch in jener Nacht schweigen die Hunde. Fanfullah döst zwischen den Pfoten seines Beschützers. Zigefuss lungert vor der Küche herum, obwohl niemand Zigefuss je einen Happen geben würde. Kim Chernin redet sich ein, daß sie Simon sucht. Sie schwört, sie weiß nicht, daß Simon im Gesellschaftsraum Schachfiguren umstößt. Ein junger Mann mit einer Uzi über der Schulter kommt vom Wachturm hinter dem Kinderhaus heruntergestiegen.

Halt, stop.

Dem Gedächtnis ist nicht zu trauen. Es möchte die Dinge schlimmer machen, als sie waren, nur um einer guten Geschichte willen. Das Gedächtnis ist ein Instrument, an dem so viele Interessen zerren, daß noch niemand herausgefunden hat, wie es zu lesen ist. Das Gedächtnis ist nichts für Amateure. Ich habe es zu meiner Lebensaufgabe gemacht. Kim Chernin, die sich in der Nacht, da ihr Soldat ankommt, in ein Techtelmechtel mit einem anderen Soldaten verstrickt, einem vollkommen Fremden? Sehr unwahrscheinlich.

Ziemlich bald taucht Devora in Kim Chernins Zimmer auf. Sie sagt, der Soldat hat die ganze Nacht an Boaz' Tisch im Gesellschaftsraum gesessen und Schach gespielt. Sie sagt, er hat sie alle haushoch geschlagen. Sie sagt, er ist kein Angeber, er studiert am Technion in Haifa. Er will Ingenieur werden. Er ist sehr groß, sagt Devora.

Devora ist aufgeregt. Man merkt das daran, daß ihre Oberlippe die Unterlippe nicht berührt, wenn sie schnell spricht. Sie neigt dazu, sich zu wiederholen. Sie erwähnt mehrmals, daß er englisch spricht. Sie scheint nicht zu begreifen, daß dies Kim Chernins Soldat ist. Oder hat er sich vielleicht in der Frau geirrt, derentwegen er hierhergekommen ist? Hat er sich vielleicht schon in Devora verliebt?

Devora sagt, Simon ist erst spät in den Gesellschaftsraum gekommen, als alle anderen schon zu Bett gehen wollten. Er hat Boaz beiseite gestoßen (unwahrscheinlich), sich zu dem Soldaten gesetzt, schwarz gewählt. Devora sagt, er hat die Augen geschlossen, ein paar schnelle Züge gemacht, triumphierend mit der Hand auf den Tisch geschlagen. Der Soldat hat das Brett studiert, den Kopf geschüttelt, Simon gedrängt, weiterzuspielen. Simon hat die Schachfiguren mit einer schnellen Handbewegung vom Brett gewischt.

Der Soldat hat die Situation mit Würde bestanden. Er sagte nicht, Simon hätte gewonnen. Er war bereit, die Figuren wieder genauso aufzustellen, wie sie gewesen waren. Simon sagte, niemand könne Figuren wieder genauso aufstellen, wie sie gewesen sind. Der Soldat schlug ein neues Spiel vor. Simon sprang hoch und lief fort. Er hielt den Turm in der Hand. Devora behielt Simon im Auge.

Er muß Kim Chernin verpaßt haben, die vom Wachturm zurückkam, einen Umweg um die Krankenstation machte und in die Wäscherei schaute. Er stieß auf die Soldaten, die an den Toren Wache hielten, rannte an ihnen vorbei, lief auf die Straße hinaus, war nicht mehr zu sehen. Sie holten ihn in zwei Minuten wieder ein, aus Sicherheitsgründen.

In die Klatschannalen ist diese Nacht eingegangen als die Nacht, in der Simon betrunken war. Für Kim Chernin war es die Nacht, in der es ihr gelang, den Soldaten zu meiden und weiter in der wilden Hoffnung zu leben, sie werde ihm eines Tages begegnen.

Wie ich schon immer gesagt habe, (Liebe) das ganze Brimborium entspringt der Verzweiflung. Tut es das nicht immer?

Wieso sollte ich die Dinge, die sie tut, in einen logischen Zusammenhang bringen? Wenn sie den Soldaten meiden will, soll sie ihn doch meiden. Meine Aufgabe ist es, Erinnerungen zusammenzustellen. Wenn ich eingreife, dann nur, weil mir ihr Gedächtnis auf die Nerven geht. Ich bin gezwungen, mich zwischen Traumschatten, wirklichen Ereignissen, Verdichtungen, Randnotizen und Verschlüsselungen hindurchzufinden: den Erinnerungen einer Person, die sich zu ihrer Zeit damals kein bißchen um den Unterschied zwischen Schatten und Traum und Hirngespinst und Wunder scherte. (Das Wunder, daß man vorher etwas sieht, was nachher wirklich kommt. Oder einen leibhaftigen Mann aus nichts als Stoff macht.)

Dort oben machten sich die Leute Gedanken über Eier. Darüber, ob Milchwirtschaft betrieben werden sollte, wie lange sich die Frau mit den drei Ohrringen abends draußen vor dem Gesellschaftsraum mit dem Mann, der hinkte, unterhalten hatte, ob die Explosionen in Grenznähe von Schießereien kamen oder von Sprengungen der Armee, die den Sicherheitsstreifen baute. Gewöhnlich war es der Sicherheitsstreifen, aber in manchen Nächten wurde auch der Nachbarkibbuz beschossen. Sie hätten gern gewußt, ob das Gerücht über die Terroristen in den Höhlen stimmte, ob Simon wirklich getrunken hatte, wieviel Regen wohl fallen würde, ob Dani Devora je wieder besuchen käme, ob jemand Medikamente aus der Krankenstation gestohlen hatte (sie waren nicht mehr da), ob der Neunzehnjährige aus Massachusetts, der häufig Streit anfing, tatsächlich die dreißigjährige Frau aus Mishmar Haemek heiraten wollte. Beim Abendessen sprach der Musiker mit dem glatt zurückgekämmten Haar mit Kim Chernin über *Die Winterreise*, in der man Schuberts unerschütterliche, verzweifelte Ahnung von seinem bevorstehenden Tod heraushören konnte.

Meistens waren sie ein hart arbeitendes, nüchternes Völkchen, mit praktischen Aufgaben befaßt, sechzig Leute, dreißig Jahre und darunter, Kim Chernin einunddreißig, alle in grober Kleidung und willens, eine kollektive Zukunft aufzubauen. Bei näherem Hinsehen hätte man bemerkt, daß sie allmählich alle den gleichen leicht abwesenden Ausdruck bekamen, als würden sie heimlich hinter geschlossenen Türen träumen. Weil Kim Chernin diese Neigung ohnehin schon besaß, trieb das Leben an der Grenze sie weiter, als sie sich sonst vorgewagt hätte.

Am nächsten Tag besah sie sich den Soldaten gründlich, als er auf den Laster sprang, um mit seinen Männern zu reden. Ich weiß nicht, wann dies stattfand. Ist das wichtig? Es könnte stattgefunden haben, als sie von der Arbeit zurückkam und in die Küche ging, um sich einen Joghurt zu holen. Vielleicht wurde sie auch als Ersatz für die Küchenhilfe herbeibeordert, die nach Jerusalem gefahren war, um die Nacht mit ihrem Cousin im King-David-Hotel zu verbringen. Wenn das Gedächtnis etwas Wichtiges behalten muß, genügt das Bruchstück eines Splitters. Der Zusammenhang ist ihm egal. Kim Chernin hat vielleicht halbwegs verdeckt im Eingang gestanden, so daß sie sehen konnte, ohne gesehen zu werden. Falls sie ihn wieder fallenlassen muß, sollte sie ihn lieber nicht auf sich aufmerksam machen.

Er besitzt die schlanke Anmut von etwas, was sich seiner Schönheit noch nicht bewußt ist. Ein langer Hals trägt den Kopf, der leicht vorgebeugt ist, Unterkiefer und Kinn bilden eine entschiedene Linie. Ein breiter Mund, der etwas zurückhält. Einen Schrei der Freude, des Entsetzens? Wenn er es ist, dessen Leben kurz vor der Veränderung steht, würde er das wissen? Seine Augen haben einen wachen, seidigen, ungeschützten Ausdruck. Er trägt den Gürtel locker, Hüften und Schenkel sind so vom langen Rumpf getrennt, der sich in diesem Augenblick leicht zu Kim Chernin neigt, die glaubt, daß es die zarte Höhlung unter seinen Augen ist, die ihr das Herz bricht, womöglich entdeckt sie schon den Schatten, den seine Liebe zu ihr werfen wird. Er hat langes braunes Haar, das in der Mitte gescheitelt ist und in leichten Wellen ein dunkles, empfindsames, äußerst intelligentes Gesicht umrahmt.

Die Mutter dieses Soldaten, der er ähnlich sieht, war eine sephardische Jüdin aus Syrien. Die Familie seines Vater lebte schon seit Generationen in Palästina. Sein Großvater väterlicherseits war Berufsoffizier in der britischen Armee. Die Mutter seiner Mutter saß die meiste Zeit in der Küche und erzählte seiner Mutter einfältige Geschichten, die sie schon zehntausendmal erzählt hatte. Selbst wenn er Kim Chernin nie begegnet wäre, hätte sich dieser Unterschied zwischen diesen beiden Familien bemerkbar gemacht, früher oder später wäre es unumgänglich gewesen. Er war einundzwanzig Jahre alt, war am fünfzehnten Mai geboren, zehn Jahre und acht Tage nach Kim Chernin.

Falls dies der Mann ist, so hat Kim Chernin ihm die Stiefel ausgezogen, einen nach dem anderen, um seine Füße mit dem hohen Spann zu küssen. Wenn sie nicht schlafen konnte, trug er sie in seinen Armen in ihrem Zimmer auf und ab. Er hat alles über die Vergewaltigung im Keller erfahren, vom Mann im Park, dem Kinderwagen, aus dem heraus sie, keine fünf Jahre alt, mit ihrer Mutter Flugblätter in der Bronx verteilte; ihre Schwester lebte da noch. Es besteht keine Möglichkeit, ihn über diese wertvollen Details auszufragen.

Der Soldat steht gegen die Ladewand vom Lastwagen gelehnt, sein rechter Arm ist ausgestreckt, so daß seine Brust freiliegt, als hätte er nichts zu verbergen, keine kleinen Empfindlichkeiten zu schützen. Kim Chernin beobachtet, wie er den Kopf mit einer schnellen, leichten Bewegung nach vorne wirft, dann wieder mit einem Ruck in den Nacken, um die Haare aus den Augen zu bekommen. Sie bemerkt seine Neigung (ebenfalls vertraut), die Handflächen mit gereckten Daumen herrisch vor der Brust zusammenzupressen. Sie hat nicht erwartet, daß er sich, sobald er in Bewegung gerät, bücken und die Stimme senken wird, um vertrauensvoll mit seinen Soldaten zu sprechen. Das bedeutet, daß er einen eigenen Willen besitzt. Sie beobachtet mit Genugtuung den Respekt seiner Männer vor ihm. Dort draußen kann sie sich nicht an ihn gewöhnen, er gehört dort nicht mehr ihr, ihm fehlt all das, womit sie ihn ausstaffiert hat. Wenn sie ins Sonnenlicht hinausträte, würde er sie womöglich gar nicht wahrnehmen.

Sollte er die Frau nicht wollen, die ihn sich zusammengeträumt hat, sollte er Devora wollen, die hübscher war, oder das Mädchen in der Obstplantage, die zu Boaz' Gefolge gehörte, dann hätte Kim Chernin sich lächerlich gemacht.

Wenn er jetzt vom Laster herunterspringt, wenn er sich jetzt auf die Küche zu bewegt, um Vorbereitungen für das Abendessen seiner Männer zu treffen, wird er Kim Chernin dann auch nur einen Blick schenken?

Ich bin versucht, dem Soldaten zuzurufen: »Sieh nicht hin, heb deinen Blick nicht, nimm sie nicht zur Kenntnis. Sie hat kein Anrecht auf dich, sie hat dir nicht das Leben geschenkt, dich nicht erfunden. Falls du zufällig ihren wilden Phantasien entsprichst, ist das nicht dein Fehler. Es liegt nicht in deiner Verantwortung. Sie geht dich nichts an. Laß es dabei bewenden. Geh zu deinem Mädchen zurück, ganz gleichgültig, ob du mit ihr verlobt bist oder nicht. Liefer jenen (sehr) unschuldigen Knaben nicht dieser Frau aus.«

Dov Aviad geht zur Küchentür. Seine Augen sind dunkler als noch vor wenigen Wochen. Von nahem wirkt er jünger, die Gesichtszüge wie frisch erschaffen, von jener Art männlicher Schönheit, die nur eine kurze (todgeweihte) Blütezeit hat. Ich frage mich manchmal, wie sein Leben wohl ausgesehen hätte, wenn er sie hier und jetzt hätte abblitzen lassen. Wenn er auch nur ein bißchen Scheu besessen hätte, sich nichts von der Macht hätte anmerken lassen, die sie schon über ihn hatte. Ich kenne sie, sie wäre aufs tiefste verletzt gewesen, mehr hätte es nicht dazu gebraucht, die Liebesaffäre wäre auf der Stelle gestorben.

An jenem Tag bei der Küchentür konnte die Frau, die er anschaute, als schön gelten (ich stelle mir einen konzentrierten Blick vor, ernst bis zur Hingerissenheit). Er erwiderte den Blick und verbarg nichts, drei ganze Sekunden lang, dann wandten beide sich schnell ab und verhüllten sich.

Was kann man in drei Sekunden machen? Einen Zug aus der Zigarette nehmen? Nicht mal Zeit genug, ihn wieder auszuatmen! Lippenstift auflegen? Ein Eiswürfel, der ins Glas klirrt, braucht mehr als drei Sekunden, bis er ruhig am Boden liegt. Nur wenige halten es aus, einem vollkommen fremden Menschen mehr als drei Sekunden lang in die Augen zu starren. Wenn das aber geschieht, wenn beide gleich lang aushalten, dann steht ihnen etwas bevor.

Kim Chernin fand, daß nichts in ihrem Leben, nicht einmal die Geburt ihrer Tochter, an Schonungslosigkeit mit diesen drei Sekunden zu vergleichen war. Haben sie je stattgefunden? Hat sie sie sich zurechtgeträumt wie so vieles sonst? Nein.

Obwohl es kalt ist, läßt sie die Fenster die ganze Nacht offen. Als Kind hatte sie geglaubt, ihre Schwester würde als Vogel wiederkehren. Als die Familie nach Kalifornien zog, fürchtete sie, ihre Schwester würde den Weg nicht finden. Jetzt muß die Schwester weit übers Meer bis zu dem kleinen Zimmer im ersten Stock im Kibbuz Araht fliegen.

Noch vor Hellwerden stand sie auf, um einen Brief an ihre Tochter zu schreiben. Sie hatte vor, mit der Plantagenmannschaft Kaffee zu trinken, bevor es mit dem Lastwagen hinunter ging. Sie liebte die Küche früh am Morgen, wenn Becken und Herde glänzten und der Steinfußboden sauber geschrubbt war. Die Becher waren meistens angeschlagen, beige oder weißlich und entweder zu heiß oder zu kalt zum Anfassen. Gewöhnlich trug sie ihre Arbeitshose mehrere Tage lang und warf sie dann in die Wäscherei, wo sie so heftigen Torturen ausgesetzt war, daß sie um einige Schattierungen heller daraus hervorging.

In den Brief legt sie ein Bild, damit die Tochter sich erinnert, wie ihre Mutter aussieht. Auf dem Bild sitzt Kim Chernin in Shorts und Sandalen hinten auf dem Lastwagen und blinzelt vergnügt in die Sonne, es stammt aus der Zeit, als Devora noch Fotos machte, um sie Dani zu schicken. Kim Chernin schreibt zwei weitere Briefe. An ihre Mutter, die nicht einverstanden war mit dieser Reise in ein Land, das den Arabern genommen worden ist. An den Mann, der sie liebt und ihr das Geld für die Fahrt gegeben hat. Sie schreibt ihm, daß sie den Rest ihres Lebens in Israel verbringen wird. Sie lädt ihn nicht zu einem Besuch ein.

Sie duscht (es ist immer noch dunkel). Wäscht sich die Haare, trocknet sie über der Kerosinheizung. Der Soldat streicht irgendwo da draußen umher, auf der unschuldigen Suche nach der Frau, die ihn gerufen hat. Vielleicht zerrt sie die Decken von ihrem Bett, zerrt wie wild an ihnen herum. So würde sich eine Wahnsinnige benehmen, aber keine Frau, die vor kurzen wieder in ihren Körper hineingeboren wurde.

Innerhalb von drei Sekunden war all das zu Ende.

Kim Chernin ist in die problematische Position der älteren Frau abgeschoben worden, eine rätselhafte Rolle, über die *Die-da* wieder Einzug halten werden. Weil Kim Chernin sich verliebt hat, hat ihr kurzes Experiment mit dem wiedergeborenen Körper soeben ein Ende gefunden.

Kim Chernin nimmt die zerknitterte dreiviertellange Hose von dem gescheiterten Kibbuz. Ihr fällt der Tag ein, an dem Devora sie in der Wäscherei entdeckte. Das passierte noch vor dem Untergang von *Die-da*, vor dem kurzen Versuch von etwas Neuem, der mißlang, da Simon darauf wartete, ihr vollkommener Liebhaber zu werden. Sie probiert die Hose an. An Hüften und Schenkeln liegt sie eng an und sieht gut mit Kniestrümpfen aus, die oben über die Arbeitsgummistiefel geklappt werden.

Sie läuft die Treppe hinunter und nimmt die gesamte Farm in sich auf. Sie wird nie mehr genauso aussehen. Jemand hat sie soeben gesehen, der sie eines Tages nie mehr wiedersehen wird. Vielleicht hat er die ganze Nacht draußen vor ihrem Gebäude gewartet und wird die Treppe hinaufstürmen, immer drei Stufen auf einmal, um sie in die Arme zu schließen. Die Eule, die durch diese Erinnerung fliegt, hat nie existiert. Die Luft ist feucht, etwas Namenloses muß geweint haben.

Devora hat keinen Grund, früh aufzuwachen. Wenn sie nicht die ganze Nacht wachliegt und sich die Augen ausweint, kann sie bis zum Frühstück durchschlafen. Wenn ein Brief von Dani kommt, schläft sie am Tag danach sehr fest; die übrige Zeit ist Schlaf ein gefährliches Unternehmen. Sie erwartet heute einen Brief, oder morgen. Sie schläft zusammengerollt mit dem Rükken zur Wand, zerzaustes schwarzes Haar ist schmerzlich über die Decke verteilt. Devora, eine Fatalistin der Liebe, wird Dani bis zum Ende treu sein. Dieser Entschluß ist gefaßt worden, als gestern kein Brief von ihm kam.

Devora sagt: »Hoffentlich schreibt der Soldat gerne Briefe. Hoffentlich hat er keine Ehefrau irgendwo in Haifa versteckt.« Ihre Stimme ist rauh, den Tränen nah, liebevoll, erschöpft. Mit diesen Beinen, die unter ihrem roten Flanellnachthemd hervorschauen, müßte sie sich keine Gedanken über vollkommene Schönheit machen.

Kim Chernins Körper ist schwer von Erinnerungen, sie durchlebt die längste Wartestrecke ihres Lebens. Sie ist keine Schönheit, und es ist immer noch dunkel.

Als sie zum Frühstück zurückfahren, will Simon nicht mit. Kim Chernin springt aus dem Wagen und läuft die Straße zurück bis zu der Stelle, wo eine Ziege mit verschmutztem Hinterteil in die Obstplantage einzudringen versucht. Sie haben Land für neue Pflanzen gerodet. Die Erde bricht nahezu violettfarben auf. Simon starrt sie hohlwangig und melancholisch an und schweigt. Sie hatte vergessen, wie jung Männer manchmal sein können.

Die Soldaten sind in Baracken neben der Wäscherei untergebracht. Sie sind nie schon zum Frühstück wach. Boaz hat seinen Arm um Kim Chernins Schultern gelegt; das Mädchen, das gerne mit Boaz zusammenarbeitet, gesellt sich an seiner anderen Seite zu ihnen. Die *Braut* erscheint manchmal nicht zum Frühstück. Sie leidet unter Migräne. Vor dem Eßsaal bleibt Boaz stehen und kratzt sich die Schuhe an dem breiten, hohen Metallsteg ab, der so abgewetzt ist, daß er silbern glänzt. Kim

Chernin betritt den Eßsaal, ohne zu wissen, daß sie den Soldaten gesehen hat.

Kim Chernin ißt keine Eier, keinen Schinken, kein gebratenes Brot, keine Tomaten. Sie haßt geschmorte Pflaumen. Sie hält sich an das frische Brot, das der Fahrer inzwischen unten von der arabischen Bäckerei geholt hat. Er ist es auch, der sie bei der Obstplantage abgesetzt und wieder abgeholt hat, der Mann mit dem leichten Hinken, der sich vielleicht in die Frau mit den drei Ohrringen verliebt. Kim Chernin blickt gerade zur rechten Zeit hoch, um zu sehen, wie der Soldat den Eßsaal betritt. Sie steht schnell auf, geht in die Küche.

Dort verfällt sie wieder auf ihre alten Tricks. Sie fängt an, Töpfe abzuwaschen. Sie schleppt einen Sack Gerste aus dem Vorratsraum her, hievt ihn auf die Arbeitsplatte. Sie erzählt das Märchen von Rotkäppchen in grauenhaftem Hebräisch, geht schnell durch die Hintertür hinaus, als Boaz sie ruft. Er nennt ihren Namen. Der Soldat steht neben dem Lastwagen.

Jetzt kann er ihren Namen sagen, kann sie nach Belieben herbeibitten, vielleicht wird er sie dazu bringen, daß sie ihn stärker liebt, als sie will. Liebe bedeutet, daß man sich, was auch immer geschehen mag, ohne Vorwand ausliefert, weil man (wie Kinder) an die Gesetze des Schicksals glaubt. Man beweist, daß sie existieren, indem man ihnen zur Beute fällt.

In der Obstplantage schneidet Kim Chernin sich ohne ersichtlichen Grund in die Hand. Simha, der Chef der Plantage, muß sie aus dem Erste-Hilfe-Kasten verpflastern. Während der Zeit, die es dauert, die Leiter hinunterzuklettern und sich durch ein kilometerlanges Meer von Wahnideen bis zum nächsten Baum vorzuarbeiten, wächst ihre Überzeugung, daß Simon sie überwacht. Sie erwischt ihn nie dabei. Diese Bäume sind offenbar erst vor wenigen Jahren gepflanzt worden; sie haben das Aussehen von etwas, was noch nicht voll ausgewachsen ist. Ihr filigranes Geäst läßt nur ahnen, wie sie wohl später aussehen werden. Sie machen sie traurig, hier an der Grenze, wo Granaten sie treffen könnten.

Als Simha zur Pause ruft, versucht Kim Chernin, sich zu Simon zu setzen, etwas abseits von den anderen. Er hat sich in zwei Jacken und drei Pullover eingewickelt und zittert merkbar. Sie setzt sich und lehnt ihren Rücken gegen seinen, so wie sie es früher getan haben. Er rückt weg.

Jetzt, wo es fast Winter ist, hält sich abends keine Seele mehr draußen auf dem Farmgelände auf. Die Hunde werden unruhig. Kim Chernin glaubt, ein Wind wird von der Höhe herabkommen und die Geister mitbringen, die sich in den Ruinen herumtreiben.

Da: sie kommt eilig aus Devoras Zimmer gelaufen (ein Brief ist angekommen). Sie macht einen Schwenk hinter die Gebäude, um einen letzten schnellen Blick auf den See zu werfen, bevor er für diesmal endgültig im Dunkel verschwindet. Er lehnt am Haus und blickt hinunter auf Safad. Dieser Zufall, der jedem hätte passieren können (früher oder später trifft man im Laufe des Tages sämtliche Farmbewohner), erwischt sie mit voller Wucht. Es ist der letzte Schlag. Wenn sie nicht aufpaßt, wird sie sich ihm in die Arme werfen. Das meine ich ganz ernst. Sie hätte auf der Stelle in Tränen ausbrechen können.

Er hat mit einem Kameraden zusammen eine Waffe erfunden, die die Armee demnächst einsetzen wird. Er braucht Kim Chernin nicht. Er ist einundzwanzig Jahre alt. Wenn sie ihm sagt, daß sie ihn schon vorher gekannt hat, wird er ihr glauben. Wenn sie sagt, sie hat ihn sich ausgedacht, wird er zustimmen. Sie wird sagen, daß sie ihn als den erkennt, der er ist, ihn für jemand anderen hält, weiß, wer er werden könnte, ihn dazu machen möchte, sich selber in ihm sieht, so wie sie sein könnte, wenn er sie liebte. Was sie für ihn fühlt, durchkreuzt die Geschichte ihres Liebens. Sie wird sich nicht beklagen, was auch geschehen mag. Was würde das schon ausmachen? Sie haben noch kein einziges Wort gewechselt.

Er hat das Aussehen eines Mannes, der ein verzweifeltes Verbrechen begehen wird. Hat er ihren Namen gerufenen? Nein, das hat er nicht.

Die Braut ist nach draußen gekommen, um ein wenig Luft zu schnappen. Sie hat sich in Boaz' schweren Ausgehmantel gehüllt und trägt ein gestreiftes Kopftuch. Sie sitzt auf dem Kinderkarussell und raucht eine Zigarette. Sie sieht neugierig zu Kim Chernin hinüber, die ganz außer Atem ist, mit wildem Blick läuft sie vor der ersten Liebe davon, die sie je in ihrem Leben erlebt hat, mag sie sich früher auch noch so häufig der Liebe in die Arme geworfen haben.

Am nächsten Tag sitzt er an ihrem Tisch. Als sie aus dem Eßsaal gehen, ist es später Nachmittag. Er nimmt ihre Hand.

Ich denke: *Wenn er sie nicht bis ans Ende seines Lebens lieben will, hätte er das nicht tun sollen.*

Die Braut sitzt auf dem Karussell und raucht. Sie ist in Gedanken versunken und hebt nicht den Kopf, als sie vorbeigehen.

Sie lehnen sich gegen die Wand, hinter dem Fenster über ihnen spielt der Musiker immer und immer wieder das Lied, in dem jener Mann zu seiner Winterreise aufbricht und dem Leierkastenmann begegnet.

Als sie den Kopf wendet, um den Soldaten anzuschauen, um ihn so zu sehen, wie er jenseits ihrer Traumerfindung aussieht, läßt seine ungeschützte Unschuld sie zusammenzucken. Sie kann nicht von dem Mann absehen, den sie erfunden hat. Sie wird diesen Soldaten nie erreichen können. Falls diese Liebe etwas Tragisches hat, so liegt hier der Grund. Sie kann dem Mann, den sie gerufen hat, nicht entkommen, sosehr sie auch diesen hier statt seiner begehrt.

Dov Aviad hält ihre Hand mit beiden Händen vor seine Brust.

»Ich habe niemals eine Frau wie dich erwartet. Eine Frau wie dich kann man nicht erwarten. Aber ich wußte, daß etwas Gutes passieren würde, wenn ich nach Araht käme.«

»Ich bin nichts Gutes«, sagt sie.

Im Dorf seiner Großmutter starb überraschend der ältere

Sohn einer armen Familie. Seine Witwe war fünfundzwanzig Jahre alt. Gemäß der Sitte würde sie den einzigen überlebenden Bruder ihres Mannes heiraten müssen. Einen dreizehnjährigen Jungen. Alle dachten, es würde nur dem Namen nach eine Ehe sein, bis der Junge erwachsen war. Es stellte sich jedoch heraus, daß dieser Junge schon seit Jahren leidenschaftlich in die Frau seines Bruders verliebt war. Das ganze Dorf sah darin einen Skandal, aber so war es halt. Mochte es Leidenschaft sein oder nicht, gut für ihn sein oder nicht, er heiratete sie.

Kim Chernin sagt: »War es gut für ihn?«

Dov Aviad antwortet nicht. Vielleicht hat er Kim Chernin vergessen. Während des Schweigens überquert der Wind die Grenze, nimmt Geschwindigkeit auf und wirft sich heulend auf sie. Er sagt: »War es gut für ihn? Meiner Meinung nach ist Alter in diesen Dingen unwichtig. Bei Geschichten dieser Art erfährt man nie das Ende. Ich habe meine Großmutter immer gefragt: ›Was ist dann passiert?‹ Sie sagte immer: ›Was dann passiert ist, ist passiert.‹«

Sie sagt: »Weißt du, wie alt ich bin?«

Er weiß es. Er hat Boaz gefragt, Boaz hat es ihm gesagt.

Er sagt: »Meine Großmutter ist immer traurig. Sie sagt, das Leben ist traurig. Sie sagt, du mußt erst neunzig Jahre alt werden, um herauszufinden, daß das Leben vielleicht gar nicht wert ist, gelebt zu werden.«

Kim Chernin sagt: »Traurig? Sie sagt, das Leben ist traurig? Ist das das Schlimmste, was sie in neunzig Jahren dagegen vorzubringen hat?«

Er sagt: »Die Leute glauben, Kinder wissen nichts vom Tod. Das stimmt nicht. Als ich klein war, habe ich geträumt, daß meine Großmutter vom Ast fiel. Ich bin aufgestanden und zu ihr gelaufen, um zu gucken, ob sie noch atmet.«

Kim Chernin sagt: »Ich habe früher geglaubt, daß meine Schwester wiederkommen würde, nachdem sie gestorben war. Und als wir nach Kalifornien zogen, wußte ich nicht, wie sie uns finden sollte. Ich war nicht sicher, ob Vögel so weit fliegen können.«

Er sagt: »Ich wußte, daß du auf dieser Seite sein würdest.«

Sie hätte fragen sollen: »Was meinst du mit ›dieser Seite‹?«

Ich denke, sie hat sich vielleicht gewundert, wieso er wußte, daß er ihre Hand nehmen konnte, als sie nach drei Stunden den Eßsaal verließen. Sie redeten die ganze Zeit über *Tod in Venedig*. Einen Film, der gerade in Haifa gezeigt wurde. Er besaß ein Exemplar des Buchs, das aus seiner Hemdtasche vorschaute. Als er mittags an ihren Tisch kam, war das das erste, was ihr auffiel. Dann fielen ihr seine Hände auf.

Sie sagt: »Man kennt Menschen nicht, wenn man sie nicht schon vorher kannte. Wenn man sie nicht sofort erfaßt, tut man es nie. Die meisten Menschen verstehen das nicht.«

Er sagt: »Mein Vater will, daß ich in der Armee Karriere mache. Meine Großmutter sagt zu meinem Vater, er sei verrückt. Sie sagt es ihm nicht ins Gesicht. Sie sagt es zu meiner Mutter, wenn er das Zimmer betritt. Sie macht meine Mutter unglücklich. Wenn ich die Richtung meines Vaters einschlüge, könnte ich mein Leben leben, ohne etwas zu begreifen. Ich studiere Ingenieurwissenschaften.«

Sie sagt: »Du wirst nicht einen einzigen Tag als Ingenieur arbeiten. Du wirst auch niemanden töten.«

Er sagt: »Ich kannte mal eine Amerikanerin, die nicht begreifen konnte, wieso Israelis ihr Land lieben. Amerikanische Juden können das nicht verstehen. Selbst wenn dir etwas in der Seele weh tut, machst du es für dein Land. Wenn ich unglücklich bin, gehe ich an den Strand. Ich gehe, wenn es schon fast dunkel ist. Manchmal dachte ich, das sei vielleicht nötig, damit etwas passiert, damit ich gerettet werde.«

Sie ist soeben einem Mann begegnet, der glaubt, dein Land kann alles von dir verlangen, selbst deine Seele. Sie wird, da kenne ich sie, versuchen, ihn davon zu überzeugen, daß die Seele zuallererst kommt. Sie wird Tag und Nacht daran arbeiten. Sie wird nie begreifen, wie die Liebe zu seinem Land ihn zu einem eigenständigen Menschen macht, nicht zu dem Soldaten, den sie sich vor Monaten genau an dieser Stelle zusammengeträumt hat, in jener ersten Nacht mit Devora.

Kim Chernin lehnt an der Wand. Sie schaut auf Safad hinunter, die Stadt, an die sie ihn, wie schon bekannt ist, verlieren wird. Sie sagt: »Ich glaube nicht, daß du glauben wirst, du seist gerettet worden.«

Lacht sie ihn aus, weil er so ernsthaft über sich selbst redet?

Sie lacht nicht, sie hat keinen Sinn für Humor.

*E*r bildet sich ein, er kann durch ihr Zimmer gehen, ohne sie aufzuwecken. Das liegt daran, daß er jung ist und nicht viel über Frauen weiß, die die ganze Nacht wachliegen und horchen. Er steht auf einem Bein, um seine Socke auszuziehen. In dieser vorgebeugten Haltung wird der Junge sichtbar, der er noch bis vor kurzem gewesen ist. Das bedeutet: als sie zu ihrer ersten Reise nach Europa aufbrach, war er sieben Jahre alt und in der zweiten Klasse, konnte schon schreiben und rechnen, hatte aber eine krakelige Handschrift. Als er sich nach der zweiten Socke aufrichtet, um Hemd und Hose aufzuknöpfen, ist er viel mehr als der Mann, den sie sich auszumalen gewagt hätte.

Er trägt kein Unterhemd. Darin irrt sich das Gedächtnis wahrscheinlich. Dov Aviad friert schnell. Die Familie seiner Mutter ist heißblütig, jähzornig und sehr emotional. Dov Aviad liebt die Hitze. Sollte er sich seit Einbruch der Dunkelheit draußen aufgehalten haben und in einer Winternacht auf der Farm patrouilliert sein, hätte er mit Sicherheit ein Unterhemd getragen.

Ohne seine Stiefel und Socken, ohne Khakihemd und -hose ist der Soldat nackt, er begehrt sie. Als er das Gewehr auf dem Schreibtisch ablegt, ist das An- und Abschwellen der langen Muskeln in seinem Arm zu sehen. Dann ändert er seine Meinung, prüft das Patronenmagazin und hängt das Gewehr an seinem Lederriemen über die Rückenlehne des Stuhls.

Sie wünscht, sie besäße einen ebenso schönen Körper. Sie ist älter, das macht einen Unterschied; selbst in seinem Alter war sie nicht so schön wie er. Sie muß hart für ihren schlanken Körper arbeiten, so wie er jetzt ist. Sie wünscht sich einen Körper, der so schön ist, daß er sich anbieten läßt. Sie möchte einen Körper schenken, der ohne allen Makel ist. Sie denkt an ihren mit gezielter Verachtung, denn sie kennt all seine Mängel auswendig. Er wird in keiner Weise dem Entzücken gerecht, das der Soldat auslöst. In ihren Fingerspitzen sitzt ein unendliches Verlangen, es überschwemmt sie der Wunsch, sich auf ihn zu stürzen. Sie möchte ihn mit langen, schlanken Fingern berühren, andere Finger kämen nicht in Frage, erst dort, dann überall sonst.

Wenn sie seine erste Frau wäre, würde er wahrscheinlich nicht so langsam zu ihrem Bett kommen. Sie stellt sich vor, daß er zittern und seine Arme ausstrecken würde. Es wäre eine abwehrende Geste. Sind Männer nicht so beim ersten Mal?

Sie hat die Augen fast geschlossen und tut so, als schliefe sie, damit er sie wecken kann. Der Soldat braucht lange, um einen Raum zu durchqueren, der kaum zwei Meter breit ist. Während dieser Zeit geht Kim Chernin zurück nach Masada. Das liegt daran, daß er, seit er den Schreibtisch und den Stuhl, an dem sein Gewehr hängt, verlassen hat, seit dem Jahre 71, auf sie zu geht. Damals war er auf dem Weg zu einem hohen, befestigten Felsen, wo sie auf ihn wartete. Bevor er dort ankam, ging die Geschichte von den Römern und der durchbrochenen Mauer, dem Feuer und dem Selbstmord um. Seit damals und bis heute geht der Soldat von Masada, stetig und ohne den Glauben zu verlieren, auf sie zu.

Ich möchte ihr etwas zurufen. *Laß es sein. Wach auf, öffne die Augen. Mach dir klar, wer er ist, hier in diesem Zimmer, in dem du dir sagst, daß du schon immer älter warst als er. In deinem unbegreiflichen Leiden immer um so vieles schöner. Und wie lange wird er dich diesmal halten können?*

Seine Hände sind kalt. Er legt sie beide auf ihr Gesicht.

Wenn sie jetzt hochschaut, sieht sie die ganze Zartheit dieses Jungen, der von ihr gerettet werden möchte. Er hat ihr schon erzählt, was mit seinen Kameraden passiert, wenn sie zur Armee gehen. Er hat gesagt, daß sie, wenn sie das erste Mal auf Urlaub nach Hause kommen, noch dieselben Männer sind, nur ein bißchen älter. Beim zweiten Mal ist das Kinn straffer, der Mund gespannter, aber sie sind immer noch wiederzuerkennen. Dann kommt das nächste Mal. Es passiert ihnen allen. Der Junge, den er sein Leben lang gekannt hat, kommt nicht nach Hause. Er erforscht die Augen seines Freundes, er kann in ihnen nicht seinen Freund finden.

Scheu und ehrfürchtig schlägt Don Aviad die Decke zurück. Er denkt an den Augenblick, als Akteon die Mondgöttin erblickt. Er hat Angst, daß auch er seine Seele verliert, bevor sie zu wachsen begonnen hat. Deshalb muß er Kim Chernin dazu bringen, daß sie diese Seele in sich vergräbt. Dort kann sie sicher ruhen, so daß er sie nicht aus Versehen verlegen kann. Weil es das ist, was er sich von ihr wünscht, ist es viel zu einfach, ihren Traum zu betreten.

Genau in diesem Augenblick, als er seinen Kopf auf ihre Brust legt, um ihren Atem zu ergründen, denkt sie an David, den barbarischen König, an den das jüdische Volk so viel unverständlichen Stolz vergeudet. Sie überlegt, was er wohl in jener Nacht gefühlt haben mag, als er auf das Dach seines Hauses stieg und die badende Frau sah. Hat David das gefühlt, was Dov Aviad jetzt fühlt?

Seine Hände umfassen ihren Leib. Sie wandern weiter, werden willkommen geheißen. Kim Chernin überlegt, was für eine Nacht es gewesen sein mag, in der David auf das Dach seines Hauses stieg. Wahrscheinlich war es eine heiße Nacht. Dann ein Windhauch vom Hof. Wieso hat Bathseba gebadet? Hatte sie ihren Schmuck abgelegt? Trug sie vielleicht eine zusammengerollte Schlange direkt über ihrem Ellbogen? Sie hatte eine Fülle kastanienbraunen Haars, das im Nacken aufgerollt war.

Meinte baden, daß sie in Öl badete? War sie draußen, weil Neumond war, handelte es sich um ein rituelles Bad, um eine dieser kanaanitischen Geschichten? Wurde sie aus heiligen Betrachtungen gerissen, in sein Bett gezerrt, auf die Laken geworfen, auseinandergespreizt, genommen?

David liebte Männer, er liebte Jonathan, er war sehr viel mehr Heide als Jude, tanzte, wo er konnte, nackt zu Harfen und Psaltern oder zu Zimbeln und Hörnern in seinem leinernen Ephod und sehnte sich nach der heiligen Priesterin der Erdgöttin, zu deren Gefährten er womöglich ausersehen war.

Sie haben sechs Wochen. Sie verlassen fast nie ihr Zimmer. Wenn sie von der Arbeit kommt, wartet er schon auf sie, liegt bäuchlings mit einem Buch auf ihrem Bett. Er liest *Tod in Venedig* mehrmals. Dann liest er *Die weiße Göttin*. Wenn sie duscht, kommt er hinterher und liest ihr vor. Er umarmt sie gern, wenn sie noch feucht ist, dann zerknittern die Seiten seines Buchs.

Sie werden zu der Sorte Liebenden, die gerne reden, während sie lesen und miteinander schlafen, Arme oder Beine sind ineinander verschlungen, ein Kopf liegt auf einer Schulter, wenn es dunkel wird, bevor sie aufsteht und den Kerosinofen anzündet.

Wenn es dunkel ist, geht er fort zu seinen Soldaten. Gegen drei oder vier Uhr morgens wird er wieder zurück sein, mit Gewehr und Laterne. Morgens steht sie früher auf als er, um den Lastwagen nicht zu verpassen, der zur Obstplantage fährt. Dann lebt sie ganz allmählich nicht mehr das Leben der Farm. Es geht ohne sie weiter, als habe sie sie schon verlassen.

Wer noch nie zuvor geliebt hat, hat nichts zu befürchten. Er begibt sich in die Liebe, so wie er in den Krieg gehen würde, rückhaltlos, aus Liebe zu seinem Land, ohne jede Vorstellung davon, was ihm widerfahren könnte, weil er bis dahin noch nicht im Krieg war.

Seidige, eifrige, schutzlose Augen. Wenn sie vom Lesen

hochschaut, sind da die Augen, die sich ihr zuwenden, um sie zu beobachten, wenn er ihr, zum wiederholten Mal, erzählt, wie er seine Freunde zur Armee hat gehen sehen, junge Männer, die alle ganz unterschiedlich waren, Frauentypen, einige große Sportler, verschiedene Musiker, ein paar von ihnen hatten Philosophie studiert, und wenn sie das erste Mal zurückkamen, waren sie dieselben jungen Männer, nur ihr Haar war kürzer. Doch wenn er sie beim nächsten Mal, vielleicht nur wenige Monate später, auf Urlaub sah, waren sie nicht da, keiner von ihnen kam zurück. Er fragt sich, ob das mit ihm auch passieren wird. Hat sie so etwas jemals schon erlebt? Augen, die sterben?

Er war nicht König David. Er war nicht der Junge aus Masada. Er war auch so, wie er war, gut. Wenn sie gewußt hätte, wie sie ihn erreichen, ihn in sich aufnehmen könnte, wäre sie vielleicht in der Lage gewesen, ihm zu helfen. Wenn sie ihn gekannt hätte, nur ein kleines bißchen, dann hätte er vielleicht auch nach seiner Rückkehr ins Studium angerufen und geschrieben. Er wäre vielleicht weiter an den Wochenenden, an denen er nicht lernen mußte, zu Besuch gekommen. Er hätte sich wahrscheinlich nicht in eine andere verlieben müssen, eine, die in ihm das sah, was er war, ein junger Mann von einundzwanzig, der all dies zum ersten Mal tat. Einer, der sich sorgte, was wohl aus ihm werden würde, wenn sein Examen vorüber war und er den Sommer mit Reisen verbracht hätte oder in dem Kibbuz mit Kim Chernin, falls sie noch da war, ihn immer noch wollte. Vielleicht hätten die zehn Jahre keine Rolle gespielt.

Sie schaute ihn nur immerzu an. Sie versuchte ihn zu sehen. Sie starrte auf seinen Mund, versuchte, ihn zu seinem Mund zu machen. Selbst zwanzig Jahre später läßt er sich nicht von dem Traumsoldaten unterscheiden. Ich habe einmal ein Bild von ihm gesehen, die Erinnerung an ein Foto, das er ihr schickte, nachdem er nach Safad zurückgekehrt war, in seiner Uniform und noch aus der Zeit, bevor er sich die Haare lang wachsen ließ.

Mag sein, daß er einfach ein außergewöhnlich schöner junger Soldat war, jemand, den man nur auf diese Weise in Erinnerung behalten kann, selbst ein Schnappschuß ändert daran nichts.

Die sechs Wochen, die er mit Kim Chernin verbrachte, haben etwas Geisterhaftes, sind ein weiteres Bruchstück eines Splitters, ohne Zusammenhang. Und sie sind besser als das, was nach ihnen kommt. Jede Erinnerung an diese Wochen ist durchtränkt von der Furcht, ihn zu verlieren, wenn er fortgeht, zurück in ein Leben, das sie sich für ihn nicht ohne sich vorstellen kann, in dem kein Platz für sie ist, wenn er es nicht über sich bringt, seiner Mutter zu erzählen, daß er eine zehn Jahre ältere Frau mit Kind liebt, die im Kibbuz Araht lebt und nicht Teil jener Zukunft sein kann, auf die seine Großmutter, seine Mutter, sein Vater und seine jüngere Schwester hoffen, die er ihnen ermöglichen soll, der brillante einzige Sohn einer armen Familie, die in der winzigen Wohnung gemeinsam in absolutes Schweigen verfällt, wenn er lernt.

Jedesmal, wenn er sich morgens früh um drei neben sie legt, muß er entscheiden, ob er sich für den aktiven Dienst in der Armee einschreibt, in welchem Fall er nach zwei Jahren entlassen wird, falls nicht ein Krieg kommt und ihn tötet. Er ahnt nicht, daß in zwei Jahren ein Krieg kommen wird. Oder er kann sich für vier Jahre als Schreibtischoffizier verpflichten.

Wenn er woanders geboren wäre und nicht demnächst zur Armee ginge, könnte er jedesmal, wenn er gegen Morgen ihr Zimmer betritt, darüber grübeln, wieso Jehova noch vor Sonne und Sternen die Bäume und das Gras erschuf. Wenn er nicht zur Armee ginge, würde er vielleicht alles über die ursprüngliche Mutter erfahren, die die Himmel gebar, bevor ihr Sohn sich ums Gras kümmerte.

Er sagt, er könnte zum Geheimdienst gehen, er ist gut in Sprachen, er scheint nicht zu wissen, daß sie Folter gegen den Feind einsetzen. Kann er sich diese Hände vorstellen, mit ihren langen Fingern, ihrer Neigung, der Frau zu huldigen, die er liebt, wie sie einen Mann schlagen, weil er seinen Bruder nicht verraten will?

Junge Männer von einundzwanzig sind nicht leicht zu ermüden. Weshalb sie, wie älteste Weisheit es will, auch so gut zu Frauen in den Dreißigern passen. Die Jugend dieses Mannes ist eine Lust. Sie bringt beide, nach der Verzückung der ersten halbdutzend Male, häufig zum Lachen. Er muß ihr seine Hand auf den Mund legen, sie daran erinnern, daß sie sich nicht am Hofe König Davids befindet. Hier sind die Wände dünn vor Neid. Selbst ihr stummes Lachen erinnert ihn an einen Maulbeerbaum. Sie sagt, es erinnert sie an Gurken. Er sagt, ihr Lachen sei sehr traurig.

Um drei Uhr früh steht er neben ihrem Bett, bis er sie weckt. Dann scheint er genau zu wissen, was sie sich von ihm wünscht. Falls er es richtig macht, kniet sie sich wohl vor ihm aufs Bett. Dann ist es, wegen ihres Größenunterschieds, das, was sie sich gewünscht hat.

Einige dieser Dinge lassen sich auch drüben am Fenster machen. Dort kann er auf Safad zeigen, doch er tut es nicht. Er weiß, er wird in einer Woche fortgehen; er möchte sie nicht daran erinnern, daß es eine Welt außerhalb dieses Zimmers gibt.

Gegen Morgen, als er an ihrer Brust schläft, träumt sie die Kriegsgedanken von der Blutschuld seines Landes. Wenn sie ihn nicht dadurch verliert, daß er sie vergißt, wird er in den Schlachten aufgerieben werden, die sie für ihn durchlebt, weil sie ihn zu retten versucht. Sie wünscht sich einen Mann, der sein Land aufgibt, aus Liebe zu ihr, um seiner Seele willen. Wenn sie Angst hat, ihn zu verlieren, dann nicht, weil sie weiß, daß er sein eigener Herr ist, kein Mann, der eine Frau vor sein Land stellen wird. Angst hat sie, weil ihre Schwester jung gestorben ist. Und deshalb kann die Liebe nur eine alte Geschichte voller Traurigkeit sein. Daß er sie vergißt, daß er den Berg hinabsteigt, daß er wieder in die Welt seines alten Lebens eintaucht, hat nichts mit ihm zu tun. Es ist einfach der Lauf der Dinge.

Einmal besichtigen sie Akko. In einem Durcheinander von Licht saßen sie stundenlang oberhalb des Hafens auf den Mauern, die die Kreuzfahrer errichtet hatten. Nach dem Fall von Haifa, im Krieg von 1948, wurde Akko von arabischen Flüchtlingen überschwemmt, die auch blieben, als die Oberschicht bereits in den Libanon geflohen war. Die Flüchtlinge lebten dort unter sehr harten Bedingungen, schliefen in den Straßen und den Kaffeestuben; die Stadt mit ihren ursprünglich zwölftausend Menschen beherbergte mehr als vierzigtausend. Falls Dov Aviad diese Geschichte kennt, so sagt er es ihr nicht. Sie gehen in ein Café, in dem die Stühle vor dem Fenster aufgestapelt sind, weil Winter ist.

Kim Chernin sagt zu dem arabischen Jungen, daß sie ein Eis möchte. Er sieht sie scharf an, lacht still in sich hinein, schleppt einen Tisch in den blassen Streifen untergehender Sonne im Hof, dreht die Musik laut und bringt ihr eine Glasschale mit Schokoladeneis, das sie mit einem Strohhalm ißt.

Hätten sie ihn gefragt, so hätte er ihnen die Geschichte von Akko erzählen können. Die Flucht seiner Einwohner begann in der letzten Aprilwoche 1948 mit dem Granatfeuer der israelischen Streitkräfte. Ungefähr eine Woche vor ihrem achten Geburtstag. Einige Jahre bevor er geboren wurde. Diejenigen, die in der Stadt blieben, erlebten die Geburtswehen des jüdischen Heimatlandes aus ihrer Warte – Angst, Schmutz, Hunger, Arbeitslosigkeit, Verzweiflung.

Während des Abendessens mit Dov Aviads Familie in Safad erwähnt niemand den Krieg von 48, in dem sein Vater an den See Genezareth abkommandiert war. Die Großmutter erzählt Geschichten auf Ladino. Falls sie Kim Chernins Alter erraten hat, die zehn Jahre, zehn Monate, zehn Tage, was bedeutete das schon? Nur gute Mädchen dürfen mit in der Familienrunde essen, sagt sie zu Dov Aviad.

Als Kim Chernin sich verabschiedet, umarmt seine Mutter Kim Chernin. Sie küßt Kim Chernin auf die Stirn. »Als ob ich deine Mutter wäre«, sagt sie.

Auf der ganzen Rückfahrt im Bus nach Araht weint Kim Chernin, und der Soldat hat seinen Arm um ihre Schulter gelegt.

Dann gibt es nur noch eine letzte Nacht. Deshalb gehört diese Nacht der Erdmutter, die Samen trinkt. Kim Chernin liebt Geschichten von der Erdmutter, sie erzählt ihm, daß sie nie genug davon bekommen kann. Wenn man ein Auge offen behält, auch wenn man wahnsinnig verliebt ist, wenn man, schon ganz sicher, daß es passieren wird, im genau richtigen Moment über die Schulter schaut, dann bekommt man flüchtig eine schwerfällige, schattenhafte Gestalt zu Gesicht, keine große Schönheit, mit einem Haarkranz aus Zöpfen, die gerade vorübereilt und sich aufmerksam umschaut.

Kim Chernin sagt, daß die Lust in diesem Augenblick für beide Liebende eigenartig heftig ist. Deshalb sind die hebräischen Könige, die Krieger, das gemeine Volk immer wieder zur Anbetung der Erdmutter zurückgekehrt.

Weil er ungläubig blieb, beschloß Kim Chernin, es ihm vorzuführen. Obwohl es nur ihr widerfuhr, obwohl sie ihn nur kurz an beiden Schultern berührte, spürte er an seinem Körper, was mit ihrem geschah. Später, als der Soldat schon nach Hause zurückgekehrt war, als er ihr schrieb, berichtete er ihr, daß sein Körper sich hätte öffnen wollen, so als wäre sein Körper verdorrte Erde, kurz bevor der Regen fällt.

Sie haben ein ganz schönes Chaos im Zimmer angerichtet. Laken, Decken, Kissen, einige wenige schwierige Texte mit rätselhaften Buchstaben, sein Taschentuch, Zettel, die von ihrem Schreibtisch geflattert sind. Ihm ist es gelungen, sein Hemd zuzuknöpfen, sie hat es wieder aufgeknöpft, sie schleudert sein Hemd gegen die Regale, auf denen ein paar Bücher stehen, solche, die sie mitgebracht hat, Freud und Konsorten, die Prophetenversion des Alten Testaments, und solche, die er ihr dagelassen hat. *Die weiße Göttin* oder *Tod in Venedig* läßt er ihr nicht da, die sind ihr schon zu vertraut.

Es ist Morgen, jeder kann das sehen. Sie hat versprochen, sie werde die Hände von ihm lassen, sobald der Morgen anbricht. Sie schaut ihm in die Augen und sagt: »Dann machtest du, dann machte ich, dann legtest du, dann legte ich.« Nicht lange, und sie empfängt das eine, einmalige Heilige, das sie erwartet hat, diese Huldigung, die wie keine andere ist.

Als es vorüber ist, weint der Soldat. Er steht auf seinen langen Beinen, seine Brust ist glatt, er hat keine Haare auf der Brust, sein Armeehemd ist falsch geknöpft, halb aufgeknöpft. Er weint, weil er, ohne sich abzuwenden, ohne das Gesicht in den Händen zu bergen, ohne die Augen mit dem Arm zu bedecken, plötzlich begreift, daß sie ihn schließlich verlieren wird. Und so weint er ihre Tränen, weil, wie er sagt, sie schon zu viele geweint hat.

Jemand ist diese Erinnerungen durchgegangen und hat ganze Szenen in Brand gesteckt. Manchmal war es auch wie der Spaziergang durch ein Haus, in dem nur die zarten, kleinen Dinge beseitigt wurden. Ich besitze Scherben, Fragmente, zu Asche gewordene belastende Möglichkeiten. Erinnern ist zu einem Spiel des So-gut-es-eben-geht geworden. Das Leben auf der Farm jedoch, die Arbeit in Küche und Plantage, die regelmäßigen Filmsamstage, die nachmittäglichen Teebesuche, die normale Arbeitswelt mit ihren täglichen Anforderungen, all das ist vollkommen geordnet.

Sind die Erinnerungen aufbereitet worden, damit die Illusion von Kohärenz entsteht, wo Kohärenz für Kim Chernin schon längst nicht mehr möglich war? Sind sie eine falsche Bühne, eine listige Schutzmaßnahme? Oder wird die Täuschung immer bösartiger?

Ich hatte mir vorgestellt, wenn ich behutsam vorgehen und sorgfältig die entsprechenden Vorteile einschätzen würde, die jede Unterschlagung, Umstellung, Verdichtung mit sich bringt, jedes Augenverschließen und Zurechtträumen der Dinge, damit sie besser aussehen, dann ließen sich die verlorengegangenen Erinnerungen vielleicht aus ihrem Versteck herausräuchern. Was immer dort oben geschehen sein mag, Kim Chernin ist nicht sehr vorteilhaft daraus hervorgegangen.

Sicherlich, ihre Beziehung mit dem Soldaten fand ein Ende. Ich habe Stunden damit zugebracht, herauszubekommen, wer die andere Frau gewesen sein mag. Devora war immer eine Kandidatin. Ich habe doch schon erwähnt, daß Kim Chernin Devora nicht zu der Anhörung begleitete, als sie aus ihrem Zimmer ausziehen mußte?

Andererseits scheint die Beziehung noch weiterbestanden zu haben, als er nach Safad zurückging. Es gab Anrufe, Briefe, stundenlanges Warten vor der Telefonzelle neben der Wäscherei. Manchmal wartete Devora mit ihr. Das macht es unwahrscheinlich, daß Devora die andere Frau war, sofern es nicht eine Zeit vor dem Betrug gab und eine Zeit danach.

Es gibt gewisse deutliche Hinweise, zum Beispiel den Soldaten, der in Zivil zur Farm hochkam. Das legt einen Zeitpunkt nach seinem Reservedienst nahe. Andererseits ist da die Erinnerung an ihre Fahrt nach Akko, als sie im Café sitzen und er sich in Uniform zu ihr über den Tisch beugt. Soweit ich weiß, sind sie nur einmal nach Akko gefahren. Ich habe sie allerdings auch flüchtig in einem kleinen, dunklen Geschäft voller Olivenfässer gesehen. Kim Chernin probiert griechische Oliven. Offenbar mag sie die fetten, schwarzen Oliven aus der südöstlichen Ecke des Peloponnes am liebsten. Sie nimmt einen Bissen, überlegt und steckt sich den Rest in den Mund. Soweit ist alles vollkommen klar. Sie ißt Amfissa-Oliven vom Fuße des Parnaß, Dov Aviad hat eine Handvoll in Papier eingewickelte Oliven gekauft, die auf der Insel Thasos wachsen und die seine Großmutter am liebsten mag. Aus diesem Grund glaube ich, daß diese Erinnerung vom selben Tag stammt, an dem Dov Aviad und Kim Chernin Dovs Eltern besuchten. Zwanzig Jahre später ist es immer noch möglich, das rauchende Öl, den Fenchel, den frisch gepreßten Zitronensaft und die Knoblauchmarinade zu riechen, in die die Nafplion-Oliven eingelegt waren.

Wenn sie jedoch auf dem Weg zu seinen Eltern waren und er noch seinen Reservedienst ableistete, wieso ist er dann in Zivil gekleidet? Ein winziges Detail, das alles in Frage stellt.

Kim Chernin hat nicht mehr lange gelebt, nachdem sie von Israel wegging; was immer dort oben zwischen ihr und Dov Aviad geschehen ist, es scheint ihr den Schlag versetzt zu haben, von dem sie sich nicht mehr erholen konnte. Als eine, die danach kam, hielt ich es für lohnenswert, diese Erinnerungen gründlich zu untersuchen. Für mich ist Kim Chernins Tod durchaus keine gleichgültige Angelegenheit.

Wieso hätte Dov die Lieblingsoliven seiner Großmutter gekauft, wenn sie nicht vorgehabt hätten, seine Familie zu besuchen? Er sieht jung und benommen aus, sein Haar ist noch nicht so lang, wie es später sein wird, wenn er übers Wochenende zur Farm hochkommt, er starrt die ganze Zeit Kim Chernin an, alles geschieht für ihn zum ersten Mal, er sitzt auf den Kreuzfahrermauern, er schmeckt, er sieht, als hätte sein Leben erst mit dem Anblick von Kim Chernin vor wenigen Wochen begonnen. Er ist die Sorte Mann, die nur einmal im Leben liebt, dies ist das eine Mal, es wird nicht wieder geschehen. Alles an ihm, seine Anmut, seine aufrechte Haltung, der grüblerische, kluge Blick, der auf diese Frau gerichtet ist, all das macht es undenkbar, daß er in wenigen Wochen nicht mehr in sie verliebt sein wird. Doch eben dies ist geschehen.

In den Geschichten, die Kim Chernin Dov Aviad erzählt hat, neigen die Helden zum Vergessen, wenn sie den Berg hinabsteigen. Dies widerfuhr Siegfried, als er Brunhild verließ. Es widerfuhr Tristan, als er nach Cornwall zurückkehrte. Die Welt, sein Ehrgeiz, die Heilung der alten Wunden machten es ihm schwer, sich an die Frau zu erinnern, die ihn geheilt hatte. Wenn Kim Chernin versucht hätte, zu begreifen, was Dov Aviad widerfuhr, dann wären es eben diese Geschichten, die sie sich selbst erzählen würde.

Wie aber konnte es geschehen, daß Dov Aviad sie eines Tages nicht mehr montags und mittwochs abends über das Tele-

fon neben der Wäscherei anruft? Was ist passiert, daß jetzt nicht mehr, so wie früher, regelmäßig jeden Nachmittag seine Briefe ankommen?

Wenn es nicht Devora ist, wer ist es dann, den Dov Aviad besucht, wenn er weiterhin zur Farm hochkommt? In einer bestimmten, vollkommen unbegreiflichen Erinnerung läuft er und hält einen Brief in der Hand. Mal ist er in Uniform, mal in hellbraunem Zivil, dann wieder ist es Kim Chernin, die läuft, sie kommt von der Obstplantage, in verdreckten Arbeitshosen, und hält den Brief.

Wer ist gelaufen? Wieso sind sie gelaufen? War das, bevor er die Farm verließ oder danach? Wenn er mit Kim Chernin Schluß gemacht hat, wieso sollte er dann weinen?

Bei einem anderen Versuch zu einer plausiblen Geschichte habe ich die Erinnerungen nach bestimmten formalen Kriterien zusammengestellt. Es gibt Erinnerungen, in denen Menschen stilisierte Gesten machen. Dazu paßt etwa das Bild von Dov, der mit Boaz streitet. Solche Erinnerungen neigen dazu, sich zu wiederholen. Boaz und Dov Aviad stehen beim Karussell auf dem Kinderspielplatz. Boaz versetzt Dov einen heftigen Stoß gegen die Schulter. Sie reden schnell, Boaz scheint zu schreien. Die Erinnerung läßt sie mit gehetzter Miene auftreten, in absolutem Schweigen.

Andere Erinnerungen huschen so schnell vorüber, daß sie schon vergessen sind, bevor man sie überhaupt zu entziffern versucht. Einige präsentieren ständig Einzelheiten, erst diese, dann jene. Doch als solche ergeben die Einzelheiten keinen Sinn. Es gibt Gesprächsfragmente, wiederholerisch und zum Verrücktwerden, Stimmen im Wechsel, die mittlerweile schrill und rauh klingen, da sie seit zwanzig Jahren dasselbe sagen.

Einige dieser Erinnerungen spielen hinter der Glastür einer altmodischen Dusche. Man sieht Gestalten, die sich dahinter bewegen, den Arm heben, den Fuß an der Wand abstützen. Doch wer sie sind, wieso sie das machen, was sie gerade machen, bleibt unentzifferbar.

Sooft man auch versucht, eine Erinnerung durch langes Hinsehen deutlicher zu machen, sie bleibt verschwommen. Die Erinnerung an die Nacht, in der jemand Kim Chernin umzubringen versuchte, gehört dazu. Jemand bricht die Tür zu Kim Chernins Zimmer auf, schlägt und tritt dagegen. In einem Spalt in der Tür blitzt ein Messer auf. Doch alles findet hinter verdunkeltem Glas statt.

Während einer anstrengenden Phase des Umschreibens und Notizenmachens sah ich einmal plötzlich Simon, wie er auf der untersten Stufe von Kim Chernins Treppe steht, barfuß und ohne Hemd.

Es ist Nacht, und es muß sehr kalt gewesen sein. Simon beugt sich vor und hat ein Messer in der Hand. Ich habe diese Erinnerung abgelehnt. Wieso Simon? Wieso jetzt? Wenn ich mir Simon schon nicht auf diese Weise vorstellen möchte, um wieviel stärker muß wohl Kim Chernins Wunsch gewesen sein, ihn fortzuschaffen.

Wenn er in einer Winternacht kein Hemd anhat, muß er aus seinem Zimmer gerannt sein, weil gerade irgend etwas passiert ist. Ist der Soldat, nachdem er mit Kim Chernin Schluß gemacht hat, plötzlich wieder zur Farm zurückgekehrt? Ist sie nach draußen gegangen, um mit ihm bei den Wachtürmen spazierenzugehen, so wie sie es früher getan haben? Hinter wem war Simon her? Dem Soldaten? Kim Chernin?

In der Erinnerung, in der jemand Kim Chernins Tür einschlägt, jener Erinnerung, in der ein Messer aufblitzt, ist Kim Chernin in ihrem Zimmer. Sie lehnt am Fenster und sieht zu, wie die Tür birst, sie ist in einem Zustand unglaublicher Klarheit.

In einem derartigen Augenblick klar zu sein, wenn man im nächsten schon tot sein kann, spricht für eine Verstörung, die an Wahnsinn grenzt. Wenn sie in jener Nacht gestorben wäre, hätte es niemanden gegeben, der die Geschichte hätte rekonstruieren können. Es gibt allerdings auch zwanzig Jahre später wenig, was ich mit Sicherheit weiß. Die berstende Tür. Und jetzt Simon, auf der Treppe, das Messer in der Hand.

Mag sein, daß Kim Chernin und Simon wieder begannen, zu den römischen Ruinen hochzugehen, nachdem der Soldat nach Safad zurückgekehrt war. Mag sein, daß der Soldat die Beziehung mit Kim Chernin wegen Simon beendete. Dann hätte die Beziehung zwischen dem Soldaten und Kim Chernin nach einer kurzen Trennung womöglich wieder von vorne angefangen. Es könnte sich um ein labiles Dreiecksverhältnis zwischen diesen Personen gehandelt haben. Was wissen wir über Simon, das irgendeine Möglichkeit ausschließen würde? Wenn Simon eines Nachts mit seiner Gitarre auf seinem Bett saß, wenn er gerade seine Geschichte über Kim Chernin aufschrieb, wenn er hörte, wie der Soldat auf der Farm vorfuhr, und hörte, wie er auf dem Weg zu Kim Chernins Gebäude bei ihm vorbeilief, dann hätte er hochspringen und sich sein Plantagenmesser schnappen können.

Angenommen, das stimmt, wieso ist Kim Chernin dann aber allein in ihrem Zimmer, als die Tür zerschmettert wird?

Da ist auch ein bestimmter Zeitraum, in dem Simon verschwunden ist. War das vor oder nach der Nacht mit dem Messer? Die Sicherheitsabteilung hat sich aufgemacht, ihn zu suchen. Sie befürchten, daß Terroristen ihn bei den Ruinen gekidnappt haben. Sie haben sogar in den Höhlen nach Spuren von ihm gesucht. Bitterer Verdacht ist auf Simon gefallen. Ein Offizieller aus einem anderen Kibbuz hat Kim Chernin in der Krankenstation befragt. Er will etwas über Simons Freunde im Dorf wissen, er fragt, ob Simon Kim Chernin seine Pläne anvertraut hat, ob Kim Chernin glaubt, daß er vielleicht die Grenze zum Libanon überquert haben könnte.

Kim Chernin läßt sich durch das Verhör nicht einschüchtern. Dies ist eine Erinnerung an schrille, sich wiederholende Sätze. Kim Chernin sagt: »Wenn ich etwas wüßte, würde ich es Ihnen dann sagen?«

Später, falls es tatsächlich später ist, kommt Simon zurück. Er taucht immer wieder in den Erinnerungen auf, in mehrere Decken gewickelt und noch einem Schaffell darüber, streift er durch den Schnee, ohne offenbar darauf zu achten, wo er langgeht, entschieden verwirrt, unendlich zerlumpt.

Irgendwo, das weiß ich, muß es einen Faden geben, der alle miteinander verbindet: Devora, die allein zu der Anhörung geht, Simon, der verschwindet, wieder auftaucht, das Messer gepackt hat, der Soldat, der mit einem Brief herumläuft und weint. Ich dachte, ich hätte alles genau herausgefunden, ein doppeltes Dreieck, das Devora mit dem Soldaten, Kim Chernin mit Simon, den Soldaten wiederum mit Kim Chernin und Devora eine Zeitlang mit Simon verbindet.

Dann tauchte eine neue Gestalt auf. Sie hatte schon vorher gelegentlich kurze Auftritte, allerdings ohne große Bedeutung, mal rauchte sie auf dem Karussell, mal betrat sie den Platz vor ihrem Zimmer, um zuzusehen, wie die Hunde das Hühnerhaus umkreisten. Ich hatte geglaubt, sie mache sich, wie es häufig bei fragmentarischen Details der Fall ist, mit jener irritierenden Hartnäckigkeit bemerkbar, die sich allen Bemühungen widersetzt, einen Sinn zu entdecken, weil es keinen gibt.

Doch sie war wichtig. Sie war unbezweifelbar wichtig.

Es ist sicherlich sinnvoll, Boaz in das Dreieck einzuführen. Da ist zum Beispiel sein Streit mit Dov Aviad. Ich könnte mir denken, daß Sena, *die Braut*, durch Boaz zu dem Dreieck gestoßen ist. Wahrscheinlich weil Boaz sie gebeten hat, Kim Chernin zu helfen, kam Sena eines Nachts mit einem Plan in ihr Zimmer, wie Kim Chernins Tochter in den Kibbuz geholt werden könnte.

In dieser Erinnerung – wie Sena an Kim Chernins Tür erscheint – hat eine Stilisierung stattgefunden. Ich sehe, wie sie einander die Hände schütteln, wie Sena ihre Wildlederjacke auszieht, dann macht sie es noch einmal, so als liege etwas Hochbedeutsames darin, wie sie die Jacke auszieht. Meiner Meinung nach hat die Wiederholung nichts mit Bedeutung zu tun, mir kommt sie wie eine gewollte Geste vor, mit der etwas anderes abgewehrt werden soll.

Es gab eine Zeit (so scheint es), in der Kim Chernin, Boaz, Dov Aviad und Sena sich öfter den Plantagenlaster ausliehen, nach Einbruch der Dunkelheit die Farm verließen und hinunter nach Tiberias fuhren, um Hummus und Oliven in dem heruntergekommenen arabischen Café zu essen, in dem Kim Chernin, bevor sie zur Farm kam, einst saß und sich Notizen machte. Ich glaube, es war Sena, die Kim Chernin in der Nacht rettete, als Simon sein Messer zog. Wie wäre es sonst zu erklären, daß sie in der Dunkelheit herumfuchtelt, mit Simon um das Messer kämpft?

Wenn sie vom Tisch aufstehen, um das Café zu verlassen, hält Dov Aviad Sena die hellbraune Wildlederjacke hin. Kim Chernin steht mit Boaz an der Tür. Sie fährt sich mit den Fingern durchs Haar. Es könnte eine kalte Nacht sein, all dies passiert im Winter, Boaz dreht sich um, Kim Chernin trägt keinen Mantel.

Insofern müssen Kim Chernin und Sena, was auch immer später geschah, anfangs Freundinnen gewesen sein.

Die Erinnerung an die beiden auf dem Karussell ist angenehm, nichts ist schwierig an dem, was da vor sich geht. Sie rauchen, stecken die Köpfe zusammen und überlegen gemeinsam, wie sie die Tochter auf die Farm bringen können, sie zählen die Stimmen, die für und die gegen sie sind, entwerfen eine Strategie für die entscheidende Stimme, Sena sagt, Boaz würde sich um die Sicherheitsleute und die Plantagenarbeiter kümmern. Sogar der, der immer für Ruhe und Ordnung ist, würde für Kim Chernin stimmen, wenn Boaz ihm das sagt.

Schließlich setze ich eine ganze Reihe von Erinnerungen an Sena und Kim Chernin zusammen, in denen beide Wintermäntel tragen. Mehrmals taucht die Erinnerung an jene Nacht auf, in der zwei wilde Afghanenhunde auf der Farm erschienen, man sah sie mit gesenkten Köpfen, einer hinter dem anderen, immer und immer wieder das Hühnerhaus umkreisen. Dann ist da Simon, der einen schmutzigen Bademantel trägt, barfuß auf dem Boden der Krankenstation sitzt und den Arm um die Schultern eines kleinen Jungen gelegt hat. Devora hat mit Dani Schluß gemacht, weshalb der Soldat sich in Devora verliebt haben könnte, ich glaube allerdings, er verliebte sich in Sena.

Es gibt einen Augenblick, in dem er und Kim Chernin in Kim Chernins Zimmer sind. Er trägt eine schwarze Cordhose, ein schwarzgelb gemustertes Hemd, er trägt Wildlederschuhe, er hat sich einen Bart wachsen lassen. Ich vermute, er kommt schon seit Monaten immer am Wochenende zu Besuch. Manchmal kann ich einen flüchtigen Blick auf Kim Chernin werfen, die bei der Obstplantage auf ihn wartet und die Straße nach einem Auto absucht, das schnell um die Kurve fährt. Sie geht ein paar Schritte die Straße lang, kehrt wieder um, mag sein, sie weint.

Ich denke mir, daß das Schluchzen, das in all diesen Erinnerungen zu hören ist, von Devora stammen könnte, die die Arbeit in der Wäscherei aufgegeben hat. Devora ist krank geworden; der Arzt sagt, es sei eine Grippe. Mit ihrer Rückkehr nach Jerusalem wird daraus eine Lungenentzündung werden. Alle glauben, Devora ist liebeskrank, deshalb wird sie verachtet. Alle stellen mit Genugtuung fest, daß es mit der Liebe nie gut ausgeht, selbst wenn sie eine wunderschöne Frau trifft.

Die Geschichte von Dov Aviad und Kim Chernin wird sie auch mit Genugtuung erfüllt haben.

Dov Aviad und Kim Chernin sind in ihrem Zimmer. Er liest etwas an der Schreibmaschine. Dies ist eine jener stummen Erinnerungen mit den übertriebenen Gesten.

Dann hat er das Zimmer verlassen. Kim Chernin steht an ihrem Schreibtisch und wartet. Als er zurückkommt, ist Sena bei ihm. Sena geht sofort zu Kim Chernin, sie packt sie bei der Schulter.

Alle drei reden auf einmal, es ist kein Wort zu verstehen. Jetzt steht Dov etwas abseits, offenbar will er, daß die beiden die Sache in Ordnung bringen, er sieht alarmiert aus, in tiefster

Seele zerschmettert. Er sagt etwas, aber Kim Chernin ist unnachgiebig, unversöhnlich, untröstlich?

Ist sie noch nie von einer besten Freundin verraten worden?

Sie sieht alt und abgezehrt aus. Dov geht aus dem Zimmer, Sena spricht mit ruhiger Stimme, ihrem Gesichtsausdruck nach muß ihre Stimme schon ruhig gewesen sein, bevor das Gedächtnis sie abschaltet.

Dann blickt Sena sich um. Glaubt sie, Dov Aviad sei wieder ins Zimmer getreten?

Mir war bisher noch nicht aufgefallen, daß Sena sehr schön ist. Diese Frau, die vor kurzem zum erstenmal ihr Herz verloren haben muß, hat ein Gesicht, das vom Verlangen gezeichnet ist. Es gibt auch Spuren von Schuld und Schmerz. Ich denke, es ist der Schmerz, der sie schön gemacht hat.

Sie ist verheiratet, sie war Kim Chernins Freundin, ihre Beschützerin. Sie hat kein Recht, sich in Kim Chernins Soldaten zu verlieben.

Falls es das ist, was geschah.

Schlüssigkeit ist unmöglich; alles Vorher und Nachher revidiert sich ständig und versperrt so das Bekanntwerden der Geschichte. Wahrscheinlich ist der Soldat deshalb manchmal in Uniform und manchmal in Zivil, wenn er mit seinem Brief zur Obstplantage rennt und Kim Chernin sucht.

Falls er Kim Chernin fallenließ, als er sich in Sena verliebte, dann deshalb, weil er sich, nach seiner Rückkehr in jenes Zimmer, das er mit seiner Großmutter teilte, dort unten in der Stadt der Einsamkeiten zu klein für die Rolle fühlte, die Kim Chernin ihm zugedacht hatte. Er kann nur in ihrer Gegenwart an sich glauben. Genau das hat er, glaube ich, in seinem Brief an sie zu sagen versucht. Deshalb ist er gerannt und hat geweint.

Wenn er nicht bei ihr ist, weiß er, daß sie ihn nicht mehr lieben wird, wenn ihr plötzlich aufgeht, daß er nur ein kleiner Junge ist, der zu entscheiden versucht, ob er vier Jahre Schreibtischarbeit in der Armee machen oder sich für den aktiven

Dienst verpflichten soll, und daß er, wenn ein Krieg kommt, wahrscheinlich getötet wird.

Ich kenne sie. Sie hat ihm praktisch schon seit jener ersten Nacht, als er mit Gewehr und Laterne ihr Zimmer betrat, immer wieder gesagt, daß sie nie einen Brief von ihm bekommen wird, wenn er erst wieder zu Hause ist. Sie hat ihm gesagt, daß er montags und mittwochs abends nicht anrufen wird, daß sie ihn, wenn er die Farm verläßt, das letzte Mal gesehen haben wird. Früher oder später wird er sich für eine jüngere Frau interessieren, seine Mutter wird ihm niemals erlauben, bei Kim Chernin zu bleiben. Denn er ist es, der sie alle emporheben und aus der engen Wohnung in Safad befreien soll.

Ich verstehe, wieso es Sena sein mußte, eine Frau, die Kim Chernin so nahe war, daß sie fast schon zu Kim Chernin wurde, so nahe, wie eine andere Frau Kim Chernin überhaupt kommen konnte, denn ich glaube, daß der Soldat nie aufgehört hat, Kim Chernin zu lieben, er war die Sorte Mann, die nur einmal liebt. Falls er sich mit Sena einließ, dann deshalb, weil sie Lebensgröße hatte, Kim Chernin war ihm vom ersten Augenblick an immer überlebensgroß vorgekommen.

Bevor er wieder zu seinem Studium zurückkehrte, sagte er häufig: »Kann ich denn nach Kim Chernin mit einer anderen Frau zusammen sein?« Er sprach von ihr immer feierlich in der dritten Person. Das hieß für ihn, daß sie überlebensgroß war. Ich sehe sie eher als ein Geschöpf. Ich setze sie in die dritte Person, um sie mir vom Leibe zu halten, falls sie einen Weg findet, wie sie ihr Grab verlassen und mich wieder in Besitz nehmen kann.

Wenn er sich mit Sena einließ, dann deshalb, weil er ihr in einer Sprache schreiben konnte, die ihm vertraut war, in Hebräisch. Das könnte der Brief gewesen sein, den Boaz fand und der den Streit zwischen ihm und Sena auslöste, bei dem er Sena vor dem Eßsaal schlug, während Kim Chernin zusah. Es könnte der Brief gewesen sein, der schließlich zu der Auseinandersetzung zwischen Dov Aviad und Boaz führte. Es macht nichts, daß ich kein Wort von dem verstehe, was sie sagen. Ich weiß, daß Boaz etwas von Verrat brüllt. Seinem Gesicht nach zu urteilen, scheint Dov allem zuzustimmen. Zu der Zeit hat Dov einen Bart und jene dunklen Schatten unter den Augen, mit denen Kim Chernin ihn für lange Zeit in Erinnerung behält. Sein langes Haar und der gehetzte Ausdruck, den manche Menschen attraktiv finden, haben Mitstudenten häufig zu ihm sagen lassen, er sehe aus wie Jesus. Es war nicht als Kompliment gemeint. Er hat auch keines herausgehört.

Jedes Bruchstück, jeder verkohlte Strang in jeder einzelnen dieser Erinnerungen ist durchsetzt von Verrat. Wenn Kim Chernin hätte weinen können, sie hätte sich die Augen ausgeweint. Doch die Tränen stammen immer von Devora, die, allein in ihrem Zimmer, unfähig aufzustehen, von allen verachtet, nicht einmal mehr von Kim Chernin besucht wird.

*D*ie Menschen sterben an dem, was sie nicht begreifen können. Ja, das tun sie. Kim Chernin starb daran, daß sie nicht begreifen wollte, daß man sich Menschen nicht selber zusammenstricken und erwarten kann, daß sie einen auch dann noch lieben, wenn man nicht mehr da ist, um sie zu erfinden.

Jedenfalls glaube ich das.

Es war Sena, die sie zum Flugplatz brachte und ihr eine Pralinenschachtel von Dov Aviads Mutter überreichte. Sie schenkte Kim Chernin ein Foto von Dov Aviad mit Bart. Trotz allem wollte er, daß Kim Chernin ihn in Erinnerung behielt. Sena versucht vernünftig mit ihr zu reden. Das ist zumindest mein Eindruck. Kim Chernin geht in dem überfüllten Warteraum auf und ab, starrköpfig bis zum letzten Moment, nicht bereit, Sena zu verzeihen.

Es gibt kein letztes Treffen mit Dov Aviad. Es hätte keinen Grund für ein letztes Mal gegeben, sie war auf ein Wiedersehen eingestellt, bei dem er sie um Verzeihung bitten und ihr sagen würde, wie sehr er sie trotz allem liebt.

Er hätte dann alles noch einmal erklären müssen – daß sie überlebensgroß, zu hoch für ihn ist, daß er das Gefühl nicht ertragen kann, das ihn überkommen wird, wenn sie ihn eines Tages nackt und bloß vor sich hat und entdeckt, daß er nicht der Mann ist, den sie sich ausgedacht hat.

Diese Dinge werden nun schon seit über zwanzig Jahren mit schriller Stimme ständig wiederholt.

Als der Flug aufgerufen wird, versucht Sena sie zu umarmen. Kim Chernin wendet sich schnell ab, ein- oder zweimal schaut sie über die Schulter zurück. Sena steht hinter der Absperrung und sieht ihr nach, dann sagt sie etwas zu dem Sicherheitsbeamten, der schüttelt den Kopf, sie geht trotzdem an ihm vorbei, sie holt Kim Chernin ein, die zuschaut, wie ein Soldat akribisch in der Pralinenschachtel herumstochert und nach versteckten Messern sucht.

Ich weiß nicht, wie lange Kim Chernin noch in Israel blieb, nachdem sie den Kibbuz verlassen hatte. Eines Nachts sitzen sie und Devora irgendwo auf Kim Chernins Bett und weinen; sie halten sich aneinander fest, eine verzweifelter als die andere, Devoras langes Haar fällt über Kim Chernins Schulter. Devora wird Kim Chernin wohl verziehen haben, daß sie so nachlässig geworden ist. Devora war von der Art.

Deshalb kann es nicht Devora gewesen sein, die etwas mit dem Soldaten anfing, es muß Sena gewesen sein. Sena winkt immer noch, obwohl Kim Chernin schon das trostlose, schmale Stück zwischen diesem Land, das sie sich als Kind zusammengeträumt hat, und dem kurzen, verzweifelten Leben, das bald ein Ende haben wird, durchquert hat.

Schau zurück, Kim Chernin. Du wirst diese Frau niemals wiedersehen.

Ganz plötzlich muß alles zu viel gewesen sein, sie hatte den Traum von der Farm verloren, das Kollektiv, das um sie herum hätte gedeihen sollen, die Kinder, deren Geburt sie nun nicht erleben würde, das neue Baby, dessen Aufwachsen an der Grenze sie nicht mehr beobachten konnte. Ich glaube, der

Junge wurde ein oder zwei Tage, bevor Kim Chernin den Kibbuz verließ, geboren.

In Schottland wohnt Kim Chernin in einem Haus am Bach, gegenüber dem strohgedeckten Haus, in dem ihre Freunde David und Margo mit ihren fünf Kindern wohnen. Das muß Boar Hills gewesen sein, wohin Kim Chernin eingeladen worden war, bevor sie nach Israel fuhr. Die meiste Zeit sitzt Kim Chernin an einem Tisch neben dem Fenster und schreibt.

Ich glaube, sie ging morgens zum Meer hinunter, es muß bitterkalt gewesen sein, mit Wind über dem Wasser; sie trug keine Jacke, wieso hätte sie daran denken sollen, eine Jacke anzuziehen?

Sie war barfuß, wieso hätte sie die Steine auf dem Weg bemerken sollen?

Ich glaube nicht, daß sie bis ins Meer hinaus ging. Ich glaube, sie spazierte auf dem schmalen Sandstreifen zwischen den Felsen am Ufer hin und her, ohne Mantel, sie hatte seit Tagen weder gegessen noch geschlafen, wie viele es waren, weiß ich allerdings nicht.

Mag sein, daß sie damals ihre Erinnerungen durchging – sie zerpflückte, verbrannte, auftrennte, zerriß, falsche Beweise aufstellte –, wahrscheinlich hatte sie da schon vor, mich zu täuschen.

Ich würde nicht behaupten wollen, daß sie vor Scham starb. Daß sie zweimal verraten wurde, wäre für sie kein Grund zur Verzweiflung gewesen. Sie war fest davon überzeugt, daß Liebe zu so etwas führt, wenn man sie lange genug zurückverfolgt, bis zu ihrer ältesten Geschichte, dem Vater, der dich ganz zu Beginn verrät. Niemand geht viel weiter als bis dahin.

Ich glaube, sie ging so lange, bis sie nicht mehr weiter ging. Zu dem Zeitpunkt näherte sich die Flut. Am späten Morgen überspülte das Meer häufig die Felsen, zwischen denen sie umherspaziert war. Wenn ich einen klareren Kopf gehabt hätte, hätte ich mich sofort umgeschaut. Ich hätte mir den Punkt gemerkt, ihre Fußspuren im Sand zurückverfolgt. Ich hätte Kim

Chernin auf irgendeine Weise verabschiedet. Ich fand es kalt, als ich ohne Jacke vom Strand zurückkehrte. Dann kam die Freude, in ihrer reinen Form nur für diesen einen Augenblick, sie war untergegangen, war für immer gegangen, das Unvorstellbare war geschehen, Kim Chernin war tot.

Mich überraschte das Salz an meinen Lippen. Ich fragte mich nicht, wieso Kim Chernin fort war. Vielleicht war sie bis an den äußersten Rand gelangt, jeder hat einen. Ich stolperte die Felsen hoch, auf Beinen, die ich nicht bewohnte. Knöchel, Handgelenke, alle Gelenkverbindungen konnten jeden Augenblick auseinanderfallen. Ich hätte auf dem Weg verteilt werden können, unfeierlich in die Gegend gestreut. Es kostete Willensanstrengung, sogar wütende Konzentration, mich zusammenzuhalten.

Diesen Körper, den ich geerbt hatte, seine unbekannten Geschichten, geschwollenen Hände, vielleicht starb sie an gebrochenem Herzen. Sie war die Sorte Frau, die jung stirbt, auch wenn sie schon zu alt ist, um jung zu sterben. Vielleicht hat dieser Körper schon unzählige Leben beherbergt. Komische kleine Hopser, eckige Verrenkungen, bange Gefühle, Zitteranfälle, Gezeiten des Ertrinkens in meinen Ohren, jemandes Schmerz, der sich an mich heftet. Sie starb, als eine neue Liebe nicht mehr so gut wie jede andere war, als die Aufeinanderfolge unterbrochen wurde, als Dov sich nicht durch eine andere Person ersetzen ließ. Daran zerbrach sie. Ja, daran zerbrach sie. Als Kim Chernin sich selber an den Rand von Boar Hills führte, muß sie gewußt haben, daß die Liebe sie zermürbt hatte. Warum nicht? So was passiert.

Ich, die ich danach kam, unwichtig, die Überlebende, ich hielt durch, so gut ich konnte. Kälte, die durch kalte Schultern wandert. Fingerspitzen, die nicht wissen, ob sie lebendig sind. In weiter Ferne eine fast vergessene schreckliche Gewißheit. Das war Hunger. Vielleicht ist es verboten, Liebe herbeizurufen, die nicht erwidert werden kann. Vielleicht darf die Liebende nicht ihre eigene Verwandlung am meisten lieben. Kim

Chernin glaubte, Liebe sei jenseits des Gesetzes. Vielleicht irrte sie sich.

In meinen Fingern verebbte eine purpurne Flut. Damals setzte ich mich nicht mit diesen Dingen auseinander. Das Leben ist widerständig, wenn es von neuem erwacht. Vielleicht gab es für Kim Chernin keine Grenze mehr, die sich überschreiten ließ. Sofern nicht der Tod eine Grenze ist. Kann man sich dem Tod entgegenwerfen, als wäre auch das eine Überschreitung?

Damals, als ich vom Meer zurückkomme, wo sie sich zu Tode spaziert hat, und die Felsen mir die Füße zerschneiden, bin ich es, die den Mann mit hellbraunem Haar erblicken muß, der mir auf dem Weg entgegenkommt.

Seine Augen verraten ein Widererkennen. Ich falle in seine Arme, weil ich mir denke, daß er der Mann sein muß, der sie liebt. Ich bin in seinen Armen, da ist es sicher. Ich bin es, Kim Chernin ist tot. Ich trage ihre grüne dreiviertellange Hose und die Arbeitsschuhe, die sie von der Farm mitgenommen hat, obwohl sie sie hätte dalassen sollen.

Ja, ich falle ihm in die Arme, als hätte ich das schon früher getan. Er scheint zufrieden, ich bin die Frau, wegen der er gekommen ist. Er hat einen Bart aus weichem seidigen, blonden Haar. Es kratzt nicht an meiner Wange, als er sich herunterbeugt. Er ist sehr groß, ein schlanker Mann auf langen Beinen, doch er erinnert mich nicht an den Soldaten.

Während wir fortgehen, schaue ich einmal zurück. Ich sehe Kim Chernin nicht. Die Flut kommt gerade, sein Arm drückt mich so fest, daß ich kaum gehen kann. Er riecht gut, ich denke, daß ich ihn mögen werde, wenn ich ihn näher kennenlerne. Es war um seinetwillen, daß ich damit begann, Kim Chernins Erinnerungen zu sammeln. Ich wollte nicht, daß er herausfand, daß die Kim Chernin, die er geliebt hatte, für immer verloren war.

Er spricht von Kim Chernins Tochter, an die ich mich erinnere. Ein kleines Mädchen, das Larissa heißt, die Erinnerung an sie hat Kim Chernin nicht mit sich genommen. Wieso sollte sie das auch? War ich nicht als Larissas Mutter vorgesehen?

Eine Frau von der Post winkt. Sie ruft Margo etwas zu, sie sagt, sie hat uns gefunden, wir kämen gerade vom Meer zurück.

Ein kleines Mädchen kommt uns entgegengelaufen. Ist das Larissa? Ich dachte, Larissa sei blond. Dieses Mädchen ist dunkel. Die Frau von der Post nennt sie Jessica, als das Kind an ihr vorbeisaust und sich mir in die Arme wirft.

Ich weiß, wer sie ist. Sie ist Davids und Margos älteste Tochter.

Wenn Kim Chernin bis zum Sommer durchgehalten hätte, hätte sie den Soldaten wiedergesehen. Er kam und wollte sie sehen, aber da war ich schon an ihrer Stelle zurück nach Kalifornien gefahren.

Er hielt bei der Post, um nach dem Philosophieprofessor zu fragen, der fünf Kinder hatte (diese Geschichte wurde mir später von Margo erzählt). Die beiden Ältesten waren in der Post, sie nahmen ihn mit nach Hause, an der Tür erzählte er dem großen Mann mit dem ergrauenden Haar, wer er war, man gab ihm einen Platz zum Bleiben im Garten, einen umgebauten Schuppen, der sogar im Sommer kalt war, obwohl es eine Paraffinheizung gab und einen Daunenschlafsack.

Dov Aviad wohnte einige Wochen lang bei David und Margo und sprach über Kim Chernin. Im Herbst würde er zur Armee gehen. Er hatte sich für zwei Jahre aktiven Dienst verpflichtet. Zu dem Zeitpunkt wußte er es noch nicht, aber in weniger als einem Jahr würde Krieg sein. Auch wenn er es gewußt hätte, er hätte sich trotzdem gemeldet.

Aus seinem Verhältnis mit Sena wurde nichts weiter, sie bekam zwei oder drei Jahre später einen Sohn, das war, bevor Boaz sich mit einer der Freiwilligen einließ, die im Sommer zum Apfelpflücken gekommen war. Sena ließ sich scheiden. Ich habe nie wieder etwas von Boaz gehört.

Ich vermute, Dov Aviad war gekommen, um mit den letzten zwei Menschen zu reden, die Kim Chernin lebend gesehen hatten. Oder glaubte er vielleicht, daß er nach ihrem Tod groß genug war, um von ihr geliebt zu werden?

Sie stellte sich vor, daß unpersönliche Kräfte auf die Menschen einwirken, deren Einfluß über den individuellen Willen, die persönliche Entscheidung hinaus reicht. Dies (dies) schien sie zu begeistern. Möge dies ihre Grabinschrift sein.

Sie konnte lieben, abwerfen, lieben, verlassen, immer im Namen der Selbsterfahrung. Als wäre das geliebte Wesen nie mehr als ein wandelndes Fragment ihres Selbst, als bräuchte menschliche Intimität keine weitere Begründung.

Eine verwegene Ansicht, wenn man mich fragt, kein Wunder, daß sie daran starb.

Wenn Kim Chernin gesehen hätte, wie ich vom Meer zurückkam, hätte sie mich *Die-da* genannt. Es wäre ihr nie in den Sinn gekommen, daß *Die-da* zusammen mit Kim Chernin untergehen würde. Sie und *Die-da* waren die zwei Seiten der Medaille, man kann sie hochwerfen, beliebig verdrehen, es werden immer beide herunterfallen. Ich als die Überlebende habe dieses Dilemma geerbt. Wer Kim Chernins Briefe liest, wird begreifen, was ich meine.

Kim Chernin hätte vor ihrem Tod noch eine Chance erhalten sollen. Sie hätte die Gelegenheit haben müssen, ihre eigene Version zu erzählen. Ich, die ich danach kam, hätte viel lieber früher erfahren, was ich erst dann herausfand, als ich Kim Chernins Briefe las. Wenn es anderen schon Mühe macht, sich an dieser späten Stelle der Geschichte an eine neue Stimme zu gewöhnen, läßt sich leicht vorstellen, wie ich mich fühlte, als die Briefe nach zwanzig Jahren auftauchten, als ich längst dachte, Kim Chernin sei für immer verstummt.

Als ich daran ging, Kim Chernins Erinnerungen sinnvoll zu ordnen, hatte ich vor, sie auszulachen, sie nicht allzu ernst zu nehmen, auf die Fallen achtzugeben, die sie mir stellte. Ich kam nie auf die Idee, daß ich meinen Sinn für Humor verlieren würde, jene Eigenschaft, die mich seit jeher auszeichnet und von Kim Chernin und *Die-da* unterscheidet.

Das geschah, als der Soldat sich verliebte. Plötzlich schien die Serie von Katastrophen, die sie in Gang setzte, nicht mehr komisch. Von dem Augenblick an, da er auftauchte, konnte ich ihre Kapricen nicht mehr auf die leichte Schulter nehmen. Du glaubst, du wüßtest, wen Kim Chernin liebte? Du glaubst, du wüßtest, wem sie Tag und Nacht schrieb, bevor sie an der Küste Schottlands aus der Welt spazierte?

O ja, Kim Chernin hat wahrhaftig als letzte gelacht. Hör nur!

Der Tod von Kim Chernin

Geschrieben in Boar Hills, Schottland
Februar 1972

4. Februar, morgens früh

Geliebtes Wesen!

Ja, Du. Mein!

Trotz allem.

Vor fünf Tagen haben sie mich kurz nach Mitternacht geweckt, ich sollte zum großen Haus kommen, ein Anruf aus Israel, sagten sie, Du hast mich angerufen trotz der unmöglichen Zeit, Du mußt gewußt haben, wie spät es hier war. Weil Du wolltest, daß ich zurückkomme, weil Du verlangtest, daß ich das nächste Flugzeug nehme. Was wäre passiert, wenn ich gekommen wäre? Hättest Du in der Zwischenzeit Deine Meinung geändert? Wenn in dieser Hütte ein Telefon wäre, hättest Du mich in der ersten Zeit Tag und Nacht angerufen. Du wußtest, daß ich jedesmal geholt werden mußte, egal zu welcher Tageszeit, immer hätte der Hausgehilfe geschickt werden, hätte losrennen müssen, ich hätte in meine Farmstiefel und die Arbeitshose schlüpfen müssen und in den blauen Pullover, den Du mir geschenkt hast, bevor ich abfuhr, das sind die einzigen Sachen, die ich noch besitze, weil ich nichts anderes tragen möchte, wenn ich Dir auf Wiedersehen sage. Alles andere ist weg. Soll es nur. Ich will nicht, daß sie meine Kleider finden oder meine Bücher oder die Bilder von Dir oder Deine Briefe, Du hast doch nicht vergessen, daß Du mir schon Briefe geschrieben hast, bevor ich überhaupt daran dachte, die Farm zu verlassen?

Du hast mich vor fünf Tagen angerufen, ich habe ins Telefon geflüstert, Du konntest mich nicht hören, Du hast gesagt, ich soll schreien. Schreien, während die Leute vom großen Haus nebenan wach in ihren Betten liegen? Schreien, daß ich zurückkomme, ja, jetzt sofort, noch in der Nacht, am nächsten Tag?

»Hör zu«, hast Du geschrien, »ich sage es in meiner eigenen Sprache. Ich will, daß Du zurückkommst. Beweist das nicht, daß ich es ernst meine?«

Diesmal hättest Du mir einen Brief schreiben sollen. Wenn

Du nicht gewagt hast anzurufen, wieso dann diese Stimme ohne Körper, die vom ewigen Wiederholen schon schrill geworden ist? Ich spiele das Band bis zu Ende. Ich spule es zurück. Ich lasse es wieder von vorne laufen.

Du hast oft zu mir gesagt: »Ich bin gespannt, wie lange es dauert, bis Du aufhörst, mir zu schreiben.«

Ich, aufhören, Dir zu schreiben?

Das hast Du gesagt, bevor wir überhaupt ahnten, daß wir uns trennen müßten.

Du hast gesagt: »Schon als ich Dich das erstemal sah, konnte ich mir vorstellen, daß ich gezwungen sein würde, Dir für immer Lebewohl zu sagen.«

Ganz offensichtlich hast Du das vergessen!

Oder angenommen, wir haben einander ausgesucht, um zu leiden. Das zu fühlen, was wir sagten, war verboten. Wieso verboten? Damit wir uns schon von Anfang an auf unseren Verzicht vorbereiten konnten?

Du warst es, die mir schrieb, bevor ich fortging. »Deine Hand, die die Linie meiner Hand erforscht, ist wunderschön, ihre Schönheit ist nicht von dieser Welt.«

Du hast mir in hebräisch geschrieben; das war ein Zeichen, daß Du jedes Wort so gemeint hast.

Ich sehe Dich in meinem Zimmer stehen, ohne Deinen blauen Pullover, nicht nur einmal, Du knöpfst Deine blauen Jeans zu, barfuß an einem späten Winternachmittag, am offenen Fenster.

Habe ich gesagt, Du solltest in mein Zimmer kommen? Wenn ich in Dein Zimmer gekommen wäre, hätte ich Dir etwa aus dem Prediger Salomo vorgelesen? Hätte ich Dich gegen das Fenster gestoßen, Deinen Kopf zurückgebogen, Dir in die Augen gelacht und gesagt, daß wir uns nie mehr sehen werden?

Und nun wunderst Du Dich, daß ich verwirrt bin, daß ich immer noch warte, daß ich Dir nie glaube, wenn Du sagst, es sei vorbei. Endet so die Liebe? Ist das ein Ende?

Einmal hast Du mir gegenüber gesessen. Ich weiß noch, daß Du auf meinem Bett unter dem Foto meiner Tochter gesessen hast, mit einem halben Lächeln genau wie sie, mit demselben Ausdruck eines Menschen, der zu früh zu viel gesehen hat, so als hätte ich auch Dich unglücklich gemacht, als ich Dich verließ. Dann geschah es, daß ich vor Dir auf die Knie fiel.

Ich hatte Dir da schon die Geschichte mit der Eule erzählt. Ich sah sie, als ich einmal in den Wäldern beim Wasserfall von Tamalpais (Du hast Tamalpais auf der ersten Silbe betont, als wäre es ein arabisches Wort) spazierenging.

Ich machte einen Spaziergang, die Eule kam völlig überraschend, sie saß auf dem Baum über mir, am hellichten Tag, auf einem niedrigen Ast, über meinem Kopf. Ich hatte Dir erzählt, daß ich mich schon mein ganzes Leben lang danach gesehnt habe, auf die Knie zu fallen. Du sagtest: »Weil Du dasselbe Gefühl bei mir hast wie bei der Eule?«

Wenn ich Dich küßte, in jenen Tagen, als Du es warst, die zu mir ins Zimmer kam, hast Du Dich immer entzogen, Du sagtest dann: »Ich glaube, es wäre Dir recht, wenn Du mich ewig so weiter küssen könntest.« Als ich Dich einmal zu mir aufs Bett zog und Dich stürmisch umarmte, sagtest Du: »Ich komme mir vor, als ob Du mich besitzen wolltest.« Du sagtest: »Ich mag das.«

Du hast in dem Gebäude nebenan gewohnt. Von meinem Fenster aus konnte ich die Fenster Deines Zimmers sehen. Die ganze Nacht lang zwang ich Dich mit meinen Gedanken, zu mir zu kommen, die paar Schritte von Deinem zu meinem Haus zu gehen, in eine Decke gewickelt oder in dem roten Nachthemd, damit ich Dich ausziehen könnte.

Da stand ich also. Warum nicht? Du warst zu der geworden, deren Berührung aufweckt, in den Schlaf wiegt, Entscheidungen herbeiführt, Dinge heraufbeschwört, zur Ruhe bettet; zu der, ohne die, ohne die es undenkbar ist. Einmal hast Du zu mir gesagt: »Es ist herrlich. Unsere Liebe ist herrlich. Wir sind zwei Frauen, die einander lieben. Das ist alles.«

Der Ofen hatte eine bernsteinfarbene Heizspirale, wir ließen das Fenster offen wegen des Paraffins, Du willst offenbar, daß ich dieses bestimmte Halbdunkel vergesse, das Dich plötzlich zerbrochen hat.

Jetzt sagst Du mit dieser harten, monotonen Stimme, die Du neuerdings hast: »Wieso redest Du dauernd von Schmerz? Bevor ich Dich kannte, habe ich keinen einzigen Tag in meinem Leben gelitten.«

Ich glaube, genau das bedeutet vergessen.

Soll ich denn auch vergessen? Soll ich jene Momente vergessen, bevor ich wegfuhr, bevor Du kamst, um Dich zu verabschieden, weil Du mich fortschicken wolltest?

Wenn Du der Mensch bist, der jene Frau vergessen hat, die mich liebte, wer war dann jene Frau?

4. Februar, abends

Ich bin mit Jessica über die Brücke gegangen. Sie ist eine Woche vor Larissa geboren, im selben Krankenhaus in Dublin, in einem Zimmer neben dem, in dem ich landete. Als sie beide sieben Monate alt waren, nahmen wir sie mit nach Cornwall, ließen sie in ihren Tragebettchen zurück, die hoch oben zwischen die Felsen geklemmt waren, und kletterten weiter unten in den Bergen herum.

Ich habe immer gewußt, daß sie es sein würden, die mich aufnehmen, wenn ich einmal verzweifelt bin. Heißt das, ich bin verzweifelt?

Ich weiß, daß es Dir egal ist, ob ich verzweifelt bin oder nicht. Weshalb sollte es also für mich wichtig sein?

Wir überquerten die Brücke, die auf die Weide mit dem Bullen führt, vor dem Jessica Angst hat. Sie möchte gern über die Weide rennen, aber ihr Vater hat ihr befohlen, langsam zu gehen. Von meinem Häuschen kann man ihr Häuschen sehen, weiter unten am Ufer, auf der anderen Seite der Brücke hinter der Weide. Kurz nachdem es hell wird, steigt Rauch über dem Dach auf, das ist David, der früh aufgestanden ist, um die Zwillinge für die Schule fertig zu machen. Dann fährt er mit dem Rad nach Saint Andrews, um Vorlesungen an der Universität zu halten.

Eine halbe Stunde später fuhrwerkt Margo mit Rachel herum, die ständig ißt. Jessica ist diejenige, die mich jeden Morgen abholt. Wenn ich zur Ruhe kommen könnte, wenn ich hübsch in meiner Haut bleiben und meine Gedanken bremsen könnte, wenn ich aufhören würde, an Dich zu denken, dann hätte ich hier ein Heim. Larissa könnte mit den Kindern zur Schule gehen und die Pausenbrote mitnehmen, die Margo aus selbstgebackenem Brot zurechtmacht.

Heute morgen habe ich mich von hier entfernt, ich bin zurück zu Dir gegangen. Es passierte an der Brücke, als wir die Weide betraten, wo der Bulle grast. Ich bemerkte, daß der Boden überfroren war, als ich den freien Platz zwischen unseren Häusern überquerte, an dem Tag, als es dann schneite. Ich ging Dir zwei Schritte entgegen, Du kamst gerade, um nach mir zu sehen, und damals waren wir noch nicht mal ein Liebespaar.

Ich habe über den Tag nachgedacht, als ich die Farm verließ. Devoras Vater fuhr uns nach Jerusalem. Ich wußte, es gab keine Hoffnung, Dich wiederzusehen, Du hattest mir schon aus dem Prediger Salomo vorgelesen. Es taute seit Tagen. Eine rote Blume wuchs aus dem Schnee hervor. Devoras Vater stieg aus, um Fotos zu machen.

Ich stieg aus dem Wagen, ich schaute die Blume an, die Du mir gezeigt hattest, als wir eines Nachmittags gemeinsam spazierengingen. Ich wollte sie ausreißen, plötzlich hupte es, ich sah hoch, Du warst da und winktest mir zu, obwohl er hinten im Wagen neben Dir saß. Ich sah Dein Gesicht, das sich von mir entfernte, das traurigste Gesicht, das ich je gesehen habe, und dann warst Du fort.

Ich habe Angst, Dich zu verlieren, weil es nach Dir vielleicht keine Wildheit mehr geben wird. Vielleicht vergesse ich mich selbst so, wie Du immer befürchtet hast, daß ich Dich vergessen würde, sobald Du aus meinem Zimmer warst.

Stell Dir vor, ich wäre dort in meinem Zimmer, stell Dir vor, Du würdest mich mit diesem harten, kalten, argwöhnischen Blick anschauen, den ich vor Augen habe, wenn ich mir Dein Tonband anhöre. Weißt Du noch, daß Du es warst, die nach Sarid kam, nachdem Du mich von der Farm weggeschickt hast? Ich hatte auf Dich verzichtet. Warum also mich wegschicken? Weil Dir die Art, wie ich Dich anschaute, Angst machte. Angst wovor?

»Eines Tages wirst Du aufwachen, Kim. Und wo werde ich dann sein? Soll ich Dir dann Briefe schreiben, die Du nicht mehr liest? Dich anrufen über einen Apparat, an dem Du nicht wartest? Du schläfst im Stehen, niemand kann sich Dir auf zehn Schritte nähern, ohne in einen Traum verwandelt zu werden. Ich spüre, wie mir das passiert, wenn ich Dein Zimmer betrete. Die Macht Deines Traums verwandelt mich in etwas, das nur Dir gehört. Das gefällt mir nicht.«

Einen Traumsoldaten hatte ich schon, ich wollte Dich nicht zum Träumen, niemand kann sich mir auf zehn Schritte nähern, ohne in einen Traum verwandelt zu werden? Ich wollte Dich wegen der endlosen Quadratmeter roter Erde, die Dich begleiteten, wo immer Du hingingst, das war es, was ich anfangs wollte, und weil die neue Scheune schon zwischen Deinen Fingern emporwuchs, wenn Du bei Gemeinschaftssitzungen unsere Zukunft beschriebst. Ich wollte Dich als die fest verwurzelte Person, die Du warst, mit beiden Beinen auf dieser Erde.

Ich weiß, wer es herausbekam. Ich weiß es, weil ich merkte, wie er mich in der Obstplantage beobachtete, er ließ mich nicht aus den Augen, er beobachtete uns, wenn wir ins selbe Zimmer gingen, er sah alles, was wir vor uns selber verbargen. Er war schon an jenem ersten Abend im Gesellschaftsraum mein Feind, als er für Recht und Ordnung plädierte und dabei die ganze Zeit Boaz anschaute. Wären wir vielleicht immer noch zusammen in Araht, wenn er nicht gewesen wäre? Was gab es denn zu verlieren? Unsere gesellschaftliche Stellung, Deinen guten Namen?

Wir sind nicht die ersten, irgendwo sind sicher auch andere zusammen, vielleicht ein Dutzend Kilometer von hier, auf ihren kleinen Farmen im Hochland. Vielleicht auch in engen Wohnungen in einer Seitenstraße von Tel Aviv? Warum nicht in Jerusalem? Glaube mir, wir sterben sonst; Du langsam, Jahr um Jahr, in den Armen eines Mannes, den Du nicht liebst und nicht bewundern kannst, in einer Welt, in der Du nicht studieren wirst, was Du möchtest. Ich ertrage den Gedanken nicht, daß Du in einem Kibbuz dahinkümmerst, der nicht gedeihen wird. Wie sollte er auch, ohne Simon, ohne Devora, ohne mich? Er wird sich vergrößern, sagst Du, eines Tages wird er sein eigenes Schwimmbad besitzen.

Ich spule das Band zurück, bringe es zum Schweigen, horche auf Deine Stimme, die von den Steinwänden widerhallt. Ich kann machen, daß Du rasend schnell redest, als würdest Du verzweifelt versuchen, noch alles zu sagen, bevor ich Dich abschalte. Ich kann Dich immer langsamer stellen, bis Du schließlich brummst, als müßte Dir jedes Wort aus der Nase gezogen werden. Du sagst, ich sei unbekümmert, ich sei egoistisch, ich hätte Dich überrumpelt, Du sprichst von mir, als wäre ich eine Zauberin, die Leute verhext.

War es gedankenlos von mir, daß ich wegging? Als ich eine Zeitlang bei Devoras Familie in Jerusalem wohnte, fand ich mich in den Straßen nicht zurecht. Zwischen Kirchtürmen und Minaretten und überall an den Stadtmauern suchte ich Dich in Jerusalem. Ich muß da schon gewußt haben, was passieren würde. Ich wußte, daß der Frau, die ich liebte, nicht mehr viel Zeit blieb.

Ich bin in diese Welt zurückgekehrt, wo ich nicht von einer Straße zur nächsten finde. Das habe ich für Dich getan. Auch hier, in diesem schottischen Dorf, gibt es nicht mehr als ein Dutzend Häuser, ein kleines Postgebäude mit einem Lebensmittelladen und ein halbes Dutzend Wege, die an Steinhütten vorbei zum Meer hinaus führen.

Ich ging aus dem Kibbuz fort und ging nach Jerusalem, ich

ging aus Jerusalem fort, weil die Straßen angefangen hatten ineinanderzustürzen. Ich ging nach Sarid. Devora kam mit mir, weil sie nicht glaubte, daß ich allein reisen könnte.

Wir wohnten in einer kleinen Pension. Mitten in der Nacht wachte ich von meinem eigenen Weinen auf, Devora kam zu mir herüber und nahm mich in die Arme. Warum warst Du nicht da? Am Morgen wußte ich, daß ich nicht bleiben konnte. Der Kibbuz war zu groß. Ich kam nicht mehr mit den Wegen zwischen den Feldern und den Gärten zurecht, deshalb ging ich fort. Devoras Vater kam uns abholen. Sie suchte meine Sachen zusammen und warf sie auf den Rücksitz des Wagens. Ich ging hinter ihr her, ich hielt mich mit den Augen an Devoras Füßen in den blauen Turnschuhen fest, die vor mir durch den Staub gingen.

Plötzlich hattest Du mich in die Arme genommen. Du warst da, Du warst von Araht gekommen und drücktest mich, wie alte Freunde es wohl täten, umarmtest mich zum ersten Mal in der Öffentlichkeit.

Wir stiegen ins Auto, Devoras Vater fuhr uns zu einer Schule auf dem Berg Carmel, wo Devoras Schwester Schülerin war.

Erinnerst Du Dich noch an jenes Mädchen? An meinem letzten Tag werde ich mich nicht an Dich, nicht an Dov, nicht an Simon, nicht an Devora, nicht an den Weg zu den Ruinen, nicht an das Tal oder die grasenden schwarzen Schafe erinnern. In meiner letzten Stunde werde ich unerschütterlich vor Augen haben, wie jenes Mädchen Miriam angelaufen kam, wie sie hüpfte und tanzte und sprang und hopste, direkt in Devoras Arme.

Es kam uns so vor, als sei sie eine kleinere, weniger schöne Ausgabe von Devora und auf eine Weise lebendig, wie sie viel älteren gar nicht mehr möglich ist. Devora und ihr Vater standen unten an der Treppe. Sie sprang an ihrem Vater hoch und schlang die Arme um seinen Hals. Sie nahm sie beide an die Hand und flüsterte ihnen verschwörerisch etwas über die Mädchen zu, die sie für den Ausflug eingeladen hatte. Sie beäugte uns auf dem Rücksitz und war erleichtert, daß wir nicht mitkamen.

Wir hatten vor, den Tag in ihrem Zimmer zu verbringen. Sie sprang vorne auf den Sitz und plapperte hebräisch mit Dir, hakte sich bei uns ein, als wir schnell über den Flur in ihr Zimmer gingen, und rief die Freundinnen, denen wir begegneten, mit Namen an. Als sie aufbrach und die Tür hinter sich zugeschlagen hatte, wußten wir einander nichts zu sagen. Nur wenige Schritte trennten uns, der helle Funke ihres kurzen Auftritts hatte uns glauben lassen, daß auch wir eine Zukunft haben könnten. Doch dies war das Zimmer eines Schlußpunkts, der letzte Ort, an dem wir je miteinander allein sein würden.

Wir hatten nur diesen Tag, sechs Stunden, drei Stunden blieben uns noch. Wir saßen minutenlang nebeneinander auf Miriams Bett und lauschten unserem Schweigen. Du beugtest Dich zu mir, wolltest mich küssen, ein junges Wesen steckte den Kopf duch die Tür, ich entzog mich Dir.

Meine Angst, als Du alle Ängstlichkeit verloren hattest, daß ich Dich an diesem Tag, da ich Dich zum letzten Mal sah, nicht in meinen Armen halten würde.

Du lachtest. Dir machte es nichts mehr aus, was die Leute denken würden. Als wir wieder mit Devora und ihrem Vater im Auto saßen und Dich zum Bus brachten, legtest Du Deine Arme um mich. Du flüstertest mir ins Ohr. Ich saß still und zählte die Sekunden, bis ich Dich nicht mehr sehen würde, so als führten wir nur aus, was längst schon vorauszusehen, schon beschlossen war.

Es war dann doch nicht unsere letzte Begegnung. Ich hatte Dov gebeten, nicht mit mir zum Flughafen zu kommen; ich hatte mich von Devora schon auf der Straße vor der Wohnung ihrer Eltern verabschiedet; ich stieg aus dem Taxi und ließ meine Tasche mit Deinen Fotos und den Briefen liegen, die Du schon geschrieben hattest, bevor ich den Kibbuz verließ. Vielleicht habe ich gehofft, daß Deine Vergangenheit Dich eines Tages, nach einer wilden Irrfahrt durch Dein Land, einholen würde.

Ich hatte gelernt, nur noch darauf zu achten, wie meine beiden Füße immer einen Schritt vor den anderen setzten. Ich hatte gelernt, meine Schritte zu zählen, um den Abstand von hier nach da zu berechnen, als Du plötzlich da warst und mich in die Arme nahmst. Es war das zweite Mal und legte den Grund für eine Hoffnung, eine Erwartung. Vielleicht halte ich mich Tag und Nacht wach, um jenen Punkt absoluter Verzweiflung zu erreichen, an dem Du erscheinst, um mich in die Arme zu nehmen.

An jenem Tag hast Du öffentlich meine Hand gehalten. Wir gingen in der Wartehalle des Flughafens auf und ab und hatten die Arme umeinandergelegt. Ich bot Dir eine Praline aus der Schachtel an, die Dov Aviads Mutter mir mitgegeben hatte. Du sagtest: »Es ist jetzt über Pralinen hinaus.« Wir schauten einander an und versuchten herauszubekommen, wer von uns die andere zurückhalten würde, wer sich weigerte, die andere gehen zu lassen. Du umarmtest mich und küßtest mich auf beide Wangen. »Sie werden glauben, daß wir Schwestern sind«, sagtest Du.

Ich küßte Dich auf die Lippen. »So sagen Schwestern auf Wiedersehen.«

Wir lachten beide nicht, Du starrtest mich an, als wolltest Du sehen, ob ich es noch einmal wagte. Ich tat es.

Ich war es, die am besten geliebt hat. So viele Tage lang habe ich ohne Dich gelebt, vergessen habe ich nichts. Ich weiß, wer ich war, als ich Dich liebte. Du magst denken, was Du willst: diese Tatsache erfüllt mich mit einem ungeheuren, bleibenden Stolz.

8. Februar, Mitternacht

Während der ersten Tage in Israel dachte ich, welch ein furchtbares Schicksal für ein Land, Geburtsort eines Messias sein zu müssen. Es war noch warm, kleine Insekten umsurrten die Lampen. Nachts mußte man die Fenster geschlossen halten, damit man morgens nicht völlig zerstochen war. Ich lernte, mit dem Kopf unter der Decke zu lesen, indem ich eine Taschenlampe dicht vors Buch hielt. Das war, bevor Du zurückkamst. Als ich in Araht ankam, warst Du nicht da; ich hatte keine Ahnung, daß es Dich gibt, niemand erwähnte Dich mir gegenüber; jetzt entzückt mich jene Zeit, als ich, ohne Dich zu kennen, vielleicht schon auf Dich wartete.

Habe ich Dov für Dich verlassen? Hatte Dov mich nicht schon längst für sein Studium verlassen? Du findest, ich sei verbittert wegen Dov? Du findest, ich hätte ihm nie verziehen? Ich habe ihm verziehen. Die Liebe hat es nicht. Du bist in die Lücke getreten, die er hinterlassen hat, die Liebe nahm Deine Anwesenheit dankbar zur Kenntnis. Wir waren alle in Gefahr. Jeder kann morgen aufhören zu lieben; Boaz könnte Dich sitzenlassen, sobald Du Dich nur einmal wegdrehst. Bei ihm setzt Du nichts aufs Spiel, da Du ihn nicht liebst. Man ist nicht verantwortlich für den Menschen, der einen liebt. Mach mir keine Vorwürfe, weil Dov Aviad nachts nicht schlafen kann; vielleicht kann Dov Aviad das, was er begreifen muß, nur im Wachen lernen.

Von der Liebe heißt es, sie bringe einen dorthin zurück, wo man vorher war. Vor was? Als ich Dov Aviad zum ersten Mal begegnete, begannen ihm die Knie zu zittern. Für diesen einen Augenblick wird er mir ein Leben lang Dank schulden.

Zu der Zeit warst Du schon wiedergekommen. Wir waren einander begegnet, unsere Begegnung war in keiner Weise bemerkenswert. Ich hielt Dich für sehr schön und kalt, eine kalte Visionärin. Du fandest mich arrogant. Ich befreundete mich mit ein paar Leuten, ich arbeitete in der Plantage, Boaz wurde mein Freund. Nachmittags kamen die Leute zum Teetrinken in mein Zimmer. Nachts, wenn ich schon eingeschlafen war, erschien dann Dov Aviad und legte sein Gewehr auf den Tisch neben dem Fenster. Ich habe damals keinen Gedanken an Dich verschwendet, und als Du mich mit den anderen lachen und plaudern sahst, hast Du Dir gesagt: »Sie ist nicht für mich.«

Später hast Du mir erzählt, daß Du mich lachen sahst. Dann bekamst Du Angst, als besäße ich eine Macht über Dich, die Dich plötzlich erzählen ließ, was Du niemals jemandem hattest erzählen wollen, als hätte ich Dich dazu gebracht, das zu erzählen, was Du Dir selbst noch nicht eingestanden hattest.

Wer warst Du damals? Wenn ich das herausbekommen könnte, würde ich mit Schreiben aufhören und ins Bett gehen. Wenn Du nicht jene andere Frau bist, wenn Du immer nur diese Person bist, die Du zu sein behauptest, was hat dann aber die Liebe überhaupt von Dir gewollt?

»Kim«, sagst Du, »es ist spät. Ich komme gerade aus dem Bett. Dir gegenüber kann ich meine Gefühle nicht schriftlich ausdrücken. Vielleicht kann ich Dir gegenüber meine Gefühle überhaupt nicht ausdrücken. Vielleicht ist es unmöglich, die Gefühle, die ich nur in Hebräisch habe, ins Englische zu bringen.«

Da erkenne ich die Frau wieder, die mich liebte. In dieser müden Stimme, die unbedingt auf englisch sagen will, was nur auf hebräisch gefühlt werden kann; auch dort, wo ihr etwas einfällt und sie plötzlich zärtlich sagt: »Ich glaube, man könnte Dich mit derselben Heftigkeit lieben und hassen«, und dabei eine Rauchwolke ausstößt. Dann drückt sie das Tonband aus, kommt wieder, um einiges weicher. »Wie ist mein Englisch?«

Möchtest Du nicht wissen, was Du mit dieser Liebe anfangen sollst, warum hast Du diesen einfachen Weg gewählt und sie Wahnsinn genannt, wieso läßt es Dich kalt, daß Du nicht weißt, was diese Liebe fordert, was sie vorsieht? Das Wort *Wahnsinn* sagt gar nichts. Sofern Wahnsinn nicht die Fähigkeit meint, die Liebe zu begreifen – was in jedem anderen Zustand nicht gelingt.

Als Dov aus Araht fortging, als die Briefe kamen, als das Telefon unten bei der Wäscherei klingelte, war der herrliche Soldat wieder in seine Traumkleider gehüllt. War er, nun da er fort war, überhaupt je hier gewesen?

Dov verließ Araht, er ging zu seinem Studium zurück. Sein Reservedienst war zu Ende, warum hat er für mich nicht auf sein Studium verzichtet? In jener Nacht, als Du in mein Zimmer kamst, arbeitete Dov und kam so der Verpflichtung gegenüber seiner Familie nach. Natürlich mache ich ihm keinen Vorwurf. Ich frage nur, wo war seine Verpflichtung gegenüber der Liebe?

Ich weiß, daß Du diese Dinge verstehst, obwohl Du Dich entschlossen hast, sie zu vergessen. Etwas Tragisches und Wunderschönes hat Deine Kindheit gestreift. Du hast mir erzählt, wie Dich als Kind während der Dämmerung immer etwas zerbrechen ließ, eine unerträgliche Qual.

Nach Deiner Entlassung aus der Armee, als Du in Yigael verliebt warst, hast Du nach einem Streit mit ihm darauf gewartet, daß er wiederkam. Du hast auch noch gewartet, als Du wußtest, er würde nie mehr kommen. Du hast Dich in Deinem Zimmer eingeschlossen, Du hast Englisch gelernt, Du hast nichts mehr gegessen, Du hast Dich auf Dein Examen vorbereitet. Dann erschienen die schwarzen Ringe unter Deinen Augen. Tage, Wochen, Monate vergingen, kein Wort von ihm, Du wußtest, er würde nicht kommen. Und dennoch hast Du gewartet, Du hast Dein Examen bestanden, Du konntest jetzt die hebräische Universität in Jerusalem besuchen. Doch Du konntest Dich nicht von jenem Sehnen losreißen, jener Hoffnung, die keine Hoffnung war, jenem Warten, für das es kein Ende geben würde. Ich frage Dich: Worauf hast Du gewartet? Hast Du nicht auf mich gewartet?

Wir waren schon in unserer Kindheit füreinander bestimmt, das hast Du gesagt. Wir waren einander zugedacht durch ein heiliges Gelübde zwischen unseren Vätern, die sich als Studenten gekannt haben müssen und versprachen, daß ihr Sohn und ihre Tochter (die noch nicht geboren waren) eines Tages vereint sein würden. Als Du mir diese Geschichte erzählt hast, ahntest Du da schon, daß Du mich in diesen Yeshiva-Studenten verwandeln würdest, den Verlust und Verlangen wahnsinnig machen, den Dibbuk, der aus dem Grab steigt, um Dich zu quälen?

Warum bist Du als Kind in einen anderen Kibbuz gesteckt worden? Hast Du Deinen Vater überhaupt kennengelernt? Was ist mit Deiner Mutter? Deine Pflegemutter war eine böse Frau. Sie hat Dich immer beim Arm gepackt und aus dem Haus geworfen. Die Nachbarn schauten aus dem Fenster und konnten Dich im Dreck herumkrabbeln sehen, aber natürlich hat niemand etwas gesagt. Jenen Schmerz, der Dich damals quälte, den Zorn, die Verzweiflung, den Kummer, die Sehnsucht – Du hast sie Dir nicht eingestanden, und diesem Kurs ist Deine Liebe auch später gefolgt, erst umweglos nach vorn und dann zurück zu ihrem Ursprung.

Als ich Deine Pflegefamilie besuchte, haben sie mir Bilder von Dir als Kind gezeigt. Alles, was Du später als Frau sein würdest, war schon in Deinem Gesicht zu erkennen. Diese leuchtenden Augen, das verstohlene Lächeln, der fragende Blick, der seinen Kummer nicht verbergen kann, eine Verletzlichkeit, die nur ich gesehen habe. Doch ich irre mich. Von Beherrschtheit noch keine Spur: noch keine Härte, keine Dominanz des Willens, das kam später.

Als Du in mein Zimmer kamst, konntest Du all die Jahre, in denen Du Dich zwangst, das zu sein, was Du bist, nicht einfach so von Dir werfen wie Deine Jacke. Du hast mir schon am ersten Abend, als Du kamst, um über Larissa zu reden, von dem kleinen Mädchen erzählt, das immer in der Scheune saß und den Kühen vorsang. Eines Tages hattest Du Tränen in ihren Augen entdeckt. Du dachtest, sie weinten wegen Deiner Lieder. Ich vermute, Du warst damals sehr jung. Weil Du später, als Deine Pflegemutter Dir voller Verachtung erklärte, die Kühe hätten entzündete Augen gehabt, immer noch jung genug warst, um ihr zu glauben.

Als Du mich liebtest, war ich die Verheißung all dessen, was in die Verborgenheit verdrängt worden war, all dessen, was Du gewesen wärst, wenn man es Dir nicht ausgetrieben hätte. Ich war das Leben, das Du nie für Dich zu erträumen gewagt hättest, Du, die Du nie aus dem Kibbuz herausgekommen warst, außer für den Armeedienst, Du, für die die Stadt jähe Gewalt bedeutete. Jetzt wolltest Du den Kibbuz verlassen, Boaz verlassen, mich mit nach Jerusalem nehmen.

Ich habe Dich in einen Traum verwandelt? Das redest Du Dir also ein, um mich loszuwerden? Damals, als ich auf dem Bett saß und Du quer durchs Zimmer zu mir kamst und mich selbstgewiß anblicktest; als Du ohne ein einziges Wort, ohne so etwas jemals zuvor in Deinem Leben getan zu haben, aus Deinem Pullover schlüpftest, wußtest Du da, was Du damit ausdrücken wolltest? Diese plötzliche Enthüllung, diese verbotene Nacktheit, ich sage Dir, damit hast Du Dich all dem ausgeliefert, was Du vielleicht noch werden konntest. Der Vergangenheit, ihren alten, verlorenen Möglichkeiten, der Empfindsamkeit und den Kümmernissen Deiner Kindheit mitsamt ihrem dunklen Brüten am Rande des Möglichen. Du hast mehr als Deinen Körper gegeben; Du hast mehr gegeben, als Du in Deinem Besitz glaubtest. Hast Du das auch vergessen? Du sagtest: »Wenn Männer mich so sehen, bleibt ihnen der Atem weg.«

Ich muß Dein Angebot von Dir selbst an Dich selbst wohl aufgefangen haben.

Einmal hast Du mich beschuldigt. Du sagtest: »Ich glaube, Du bist nur in meinen Körper verliebt.« Wir wußten beide, daß das der reine Stolz war, Deine Art der Bekundung, daß Du eine Frau mit schmalen Hüften bist, viel größer als ich, mit längeren Beinen, größeren Brüsten. Heute nacht stehe ich am Fenster und versuche mich nach Osten zu wenden, hin zu Dir, der Himmel ist schon nicht mehr dunkel, ein klarer Himmel, Windstille. Da ist ein Hauch, zu versteckt, um vernommen zu werden. Ich kenne ihn seit meiner Kindheit, ein Ruf, eine Aufforderung, die zum Schweigen gebrachte Stimme der Botinnen, die uns zu den Anfängen zurückrufen. Du hast ihn auch gekannt; diese Kenntnis war es, die uns verband.

10. Februar, abends

Ich bin den ganzen Tag mit den Kindern unterwegs gewesen. Die Zwillinge, Benjamin und Emma, sitzen in ihrem großen Kinderwagen mit den Gesichtern zu mir. Den Wagen bekam Margo von der Frau im Herrenhaus geschenkt, der, die Du letzte Woche mit Deinem Anruf geweckt hast, als Du verlangtest, ich solle zu Dir zurückkommen. Ich nahm mit den Kindern die Abkürzung zum Meer. Auf der Wiese unterhalb des Herrenhauses stehen Eichen. Ich schaute nur die Zwillinge an, um nicht zu sehen, wie die Rinde der Bäume zu leuchtenden Fäden zerfetzt wurde. Das hat etwas Beunruhigendes.

Ich habe an den Abend gedacht, als Du zum ersten Mal in mein Zimmer kamst. Ich denke nicht gern daran, wie Du mich, bis zu jenem Abend, abgelehnt hast. Damals lebten wir schon mehrere Monate gemeinsam im Kibbuz, wir hatten aber noch kaum ein Wort miteinander gesprochen. Boaz war ein paar Tage fort, er nahm an einem Kursus über neue Waffen teil.

Du klopftest nach dem Abendessen an meine Tür. Zu der Zeit versuchte ich, Larissa aus Amerika zu holen. In ihren Briefen fing sie an, mich zu vergessen, sie konnte sich nicht mehr erinnern, wie ich aussehe. Sie hatte Angst, daß eine andere Mutter zurückkommen könnte. Wenn das passierte, wie würde sie es aber merken? Ich hatte an einer Versammlung des Erziehungskomitees der Farm teilgenommen. Du schautest herein, um zu sehen, wie die Sache lief. Was ich sagte, wurde ins Hebräische übersetzt, aber Du sprachst mich auf englisch an. Das war Deine Art, mir zu zeigen, daß ich zweitklassig war. Ich weiß noch, wie kalt Deine Augen waren. Ich wußte, daß Du meine Feindin warst. Ich dachte, Du würdest mich gleich daran erinnern, daß es im Kibbuz keine Kinder in Larissas Alter gab. Später erzählte mir allerdings jemand, daß Du mich, nachdem ich fort war und die Küchenchefin sich geringschätzig über mich äußerte, leidenschaftlich verteidigt hast.

Ich hörte ein Klopfen an meiner Tür; ich las gerade, ich erwartete keinen Besuch. Zu der Zeit verließ Devora nur noch selten ihr Zimmer, sie trauerte um Dani, der sie nicht zu der jemenitischen Hochzeit begleitet hatte. Die jemenitische Familie war den ganze Weg von der südarabischen Halbinsel bis nach Israel zu Fuß gegangen. Zu der Zeit sprach Simon schon nicht mehr mit mir. Er wandelte nur noch in Schaffelle und alte Wolldecken gehüllt umher und zitterte ständig. Einmal sah ich ihn im Wartezimmer des Arztes auf dem Fußboden sitzen, er weigerte sich, vor unseren Dorfnachbarn hineinzugehen, so wie wir anderen es taten, und hatte den Arm um den kleinen Jungen mit den geschwollenen Augen gelegt, der zweimal im Monat vom Dorf hochkam, wenn der Kibbuz-Arzt auf der Farm erschien. Das war der Tag, von dem an er nicht mehr mit mir redete.

Du kommst mich besuchen? Bevor Du kamst, hatte ich rausrennen wollen, um nachzusehen, ob irgend jemand vielleicht spät von Safad zurückgekehrt war und einen Brief von Dov mitgebracht hatte. An jenem Abend war ich Devora einige Stunden nach dem Abendessen zufällig bei den Holzkästen begegnet, obwohl die Tagespost schon ausgeliefert war.

Du kommst mich besuchen? Du warst sehr formell; wir tauschten Höflichkeiten aus, ich bat Dich einzutreten. Ich kann mich noch an die Art erinnern, wie Du Deine Wildlederjacke auszogst, sie ordentlich ans Fußende meines Bettes legtest. Du setztest Dich auf den Stuhl in der Ecke beim Fenster, Du hattest die Hände im Schoß gefaltet. Ich saß auf der Bettkante. Bald schon würde all dies zur Gewohnheit werden.

Du wolltest, daß ich Dich zu Deinem Kibbuz begleitete und mit Deiner Cousine darüber redete, wie man Larissa nach Araht holen könnte. Du hast mir versichert, Deine Cousine werde mir helfen, sie sei eine Expertin, was Kinder anbetrifft. Wenn sie sich positiv zu Larissa äußerte, würde niemand in Araht wagen, sich dagegenzustellen. Du schienst sicher zu sein, daß sie sich zu meinen Gunsten aussprechen würde.

Du kamst gleich am ersten Abend, als Boaz nicht auf der Farm war, zu mir ins Zimmer. Du kamst mich besuchen, als wärst Du schon dabei, alles für mein Bleiben zu organisieren. Deshalb bezweifle ich, daß Du das Opfer meiner Träume bist.

An jenem ersten Abend, als Du zu mir kamst, war alles, was geschehen würde, schon vorhanden. Habe ich an Deine Tür geklopft? Du, die Dramaturgin, mußt schon gewußt haben, daß Du mich nach und nach in den schönen Soldaten verwandeln würdest.

An jenem Abend war mir unklar, wieso mir überhaupt diese Unterhaltung mit Dir widerfahren konnte. Von Zeit zu Zeit schaute ich zu Dir hoch. Ich erzählte Dir, wieso ich meine Tochter zu Hause gelassen hatte. Ich erzählte Dir von dem Türenschlagen, von dem Licht, das an den Blumen im Rosengarten zupfte. Du hast schweigend zugehört. Du hast dagesessen, ohne zu atmen, vollkommen still. Allein dafür könnte ich Dich ewig lieben. Du hast eine Zigarette in Deiner linken Hand gehalten, Du hast sie nicht angezündet. Deshalb habe ich Dir mein Geheimnis anvertraut. Dir.

Denn jetzt saß, nach einer raschen Umstellung, einer plötzlichen Ausblendung, jemand anders dort, wo Du gesessen hattest, in dem Stuhl in der Ecke beim Fenster. Sie sah aus wie Du und dennoch kein bißchen wie Du; ihr Blick war schlechter zu ertragen als Deiner, trauriger, müder. Sie schaute mich aufmerksam an, so als sei ich gerade um eine Ecke gekommen, an der ich nicht erwartet wurde. Sie war älter als Du, das fiel mir deutlich auf. Dann kam, in drei raschen Schüben, Dein Gesicht zu sich selbst. Zuerst verschwand der hochmütige Blick; dann der aufreizende Schmerz; jetzt war jemand neugierig auf mich, drängte darauf, sich zu zeigen. Etwas hatte Dich aufgebrochen. Etwas, was ich gesagt hatte?

Du sagtest, als Kind seist Du einsam gewesen. In Deinem Kibbuz redeten alle über Dich. Du hast Dich abgesondert, Du hast Jungenskleidung getragen, Du bist mit dem Fahrrad gefahren. Wenn die anderen Kinder aus Deiner Gruppe schliefen, bist Du nachts in Panik aufgewacht. Später hattest Du einen Freund, der Roni hieß, einen komisch aussehenden kleinen

Jungen, der gerne zeichnete. Als Du den Namen Roni aussprachst, bekamst Du einen schwärmerischen Blick. Wer war dieser Roni? Du sahst dabei in irgendeine Ferne, als erinnertest Du Dich an die einzige Nacht Deines Lebens, in der Du glücklich warst.

Mein Glück hatte nichts mit der Art zu tun, wie Du sprachst, ruhig dasaßt, es hatte nichts mit Deinen Händen zu tun, die immer noch gefaltet in Deinem Schoß lagen, nichts mit der Zigarette in Deiner linken Hand, die immer noch nicht brannte. Es hatte damit zu tun, daß ich wußte, Du würdest aufstehen, aus dem Zimmer gehen, wieder die andere werden, um dann zu mir hier in mein Zimmer zurückzukehren, wo eine Ungenannte Deinen Platz einnehmen würde, die Mitwisserin von Geheimnissen, und sie würde mich lieben.

Du glaubst, ich hätte in jenem Augenblick an den Soldaten denken sollen?

Als wir einander gute Nacht sagten, legtest Du Deine Hand auf meine Schulter. Bevor ich die Tür öffnete, legtest Du Deine Hand auf meine Schulter. Das war das erste Mal. Du sagtest mit einer leisen, weichen Stimme: »Bevor Du kamst, war ich so einsam hier.«

Zu dem Zeitpunkt wußte ich noch nicht, daß Du zusammen mit Roni auf die Farm gekommen warst, beide frisch aus der Armee entlassen, Kameraden, kein Liebespaar. Vielleicht hast Du Boaz geheiratet, nachdem Roni fortging, weil Boaz perfekt hebräisch sprach, in der Armee gewesen und einen Achtzig-Kilometer-Marsch nach Jerusalem gemacht hatte. Du warst einsam, ich war noch nicht angekommen. Ich wüßte gern, was wohl geschehen wäre, wenn Du Dir die Ahnung gestattet hättest, daß ich kommen würde. Wenn Du gewartet hättest.

Am nächsten Tag klopfte ich während der Nachmittagspause an Deine Tür. Ich war zurück von der Obstplantage, hatte geduscht und saubere Arbeitssachen angezogen. Ich hatte immer einen Stapel daliegen, den Devora gebügelt hatte. Ich klopfte schüchtern. »*Mi zeh*?« sagtest Du. Dann wiederholtest Du auf englisch: »Wer ist da?«

Du wußtest also, wer es war?

Du lagst im Bett und hast gelesen. Du hast mich erwartet. Ich sah, daß Du nackt warst. Dein Körper war mit einem Laken bedeckt. Deine elektrische Heizung war an, das Fenster war geschlossen. Du schautest mich die ganze Zeit an, während ich redete. Ich stand mit dem Rücken an der Wand. Weil ich in der Nacht vorher mit Dir gesprochen hatte, weil ich Dich besser kannte, als irgend jemand anders Dich je gekannt hat, war ich zu Dir gekommen, um Dir zu sagen, was ich für Dich fühlte.

Was fühlte ich denn?

Ich erinnere mich noch an das Lächeln in Deinem Gesicht. Du sagtest: »Gerade weil *Du* so fühlst, Kim, fühle ich nicht auf dieselbe Weise.«

Was meintest Du damit?

Die ganze Zeit, während ich sprach, konnte ich sehen, daß Du in mich verliebt warst. Es lag in Deinem ausgestreckten bloßen Arm, der das Buch hielt, in der leichten Drehung Deines Gesichts zu mir, in dem Schatten, aus dem Deine Augen in ihrer strahlenden Schamlosigkeit hervorsprangen. Ich sah Dich zum ersten Mal mit offenem Haar über den Schultern. Eine Enthüllung, fast etwas Nacktes. Es muß Orte in der Welt geben, wo es einer Frau nicht erlaubt ist, ihr Haar so zu tragen, nicht einmal beim Aufwachen, nicht einmal morgens früh. Danach hast Du weder werktags noch am Sabbath je wieder Dein Haar zum Zopf geflochten. War Dir da schon bewußt, daß von uns beiden ich der schöne Soldat sein würde, der dem Untergang geweihte Yeshiva-Student, der eines Tages zu Deinem Dibbuk würde?

In ihrer ersten reinen Form dauerte unsere Freundschaft drei Tage; wir gingen bei den Wachtürmen spazieren, wir saßen auf den Kinderschaukeln und machten Pläne für Larissa. Als wir eines Abends mein Zimmer verließen, legtest Du spielerisch

Deine Wange an meine. An allen drei Tagen, an denen Boaz fort war, kamst Du zu Fuß zur Obstplantage, um dann gemeinsam mit mir zum Mittagessen zu gehen. Simon folgte uns, in drei Arbeitsjacken und ein schmutziges Tuch gewickelt. Nachmittags wanderten wir zu den römischen Ruinen hoch, Du hattest häufig den Eindruck, daß Simon sich dort herumtrieb, uns beobachtete, mich im Auge behielt. Jetzt wissen wir, wer es war. Wir unterhielten uns mit gedämpfter Stimme, Nässe und Wildheit machten uns schaudern, wir aßen gemeinsam zu Abend, saßen am selben Tisch, beide eigenartig erregt, Du die Reservierte, die Ernste, die Unnahbare, die alle zum Lachen brachte. Nach dem Essen kamst Du in mein Zimmer, zogst Deine Wildlederjacke aus, legtest sie ans Fußende des Bettes, setztest Dich in den Stuhl mir gegenüber. Dann tauchte die andere auf, scheu, verlegen lächelnd, als hätte sie noch nie eine Freundin besessen. Wenn es so geblieben wäre, wenn Du die Sehnsucht der Mitwisserin von Geheimnissen verschwiegen hättest, dann säße ich heute nacht in meinem Zimmer gegenüber von Deinem und schriebe einen Brief an Larissa. Vielleicht würdest Du hinter mir stehen und über meine Schulter mitlesen, vielleicht etwas hinzufügen, ihr raten, die hebräischen Buchstaben zu lernen. Du würdest meinen Namen in Hebräisch schreiben, dann ihren.

Dann kehrte Boaz eines Abends zurück. Du entschuldigtest Dich, daß Du keine Zeit für mich hattest. Du sagtest: »Ich weiß, Du verstehst das.« Wieso sollte ich es verstehen? Ich stand vor dem Eßsaal mit einem Brief, ich hörte drinnen Deine Stimme, Boaz und ein paar andere waren durch die Hintertür und durch die Küche hereingekommen, Du mußt losgerannt sein, um ihn zu begrüßen, Deine Stimme wollte gefallen, klang schuldig. Ich hatte einen Brief von Dov Aviad bekommen, er war beunruhigt, weil ich unsere Telefonverabredung bei der Wäscherei nicht eingehalten hatte. Es muß ein Montag gewesen sein, als Du zu mir kamst, das erste Mal, daß ich Dov Aviads Anruf vergaß.

Wir haben nie beschlossen, einander mehr zu bedeuten als an jenem ersten Abend. Was wir einander an jenem Abend bedeuteten, hätte nicht Resultat eines Entschlusses sein können, es war so klein, praktisch unsichtbar, so wie Liebe sein muß, wenn man nicht vor ihr davonlaufen soll. Wir verloren einander, bevor unsere Freundschaft begann, weil es nie Freundschaft war. Heute nacht in dieser Steinhütte, in der Du mich nie besuchen wirst, finde ich das so traurig.

Ich fuhr zu dem Kibbuz Deiner Pflegeeltern. Ich lernte Deine Cousine kennen, wir wanderten zusammen über die Farm, wir gingen ins Schulzimmer der Kinder, dort spielte ich mit einem sommersprossigen kleinen Mädchen, das sich mir in die Arme warf und mich dann ins Ohr biß, so daß es blutete. Deine Cousine führte mich zu Deiner Mutter und Deinem Vater. Wir aßen gemeinsam im Eßsaal zu Abend, ich wurde als ein Mitglied des Kibbuz Araht vorgestellt. Nach dem Essen gingen wir in ihre Zimmer und tranken Tee. Ich fragte, ob ich Bilder von Dir sehen dürfte; sie holten ein dickes Album hervor. Sie ließen mich über eine Stunde allein, und ich blätterte das Album durch. Als sie dann wiederkamen, schienen sie zu wissen, daß ich nicht nur aus sachlichen Gründen gekommen war, sondern als Deine Freundin.

Damals wurde mir klar, was Du mir zum Geschenk gemacht hattest. Ich begriff, was es heißt, mit den Gründern eines gut funktionierenden Kibbuz zusammenzusitzen. Wenn es mit Araht nicht klappen sollte, könnte ich zu ihnen kommen, sagte Dein Vater. Ich würde Arbeit finden, sie würden mich studieren lassen, ich könnte Dein altes Zimmer haben. Meine Tochter hätte Kinder zum Spielen.

In jener Nacht schlief ich in Deinem Zimmer. Als ich mich ins Bett legte, konnte ich die Wärme Deines Körpers spüren, seine tiefe Kuhle in der Matratze. Es war die einzige Nacht, die ich je mit Dir verbrachte und die erste schlaflose Nacht, die ich Dir verdanke. Am nächsten Tag nach dem Mittagessen verabschiedeten mich Dein Vater und Deine Cousine. Deine Cousine schenkte mir ein Päckchen mit Streuselkuchen, Dein Vater küßte mich auf die Wange. Auf dem ganzen Weg, an den Gärten vorbei bis hin zur Straße, hatte er gesungen. »Als ob ich Dein Vater wäre«, sagte er.

Ich kam mit Geschenken für Dich nach Araht zurück. Schokolade, ein Päckchen amerikanische Zigaretten. Du sahst mich, als ich aus dem Bus stieg. Später hast Du mir erzählt, Du hättest Dich am liebsten verleugnet, ich sollte leiden um Deinetwillen.

Du empfingst mich draußen, Du kamst direkt aus dem Eßsaal, Du mußt auf den Bus gewartet haben. Wir hatten über eine Stunde Verspätung. Wir gingen in mein Zimmer. Dein Vater hatte mir erzählt, daß Du schrecklich gern Schokolade ißt. Er sagte: »Für Sena gibt es nichts, was so schrecklich ist, daß es sich nicht mit Schokolade lindern ließe.«

In meinem Zimmer sagtest Du: »Ich muß jetzt gehen. Boaz wartet auf mich.« Dann schütteltest Du den Kopf und lachtest. »Na und«, sagtest Du, öffnetest eine Tafel Schokolade und stecktest Dir ein Stück zwischen die Lippen. »Laß ihn doch warten.«

Seit jenem Tag wußten alle um unsere Freundschaft. Am Anfang schienen sich alle darüber zu freuen. Sie hinterließen uns immer Botschaften füreinander. Die Leute kamen und sprachen mit mir über Dich. Sie sagten: »Sena brauchte eine Freundin wie Dich. Bevor Du kamst, hat sie schon überlegt, ob sie lieber wieder in ihren eigenen Kibbuz zurückkehren soll.« Du bist keine Frau, die man leicht ins Herz schließt. Du wirst bewundert, geachtet und bist die Sorte Frau, die keine Ämter übernimmt, doch nie ihre Autorität ablegt, die stillschweigend die Linie der Farm bestimmt, während alle anderen reden und wichtigtun. Niemand dort oben, auch Boaz nicht oder Roni, als er noch da war, kennt Dich so gut wie ich.

11. Februar, morgens

Es war Winter, als wir uns kennenlernten, später Dezember mit Wind in den Nächten und sehr kalten Morgen. An den Nachmittagen, an denen Du mich besuchen kamst, bis er es Dir verbot, schaltete ich die Heizung ein. Keine von uns beiden machte das Licht an. Du sagtest zu mir: »Ich verlasse die wirkliche Welt, wenn ich hierher komme.«

Liebe reift an den Kreuzwegen. Niemandem ist ein Vorwurf zu machen. Weder Dir wegen mir noch mir wegen Dov noch mir wegen Simon noch irgendwem wegen Devora. Zwei Straßen stoßen aufeinander und fordern eine Entscheidung; wenn Du zurückgehst, wenn Du das Bekannte wählst, das Vertraute, dann folgt Dir die Liebe eine Weile wie eine Krähenmeute und verläßt Dich schließlich. Ich kann nicht für Simon oder Devora sprechen, doch Du und ich, wir werden einander nicht mehr wiedersehen, es wird Deine Entscheidung sein, Du wirst mich lieber verbannen, die gängige Methode, wie man einen Dibbuk los wird. Und deshalb werde ich Dich immer verfolgen, sogar dann noch, wenn Du meinen Namen längst nicht mehr aussprichst.

Ich habe seit Wochen nicht mehr gegessen und geschlafen. So liebt es sich nach alter Weise. Du spottest darüber, Du, die Du Deine Arme um meinen Hals schlangst, wenn Du zu mir ins Zimmer kamst. Du sagtest: »Letzte Nacht habe ich geträumt, daß Du fortgingst, ich habe geträumt, daß Du allein in der Welt umherzogst, mit großen, traurigen, gequälten Augen. Als ich Dich heute nirgendwo sah, habe ich Minute um Minute gewartet, ob Du zurückkommst oder nicht oder vielleicht nie mehr.«

In jenen Tagen haben wir nicht Händchen gehalten. Unsere Freundschaft war ein Bekenntnis: alles Geheime, Verborgene mußte gesagt und gemeinsam getragen werden. Es ging Wochen so, wir umarmten uns nur kurz zur Begrüßung und zum Abschied, saßen einander im Zimmer gegenüber. Zwei Frauen, die so miteinander reden, haben sich da schon rückhaltlos dem ausgeliefert, was sie, bis zu diesem Augenblick, noch nie gewesen sind, sich nie hätten vorstellen können. Ich finde, die Liebe ist so groß; ich stelle mich auf meine eigenen Schultern, um an das heranzureichen, was Du für mich geworden warst, dort in der anderen Ecke des Zimmers, während Deiner täglichen Verwandlung. Es geschah jedesmal, sobald Du ins Zimmer tratest; manchmal kam es schon auf der Treppe über Dich, wenn Du zwei Stufen auf einmal nahmst, so wie Dov es immer getan hatte. Wenn Du wüßtest, wie Du damals warst, wie Deine Lippen sich öffneten und Du die Hände vor den Lippen faltetest und versuchtest oder halb versuchtest, Dein Verlangen zu verbergen, wenn Du die Frau gesehen hättest, die ich damals sah, wenn Du ihr Verlangen gesehen hättest, dann wärst Du unfähig, sie zu vergessen. »Scnas mittelalterliche Schönheit«, flüsterte Devora eines Abends, als wir während einer Kibbuzversammlung dicht beieinander in einer Ecke vom Gesellschaftsraum saßen. Seit damals, vor allem in diesen letzten Tagen, sehe ich Dich mit einer weißen Lilie in der Hand, der Blume unerwünschter Verkündigung, und Du betrachtest mich argwöhnisch aus schmalen, vorwurfsvollen Augen über Deinen hohen Wangenknochen.

Am Silversterabend gab es eine Party im Gesellschaftsraum. Das ganze Kollektiv war in fieberhafter Aufregung. Ich trug Devoras Batikhemd und eine bestickte Hose mit Schlag, die sie zwischen einem Stapel alter Laken entdeckt hatte. Du trugst einen blauen Pullover und einen engen Rock. Alle Männer schauten Dich an. Als ich Dich darauf hinwies, sagtest Du nichts, doch Deine Augen sagten: »Na und? Ist denn nicht klar, daß ich mich für Dich so angezogen habe?«

Du hast fast den ganzen Abend am Rand gestanden und mir beim Tanzen zugesehen. Als ich zu Dir kam, hast Du meine Hand genommen; wir hielten uns unter den Falten meines Hemds an den Händen. Du wolltest nicht tanzen, Du wolltest mich beobachten. Boaz trank mit seinen Freunden von der Plantage. Das war der Abend, an dem er zum ersten Mal mit

Hiram redete, der mit einem Armeemesser im Gürtel auf der Party erschien. Erwartete er einen Überfall von unserem Nachbardorf? Er trank nicht, er stand hinter Dir und beobachtete Boaz mit der Hand am Messergriff. Vielleicht plante er da schon, was dann bald geschehen sollte.

Boaz kam und wollte Dich zum Tanzen abholen. Du lehntest ab. Hiram sah, wie Du ablehntest. Boaz packte Dich bei der Hand. Er war betrunken, er hob Dich hoch, diesmal hob er Dich über seinen Kopf. Dann stolperte er und wäre fast gefallen. Alle konnten sehen, wie zornig Du warst. Es war schrecklich für alle, Dich so zu sehen, so beschämt, so wütend und wortlos. Er setzte Dich ab, ging weg und ließ Dich den Rest des Abends in Ruhe meine Hand halten. Andere Männer forderten Dich zum Tanzen auf. Du lehntest ab. »Ich bin mit Kim hier«, sagtest Du, eine Erklärung, die eine Erklärung verlangte, die nie gegeben wurde.

Das war das erste Mal, daß wir sie zusammen sahen, Boaz und Hiram, der sich zu ihm hinüberbeugt, vielleicht flüsterte er, vielleicht erzählte er ihm etwas mit leiser Stimme zum ersten Mal, ein einziges Mal nur; dann sah Boaz herüber, er sah schnell zu Dir, dann zu mir, sah uns beide zusammen. Danach, nach dem 31. Dezember 1971, blieben uns nur noch zwei Monate.

Jedesmal wenn Du zu mehr wirst, als Du den Augenblick davor warst, bist Du mit einer Überschreitung konfrontiert; das geschah in jener Nacht, nachdem Du mit Boaz in Euer Zimmer zurückgekehrt warst. Ich konnte nicht schlafen, ich wanderte in der Dunkelheit umher, Simon begleitete mich. Er war nicht auf der Party gewesen, er sagte kein Wort. Jedesmal wenn wir bei Euch vorbeikamen, warst Du am Fenster, schautest zu uns herunter und rauchtest.

Das war der Kreuzweg, ein Alles oder Nichts, alles aus der Vergangenheit gegen Deine gesamte Zukunft. Um von diesem Punkt aus weiterzugehen, mußt Du die Vergangenheit verraten. Wenn Du mich in jener Nacht bis morgens beobachtet hast, dann deshalb, weil Du glaubtest, ich hielte Deine Zukunft in der Hand. Du brauchtest mich nicht; jeder wäre Dir recht gewesen. Du wolltest nur lieben. Dieses Unpersönliche der Liebe, ist das das Verbrechen, das Du mir vorwirfst, wenn Du sagst, ich hätte Simon für Dov verlassen, Dov für Dich, Dich für den nächsten? Liebe ist kein hehrer Klebstoff, der Dich auf ewig an diesen einen Menschen heftet und keinen anderen. Liebe ist kein dauerhaftes Band, wieso sollte sie? Früher oder später bekommt einer kalte Füße, läuft zurück zu den alten Galoschen, dem treuen Hund am Ofen.

Weil Du verboten warst, glaubte ich, Du würdest ewig dauern, weil schließlich der Tag kam, an dem wir für einen Film nach Safad fuhren. Wir saßen hinten auf den harten, schmalen Bänken des Lastwagens. Wir sahen nur uns an. Dir war kalt, Du hast gezittert und Dich eng an mich gekuschelt. Die anderen saßen vorne. Das war das erste Mal, daß ich Dich fern von der Farm für mich allein hatte, ohne Boaz und Hiram, seinen Wachhund.

Als wir wieder auf dem Rückweg waren, sagtest Du: »Warum zeigst Du mir nie Deine Liebe?« Ich weiß noch, daß ich mich ganz dicht an Dich lehnte, um zu flüstern. Das war es nicht, was Du wolltest.

Du warst da, um Dich anzubieten, ich, um Dich zu empfangen.

Du gingst mit in mein Zimmer; wir saßen, wie immer, einander gegenüber. Du fragtest mich noch einmal: »Warum zeigst Du mir nie, wie sehr Du mich liebst?«

Dir zeigen?

Du kamst herüber und setztest Dich neben mich aufs Bett. Du legtest Deinen Arm um meine Schultern. Zum zweiten Mal ruhte Deine Wange an meiner. Du hattest Nelken gekaut. Ich saß unbequem. Die nächste Bewegung mußte von mir kommen, Du hattest alles getan, was Du konntest. Ich war es, die den Arm um Dich legen, Dich nach hinten beugen, meine Lippen auf Deinen Hals legen mußte. Ich tat nichts.

Das war das erste Mal, daß Du mir einen Vorwurf machtest. Du hast es mit Deinen Augen getan, ohne etwas zu sagen. Sie richteten sich auf einen entfernten Punkt hinter meinen Schultern, wo Du eine Gewißheit zu sehen schienst, von der ich noch keine Ahnung hatte. Sollte ich mich am Tag meines Todes zufällig an Dich erinnern, dann wirst Du mir so vor Augen sein, verletzlich, ratlos, was Du nun tun sollst. Voller Scham beißt Du Dir auf die Lippen, Deine Hand liegt vergessen auf meiner an meinem Schenkel. Wenn alles anders gewesen wäre, dann hättest Du mich aufs Bett niedergeworfen, dann wäre es einfach gewesen.

Ohne ein Wort fegst Du Deine Jacke vom Bett, gehst aus dem Zimmer. Nachdem Du den Tag über mit einer Migräne im Bett gelegen hast, machst Du am nächsten Abend denselben Annäherungsversuch, während ich reglos auf meinem Bett sitze.

Du mußt gehen. Es ist fast acht Uhr. Ich sehe, wie Du um Fassung ringst. In dem Moment, da Du den Reißverschluß der Wildlederjacke zugezogen hast, gibt es keine Spur mehr von jener früheren Person, die mit gesenktem Kopf – das lange Haar verhüllt die Beschämung – über ihre Knie gebeugt neben mir auf dem Bett sitzt, während ich nichts tue. Ich lege noch nicht einmal meine Hand auf Dein Haar.

Als ich mein Zimmer verlasse, ist es kalt; ich höre unten bei der Wäscherei das Telefon klingeln; niemand, nicht einmal Devora, erwartet einen Anruf. Hinter mir taucht Simon auf und geht bis zum Gesellschaftsraum mit, immer noch schweigend. Als er kehrtmacht, kreuzt sich sein Weg mit Hiram, der in jener Nacht Wachdienst gehabt haben muß. Ich habe ihn den ganzen Tag über nicht in der Obstplantage gesehen. Was hat er vor, was schleicht er da in der Gegend herum, vergewissert sich, daß Du mit Migräne im Bett liegst, dreht eine Runde um das Hühnerhaus, folgt mir bis hoch zu den Ruinen, als ich nachmittags allein dorthin spaziere?

Ich betrete leise den Versammlungssaal. Die Farbe steigt Dir in die Wangen. Deine Augen zucken nicht, aber jeder kann sehen, daß Du an die Frau denkst, die noch vor zehn Minuten, den Kopf auf ihre Knie gesenkt, neben mir auf dem Bett saß.

In diesem Augenblick hätten wir wissen können, daß wir auf der kleinen Farm nahe der Grenze nicht gemeinsam alt werden würden. Wenn ich gewußt hätte, daß ich mit unserer Zukunft würde zahlen müssen, wäre ich dann einen Schritt zurückgewichen? Niemals! Wenn ich Dich mir in einer Art Tag-und-Nacht-Kameradschaft erhalten könnte im Austausch gegen das, was wir beide miteinander erlebt haben, würde ich mich dafür entscheiden? Niemals!

Am nächsten Tag wurdest Du zu meiner Lehrerin ernannt. Das geschah nicht zufällig. Du sollst mich in Hebräisch unterrichten. Ich werde für den Unterricht jeden Tag zwei Stunden früher mit der Arbeit aufhören. »Wenn Du nicht aufpaßt«, sagst Du, »wird Larissa, wenn sie erst mal hier ist, besser hebräisch können als Du.« Boaz hat keine Einwände. Er kann sich nicht gegen einen gemeinsamen Entschluß stellen, selbst wenn Hiram behauptet, daß Du das arrangiert hast.

Als ich einmal meine Lektion vor Dir wiederhole und über das unmögliche Alphabet stolpere, sagst Du: »Jetzt verstehe ich, wieso es nicht gut für Lehrer ist, wenn sie ihre Schüler zu sehr lieben.«

11. Februar, nachmittags

Ich bin dabei, den Weg zurück zu perfektionieren. Ich arbeite jedesmal daran, wenn ich die Hütte verlasse. Bis jetzt klappt es gut, wenn ich mit Jessica über die Brücke gehe. Etwas ist da in dem Licht, plötzlich sieht man, Kastanie, zweihundert Jahre alter Schatten, Jungen, die Krumen in die Luft werfen, Krumen, die herunterfallen. Eine Ansicht der Dinge. Als sei es wieder und wieder geschehen, als habe man es wieder und wieder genauso gesehen. Kastanie, zweihundert Jahre alten Schatten, die fallenden Krumen, den Jungen, der vor den Vögeln wegläuft. Ist es das? Zwischen zwei Schritten, ganz plötzlich, am hellichten Tag, an einer Wegkurve, beim hinteren Gatter, in der Wiese? Etwas bricht hervor. Augenblicke, in denen all das, was gewöhnlich unsichtbar ist, offensichtlich wird. Man sieht, was da ist. Es beginnt mit Stille. Die Dinge verlangsamen sich, werden schwer, schlagen Wurzeln. Das Licht erreicht Dich. An sich und als solches greift es nach Dir, fährt durch Oberflächen, Widerstände, geht unter die Haut, erweckt.

Du sahst mich von einem zum nächsten gehen, von Devora, die ich für Simon aufgab, den ich wegen Dov verließ, mit dem ich für Dich Schluß machte, die ich vergessen würde, sobald jemand Neues auf der Bildfläche erschiene.

Wenn dieses Nacheinander überhaupt irgend etwas war, dann war es das *unpersönliche* Weitergehen, das Zerstören von Bindungen um des immer weiter Vordringens willen. Nur die verlorene Liebe dauert. Dovs Liebe zu mir, meine zu Dir, Simons zu der verlorenen Heimat, Devoras zu diesem schlichten Mann, der seinen Urlaub bei ihr verschlief. Und Deine? Deine, die einzige Liebe, die sich selbst mit den Wurzeln ausgerissen hat.

Vermutlich ist der Gedanke absurd, daß Du mit mir hierhergekommen wärst und jetzt hier am Feuer säßest, das Margo gerade hinter mir gemacht hat, während ich am Fenster an Dich schreibe. Du hast sicher recht, wenn ich Dich in zehn Monaten einen Raum betreten sähe, würde mich dieser Anblick nicht mehr zum Weinen bringen. In der Art, wie Deine Hand über meine Schulter gleitet, läge keine wilde Anmut mehr. Ich würde für selbstverständlich halten, wie Du eine Kanne mit Frühstückstee auf den roh gezimmerten Tisch stellst, an dem ich schreibe. Vielleicht würdest Du mir das Haar zerzausen, so wie Margo es eben getan hat, mich ans Mittagessen erinnern und versprechen, daß du Jessica schickst, damit sie mich holt.

Vielleicht wollte ich Dich wegen dieser ungeahnten kanaanitischen Wildheit, die nur an der Grenze möglich war, nur in jenem Kollektiv, das in seinem ersten Jahr nicht ganz das darstellte, was die Gründer, die uns dorthin geschickt hatten, für die kleine Farm nahe der Grenze im Sinne hatten. Womöglich hatten sie unsere Jugend nicht richtig einkalkuliert. Von uns sechzig Menschen, die wir da in unserer Abgeschiedenheit aufeinanderhockten, ohne jede Kenntnis über unsere Nachbarn, den Verlockungen der Grenzen ausgesetzt. Als Du in mein Zimmer kamst, sprachst Du eine Sprache, die kein richtiges Englisch war, sondern etwas sonderbar Veraltetes, etwas zutiefst und unverhohlen Poetisches.

Da war die Geschichte vom Dibbuk, dann fiel Dir der Keshot-Fluß ein, der breite, tiefe Fluß der Erkenntnis; damals hast Du Dich nicht über das gewundert, was Du sagtest, als Du, den Kopf an meine Schulter gelehnt, neben mir auf dem Bett gesessen hast, und Dein langes, schweres dunkles Haar fiel mir über die Brust.

Wie fremdartig Du damals warst, meine Schöne.

»Weh und Ach«, sagtest Du, rangst die Hände und beugtest Dich mit ersticktem Lachen in meinen Schoß. »Wir sind Götzenanbeterinnen, das sind wir. Wird Araht etwa eines Tages wegen uns bestraft werden? Werden seine Mitglieder vertrieben werden? Wird Araht vielleicht nicht mehr existieren?«

Dann hebst Du den Kopf, streichst Dir das Haar aus den Augen. Deine Oberlippe ist köstlich; sie ist zu einem zarten Bogen geschwungen. Du sagst: »Warum berührst Du mich nie?«

»Ich wußte nicht, daß Du von mir berührt werden möchtest.«

Deine Augen sind verschattet; bevor Du zu lachen anfingst, waren sie noch nicht so dunkel. Aber meine Hand liegt schon auf Deiner Brust.

Weil Du diese Worte gesagt hast, bin ich zu der geworden, die die Brust einer Frau berühren darf. Fünf Wochen nach Deinem ersten Erscheinen in meinem Zimmer hast Du mich zur Besitzerin undenkbarer Rechte gemacht. Einfach indem Du begehrst, daß ich Dich begehre, kann ich jetzt begehren, berühren, bei mir selber ankommen, im ursprünglichen Körper der Liebe.

Ist dies einer der Augenblicke, in denen Du dir vorstellst, daß ich an den Soldaten denke? Plötzlich bin ich eine von denen, die das Vorrecht haben, Verlangen zu empfinden, ebenso wie er das Vorrecht hatte, Verlangen zu empfinden. Ich, die ich bis dahin diejenige war, die sie erteilte, bin jetzt die Empfängerin dieser spröden Gnade.

Weil es Liebe ist, weil ich verblüfft bin über meine Verwandlung, weiß ich nicht, ob Du willst, daß ich Dich weiter berühre. Dann lachst Du mir zum zweiten Mal ins Gesicht.

Doch was wird geschehen? Wer von uns beiden weiß, was als nächstes kommt?

Ich führte meine Lippen an Deine Brust, nur ein Hauch lag noch dazwischen. Das tat ich.

An einem anderen Tag küßte ich Dich zum ersten Mal. Du lagst in Deiner Wildlederjacke neben mir auf dem Bett. Diese Dinge waren anfangs unbeholfen, zwei, die nicht wußten, wie sie weitermachen sollten. Du warst es, die sich neben mich auf das Bett legte, weil Du glaubtest, ich sei nach dem Nachmittagsduschen eingeschlafen. Wenn Du so etwas getan hast, wieso wendest Du Dich dann ab, wenn ich mich, nach abertausend Jahren, umwende, um Dich endlich zu küssen?

Am nächsten Tag spielst Du verrückt; Du kannst nicht stillsitzen, Du stichelst, ich sei zu langsam, zu schnell, immer ungeschickt. Du läufst herum, nimmst Bücher in die Hand, blätterst in Dov Aviads Briefen, stehst am Fenster mit dem Rücken zu mir und höhnst: »Vielleicht liebst Du mich ja nur wegen meines Körpers.«

»Los, geh zu Boaz«, sage ich, »und richte ihm aus, daß Du mir den ganzen Ärger nicht wert bist.«

»Ich soll der Ärger sein?«

»Manche Leute fangen lieber Streit an, als ihre Liebe zu zeigen.«

»Manche Leute haben keine Ahnung, was Liebe heißt.«

»Meinst Du mich?«

»Du weißt doch, was passieren wird; sobald Du mich hast, willst Du mich nicht mehr. Wenn ich mich ausliefere, wirst Du mich rauswerfen. Und es wird damit enden, daß ich Dich anflehe, doch wiederzukommen. Nur werde ich das nie, das tue ich nicht. Ich werde Dich als erste wegschicken.«

An diesem Abend sitzt Du neben Boaz im Gesellschaftsraum. Er spielt mit Hiram Schach; keiner der beiden beachtet Dich. Boaz ist ins Spiel vertieft, Hiram schaut verstohlen über die Schulter zu mir, sobald Boaz sich über das Brett beugt. Sie haben eine Sanduhr; wenn der Sand durchgelaufen ist, wechseln sie die Seiten. Ich lasse die Augen nicht von Dir. Soll die Küchenchefin doch so viel gucken, wie sie Lust hat. Das Trio strickt wieder, strickt ohne Ende. Simon wandert barfuß im Schnee herum. Devora hockt in ihrem Zimmer und versucht, auf jemenitische Weise Verlangen in Sehnsucht nach Gott umzuwandeln. Ich lasse meine Augen nicht von Dir; Du schaust nicht hoch, nicht ein einziges Mal.

In dieser Nacht beobachte ich von meinem Fenster aus die Dunkelheit Deines Fensters. Nach vielleicht einer Stunde flammt ein Licht auf, Du bist da, zündest Dir eine Zigarette an, schaust immer noch nicht zu mir. Ich lege meine Hand flach gegen die Scheibe. Du rauchst, Du lehnst Deinen Kopf zurück, in Gedanken versunken. Du blickst nicht zu mir herüber, volle zwei Stunden lang nicht. Dann gehst Du wieder ins Bett.

Am nächsten Morgen bringe ich Dir einen Brief. Ich stehe in meiner Tür, bis ich Boaz mit den anderen zur Obstplantage aufbrechen sehe. Der Lastwagen fährt von der Farm, Simon hat sich abseits von den anderen unter einer Armeedecke vergraben, sein Haar ist zottelig und verfilzt. Ich renne die Treppe runter, laufe zu Deinem Haus hinüber, rase die Treppe zu Deinem Zimmer hoch.

Ich klopfe, ich warte. Du sagst leise, mit jener gedämpften Stimme, die Du so gut zu gebrauchen weißt: »*Mi zeh*? Wer ist da?« Als könnte es jemand anders sein.

Du bist noch im Bett; ich setze mich zu Dir auf die Bettkante. Du richtest Dich auf, um mich zu umarmen, die Decke rutscht herunter, Du trägst ein mit Rosen bedrucktes Flanellnachthemd. Später sagst Du, Du seist froh, daß ich Dich so gesehen habe, nun wisse ich, daß Du nicht mit ihm geschlafen hast.

Nun weiß ich!

Ich habe Arbeitshosen, Stiefel und eine schwere Jacke an. In meinem Gürtel stecken Messer und Schere. Da ist Deine sehnsüchtige Weiblichkeit, vor mir im Bett. In Deinen Augen steht Angst, Du fürchtest, daß ich ein Ende machen werde. Du nimmst mir den Brief aus der Hand. »Unternimm nichts, Kim, nicht, bevor wir nicht Gelegenheit zum Reden hatten. Erst werden wir reden, so wie wir es immer tun, Du weißt doch, wie Du bist, immer ziehst Du gleich wildeste Schlüsse. Wenn ich gestern Angst hatte, na und? Das hat doch nichts zu sagen?«

Irgendwann im Laufe des Tages gelingt es Dir, mir einen Brief zukommen zu lassen. Er ist in Hebräisch geschrieben, ich verstehe kein Wort. Lag er nach dem Mittagessen im Briefkasten? Hast Du ihn mir unter dem Tisch in die Hand gedrückt? Hast Du Boaz beauftragt, ihn mir auf dem Weg zur Plantage zu überreichen, als gäbe es nichts zu befürchten von ihm?

Irgendwann hole ich Deinen Brief aus meiner Jackentasche. Ich arbeite an jenem Tag in Reichweite von Simon, der nicht mit mir spricht. Du weißt, daß ich ihn nicht darum bitten werde, mir den Brief zu übersetzen, so weit würde selbst ich nicht gehen. Während ich den Brief zu entziffern versuche, denke ich zwischendurch, daß Du mir den Brief geschrieben hast, den ich immer von meiner Schwester erwartete, worin sie schreibt, sie werde sterben.

Nachmittags laufe ich eilig von der Obstplantage zu meiner Hebräischstunde, den Brief in der Hand. Du lachst, als ich atemlos hereinkomme, Du weißt genau, wieso ich gerannt bin. Jedesmal wenn ich Dich merken lasse, daß ich verzweifelt bin, bist Du entspannt, erleichtert, selbstgewiß, eine Gläubige.

Du bietest an, Deinen Brief zu übersetzen, ich lehne ab, ich bin wütend auf Dich. »Ich mußte hebräisch schreiben, Du wirst sehen, wieso. Du wirst es verstehen, wenn Du weißt, was ich geschrieben habe.«

Ich kann Dir Dein langes Schweigen letzte Nacht im Gesellschaftsraum nicht verzeihen. Heute hört jedesmal, wenn wir einen Raum betreten, das Tuscheln auf. Ausgerechnet Du zeigst Dich jetzt ungerührt, forderst die anderen heraus, sich Dinge vorzustellen, die sich niemand vorstellen kann.

Du beugst Dich über den Tisch. Du packst mich bei den Schultern. »Du wirst jetzt zuhören«, sagst Du. »Ich lese ihn Dir vor.«

Ich stütze mein Kinn in die Hände. Genauso bockig war ich, als mir alle weiszumachen versuchten, daß meine Schwester auf einer anderen Schule sei, als niemand mir sagte, daß sie tot war, als alle so taten, als käme sie eines Tages wieder.

»Wenn ich Dir schreibe, habe ich nicht das Gefühl, daß da noch Platz ist für etwas anderes als diesen rätselhaften Schmerz, der mich und meinen Körper völlig ausfüllt.«

Mir geht es genauso.

»Kim, ist denn die Tatsache, daß ich Dir in meiner eigenen Sprache schreibe, nicht ein Beweis? Ständig werde ich beim Schreiben gestört und aus diesem eigenartigen Schlaf gerissen, in den ich versinke, wenn ich an Dich schreibe. Ich wünschte, ich könnte genau das übersetzen, was ich geschrieben habe, denn wenn ich Dinge auslasse, verliere ich vielleicht etwas, was mir mehr bedeutet als alles andere auf der Welt. Deine Liebe, die Schönheit zwischen uns, die Art, wie sich Deine und meine Liebe ausdrückt, die Zärtlichkeit und die Schönheit darin.«

Es ist spät. Die Zeit für die Hebräischstunde ist vorüber. Ich muß zurück zum Werkzeugschuppen, wo wir die Scheren reinigen, die Sägen schärfen, die Messer polieren. Ich nehme Dir den Brief aus der Hand. Ich falte ihn sorgfältig und stecke ihn in die Brusttasche meines verdreckten Arbeitshemds. Wir sagen nichts wegen später, doch wir wissen beide, daß Du kommst.

Nach der Arbeit beeile ich mich mit dem Waschen; ich will nicht, daß Du kommst, während ich noch unter der Dusche stehe. Ich möchte mir das Haar über der Heizung trocknen, ich werde Moschus unter den Achseln tragen. Als ich ins Zimmer zurückkomme, bist Du da. Bevor ich wieder verschwinden kann, hast Du mir das Handtuch weggezogen. Als Du mich berührst, zittere ich so heftig, daß erst Deine Hand, dann dein Arm, dann sogar Deine Schultern zu zittern beginnen. Du sagst: »Ich habe noch nie in meinem Leben so gezittert.«

Ich weiß, Du wirst es nicht wagen, Dich daran zu erinnern.

Ich bin es, die Deine Jeans aufknöpft, Du, die nichts darunter trägt, die nackt unter dem Pullover ist, die nackt an meiner Nacktheit neben mir im Bett liegt.

15. Februar, nachmittags

Warum darf die Liebe nicht gehen, wohin sie will, enden, wo sie muß, wenn sie denn enden muß? Weil wir Frauen sind, hat sich das wahre Gesicht der Liebe – ihre Zufälligkeit, ihre Flüchtigkeit – nur um so schärfer gezeigt. Heute in zehn Monaten könntest Du vielleicht meine beste Freundin sein. Stell Dir vor, wir fänden Gefallen aneinander, weil wir beide schnell im Kochen sind. Ich würde Sinn für Humor entwickeln, Du würdest Deine Neigung für englischen Tee entdecken. Wenn wir abends spazierengingen, wäre Deine Hand, die immer größer war als meine, auf einmal kleiner geworden.

Wieso weißt Du, was passieren würde, wenn Du heute morgen mit einer kleinen Tasche den Bus besteigst, zum Flugplatz fährst und überraschend hier erscheinst? Wenn Du bei der Post hereinschaust, wird man Dir erklären, wo David und Margo wohnen. Du kannst nach der Familie mit den Zwillingen fragen, der mit den fünf Kindern, nach der Amerikanerin, die in der Hütte wohnt. Ein kleines Mädchen mit leichtem Silberblick wird Dich zu mir führen, sie wird schnell fortlaufen, wenn ich Deine Schritte auf der Brücke höre, das Fenster aufreiße, Deinen Namen zehnmal hintereinander rufe. Sena. Sena. Sena. Sena ...

Ich bitte Dich nicht, zu mir zu kommen. Das habe ich nie getan. Wie hätte ich Dich darum bitten können, Dich mit Deinen ersten Schritten in die Welt mir anzuvertrauen? Was setzt Du aufs Spiel? Eine Ehe, die ohnehin enden wird? In einem oder zwei Jahren werdet Ihr auseinandergehen, er wird Dich verlassen, weil er Dir nicht verzeihen kann, daß Du ihn nie geliebt hast, ihn geheiratet hast, weil Du Roni nicht kriegen konntest, weil Du mich mehr geliebt hast als Roni. Du wirst ihn verlassen, weil er anfangen wird, Dir regelmäßig zu beweisen, wie gewalttätig er ist.

Es gab eine Zeit, da hätte ich behaupten können, daß Du mir gehörst. Was bedeutet das? Du konntest an den Nachmittagen kommen, manchmal schon morgens früh, wenn Boaz Nachtwache hatte. Das Gefühl einer gestohlenen Stunde blieb, aber Deine Angst vor Überschreitung existierte nicht mehr. Wenn ich an Dich denke, ist Dein Haar immer über meinen ganzen Körper verteilt, über meinen Brüsten, meinen Schenkeln, als hättest Du mich am liebsten darin ertränken wollen, um sicher zu sein, daß ich Dich nie verlasse.

Dann kehrt Deine Angst zurück; jetzt achtest auch Du auf den Klatsch, obwohl die meisten immer noch nicht glauben können, was sich bei Dir unmöglich vorstellen läßt. Zach wohnt neben mir, die andere Treppe hoch, eine dünne Wand nur trennt uns, und er belauscht uns jedesmal, wenn wir zusammen sind. Wenn Du zu mir kommst, flüsterst Du immer. Dann bringst Du mir ein kleines Radio mit und schweigst so lange, bis auch unser Flüstern von den Nachrichten, der Musik, dem unverständlichen Geplapper übertönt wird. Du hast die Freundschaft zwischen Boaz und Hiram bemerkt. Wir wissen beide, daß sie wegen uns entstanden ist, wegen der Dinge, die Hiram Boaz über Dich erzählt. Auf diese Weise formuliert er Dein Verlangen nach mir. Er nährt seine Vertrautheit mit

Boaz durch ein schnelles Aufleuchten der Augen, ein kurzes Atemholen, einen flüchtigen Blick, einen Ausdruck des Erstaunens (unecht), einen unmißverständlichen, verschleierten Verdacht. Boaz ist nicht ganz überzeugt, das merkt man an der Art, wie er mit mir in der Plantage durch die Baumreihen wandert. Gegen seine Eitelkeit kann Hiram nichts ausrichten; Boaz will nicht glauben, daß es zwischen Dir und mir lodert. Dann ist da natürlich noch Dov Aviad.

An manchen Wochenenden kommt er zu Besuch, er fährt mit dem schnellen Wagen seines Vaters hoch. Einige Male verbringen wir die Zeit zu viert, wir trinken Tee bei Euch im Zimmer, wir trinken süßen Carmel-Wein auf dem Fußboden in meinem Zimmer. Du und ich, wir haben unsere Zeichen, durch die wir einander wissen lassen, daß wir einander gehören, winzige Gesten, von denen wir glauben, daß Männer sie nicht bemerken, einen bestimmten Gesichtsausdruck, von dem wir wissen, daß sie ihn nicht lesen können. Wenn Frauen lieben, tun sie das nicht mehr nach den Regeln, die Männer zusammengeschustert haben. Es muß ihr Besitzdenken sein, das uns in die Freiheit entläßt, irgendeine Millionen Jahre alte Wut, die es Dir in solchen Augenblicken leichtmacht, Deinen Ehemann zu betrügen, und mir, das, was da geschieht, vor Dov zu verheimlichen, während alle anderen etwas zu ahnen beginnen. Hiram steht Wache, er stört uns im Gesellschaftsraum oder wenn wir zufällig im Eßsaal alleine sind, taucht in der Vorratskammer für Korn auf, wenn ich einen Tag in der Küche aushelfe und Du überraschend mit einer Botschaft für die Küchenchefin erscheinst. Zach hält sein Ohr an die Wand gepreßt, und es ist nicht herauszubekommen, ob er hört, was Du ihn nicht hören lassen willst, wenn Du mir die Hand fest auf den Mund drückst.

Dann beginnt Simha die Zeit für die Hebräischstunden einzuschränken. Es sei zu viel in der Plantage zu tun, sagt er, obwohl die ruhige Jahreszeit des Zurückschneidens, des Bestreichens der Wunden mit schwarzem Pech begonnen hat. Simha paßt nun genau auf, ob ich auch rechtzeitig wieder zur Arbeit zurück bin. Deshalb renne ich nur noch, von der Plantage zu Dir, von dort zum Geräteschuppen, dann in mein Zimmer, um zu duschen, bevor Du kommst, an den Tagen, an denen Boaz ein Treffen der Sicherheitsgruppe hat oder in Kibbuzangelegenheiten unterwegs ist, den einzigen Tagen, an denen Du Dich noch ausziehst.

Du sagst: »Unsere Zeit geht zu Ende. Spürst Du das nicht? Ich wußte gleich am ersten Tag, als ich Dich sah, daß ich Dir eines Tages auf immer Lebewohl sagen würde.«

Du lebst jetzt so, als wüßtest Du, dies sind die letzten zehn Tage, die letzte Woche, das letzte Mal, daß Du mich küßt. Du fängst an, mit Boaz zu streiten; Du erwähnst mich nie, er erlaubt sich immer noch nicht, das zu glauben, was alle anderen schon herausgefunden haben. In der Obstplantage arbeitet er neben mir, gegenüber von mir, hinter mir, klettert auf meine Leiter, um mir zu helfen, geht mit mir zur oberen Plantage, um dort im Schuppen Dinge zu erledigen, taucht plötzlich auf, um mir beim Tragen von Werkzeug zu helfen. Eines Tages erzählt er mir von der Gruppenvergewaltigung; ich weigere mich, ihm zu glauben, ich habe keine Angst vor ihm. Die Zeit wird kommen, da ich Angst haben muß. Er kann mich von Dir fernhalten, er hat diese Macht. Wie er daran gekommen ist, begreife ich nicht, doch ich weiß, er wird sie benutzen.

Eines Abends gibt es einen Film im Kibbuz; Du sitzt vor mir neben Boaz; Du drehst Dich um und schaust mich mit grüblerischem, wägendem Blick an. Mag sein, es liegt an Deinen zusammengekniffenen Augen, die aussehen, als würden sie das, was schon verloren ist, in der Ferne verfolgen, jedenfalls wird dieser Blick aufgefangen. Zuerst von Hiram, dann von Zach, dann schließlich von Boaz, der mit vor der Brust gefalteten Händen sehr gerade in seinem Stuhl sitzt und über Deinen Kopf hinweg zu Hiram schaut, als gebe er auf und kapituliere. Ich nehme diese Strömungen wahr, auch wenn Du es nicht tust; Du schaust zu mir in der flackernden Dunkelheit. Devora wacht zum ersten Mal seit Wochen auf, sieht mich scharf an, interessiert. In diesem Augenblick – der Film läuft da schon fast eine Stunde – betritt Simon den Raum, läßt die Tür hinter sich zuschwingen und unterbricht die angespannte Situation.

Nach dem Film treten Boaz und Hiram ihre Wache an. Das ist ihre Liebesnacht, da werden sie mit dem Gewehr vor der Brust umherpirschen und spionieren, sie werden wieder unter unseren Fenstern aufkreuzen. Heute nacht beginnt die langsame Verwandlung eines Verlangens, das sie nie werden wahrhaben wollen, in Gewalt. Sie werden Überfälle unten bei der Farm erfinden, wo der Draht neben dem Hühnerhaus gekappt worden ist. Sie werden Angriffe auf die Grenzhöhlen planen, die sie von hinten anschleichen werden, um Gefangene zu machen. Zwischendurch werden sie wieder hinter unseren Häusern auftauchen, wo Du mit mir auf meinem Bett sitzt. Wir wissen, es ist etwas geschehen, was jetzt nicht rückgängig gemacht werden kann, ein Etwas, das Du immer erwartet hast, Du, die Du es mit einem einzigen Blick des Verlangens ausgelöst hast.

In dieser Nacht sagst Du, daß Du mir gehören möchtest. Was meinst Du damit, mir gehören? Deine Arbeit ist Dir gleichgültig, die Farm, die neue Scheune, die Kinder, die bald geboren werden, deine Ehe ist Dir gleichgültig. Zum ersten Mal sagst Du: »Du weißt, daß ich Dich mehr liebe als Boaz. Kann Dich denn die Tatsache, daß ich es sage, nicht überzeugen?« Ich habe keine Ahnng, wieso Du Dich so anstrengst, mich zu überzeugen. Ich habe es immer gewußt, ich war immer davon überzeugt.

Du zitterst in Deiner Wildlederjacke; Du verbirgst Dein Gesicht in den Händen. Ich versuche, Dein Haar beiseite zu schieben, will gegen Deine Wange hauchen, will Dir Beruhigendes zuflüstern. Du schüttelst mich ab. »Ich kann es nicht leiden, wenn Du mich so berührst. Ich denke dann immer, vielleicht ist da etwas in Deiner Liebe, etwas Herzloses.«

Du bist von dem Mandelbaum-Tor besessen, das vor einigen

Jahren noch der einzige Zugang von Jerusalem zur Altstadt war. Du weißt alles über Haram al-Sharif, Du hast in der Schule gelernt, wo David seinen Altar errichtete. Doch niemand hat Davids heidnisches Gebaren erwähnt, seine Nacktheit, seine Liebe zu Jonathan, sein Tanzen. »Meine Schwester sagt, sie will irgendwann den Kibbuz verlassen, Roni sagt, er will in Tel Aviv Kunst studieren, ein Mädchen aus meiner Gruppe ist nach Paris gegangen. Ohne Kibbuz wäre ich gar nichts. Wenn ich studieren würde, welche Begabung hätte ich denn vorzuweisen? Weil ich Englisch spreche, soll ich Literatur studieren? Weil ich Literatur studiere, soll ich allein in einer Wohnung leben, mit Nachbarn, die keine Kameraden sind, sondern nur Nachbarn? Manche Menschen haben nur eine einzige Welt, die für sie möglich ist; dies hier ist meine mir mögliche Welt. Ich kann es Dir nicht erklären, Du bist eine Vagabundin, mal hier, mal dort, Du ziehst von Wohnung zu Wohnung. Deine arme Tochter! Wenn wir sie nicht herholen, was soll dann aus ihr werden? Wirst Du je wieder nach Hause fahren? Vielleicht laßt Ihr Euch einfach immer so weiter treiben, Du und Simon, er wird Dir sowieso irgendwann verzeihen, er will Dich immer noch retten, und Du verschwindest einfach zum nächsten Kibbuz, wenn Du es hier nicht mehr aushältst. Weißt Du, warum ich Dir helfen möchte? Nicht wegen Dir. Sondern wegen Deiner Tochter. Die Tochter einer Mutter, wie Du eine bist, braucht einen Kibbuz. Weißt Du, warum ich Dich zu meinen sogenannten Eltern geschickt habe? Sie werden Dich aufnehmen, wenn Du nirgendwo sonst mehr hinkannst. Irgendwie, ich habe keine Ahnung wie, hast Du einen guten Eindruck gemacht. Wenn Du dort lebst, wenn Du hier nicht mehr leben willst, wenn Du genug von mir hast oder wenn der Kibbuz Dich rauswirft, dann habe ich die Möglichkeit, Dich zu sehen, wenn ich zu Besuch komme.«

»Ich kann es nicht leiden, wenn Du so redest.«

»Du merkst nie, wenn ich Spaß mache. Du hast keinen Sinn für Humor. Manchmal glaube ich, Du bist nicht mal jüdisch.

Eine Jüdin ohne Humor? Andererseits – wer würde Dich für amerikanisch halten, so verrückt, wie Du redest?«

Verrückt, weil ich finde, Du solltest mich lieben? Verrückt, weil ich nicht begreife, wieso Du Boaz überhaupt geheiratet hast? Verrückt, weil ich nicht in Panik gerate, wenn Du mir gehören möchtest? »Du möchtest mir gehören. Gut. Ich nehme Dich.«

»Du machst gar keinen Spaß. Das ist ja der Ärger mit Dir. Mit solchen Dingen machst Du nie Spaß.«

An diesem Abend schreibst Du dem Therapeuten, zu dem Du als Kind gegangen bist. Im Kibbuz hatten sie sich Sorgen wegen Dir gemacht, weil Du mit dem Fahrrad allein durch die Gegend fuhrst und Jungenssachen trugst. Im ersten Jahr hast Du mit dem Rücken zu ihm gesessen. Du hast kein einziges Wort gesagt. Im nächsten Jahr hast Du Dich seitwärts gesetzt. Er sagte auch nichts. Manchmal las er Dir was vor. Im dritten Jahr hast Du ihm ins Gesicht geschaut.

Wegen dieses Briefs fährst Du ein paar Tage später fort, um mit dem Therapeuten zu sprechen. Er hat jetzt eine Privatpraxis. So hat Dich unsere Liebe schließlich nach Jerusalem gebracht. Ich warte neben der Wäscherei auf Deinen Anruf; als es dunkel wird, warte ich immer noch. Ich muß sehen, daß ich mir den Lastwagen besorge, um Dich an der Straße abzuholen. Dov Aviad ruft an, obwohl gar nicht Montag ist; er ist überrascht, als ich abnehme. Er gesteht, daß er immer wieder anruft, um die Gewißheit zu haben, daß es irgendwo in meiner Nähe klingelt.

Ich kann jetzt nicht weiter telefonieren. Was ist, wenn Du in diesem Augenblick anzurufen versuchst? Du wirst den letzten Bus verpaßt haben, ich muß den Lastwagen organisieren, um Dich abzuholen. Er sagt: »Ich habe den Eindruck, daß ich Dich an Sena verliere. Meine Großmutter hat mir gesagt, daß es Leute gibt, für die Freundschaft sogar noch mehr bedeutet als Liebe. Vielleicht bist Du ja auf diese Weise mit Sena befreundet?«

»Ich rufe Dich morgen an. Morgen werde ich alles erklären.

Ich warte gerade auf Sena. Was ist, wenn sie jetzt anruft, und es ist besetzt? Was soll sie dann machen? Allein auf der Straße im Dunkeln stehen? Ich bin dabei, den Lastwagen zu organisieren.«

»Ich glaube nicht, daß Du morgen anrufst. Wenn Du morgen anrufst, glaube ich nicht, daß Du es mir erklären wirst.«

Kaum hat er aufgelegt, klingelt das Telefon. Ich stehe da, ohne Jacke, in meinem dicken Pullover. Der Wind ist so schneidend, als sollte ich begreifen, daß es nun nichts mehr gibt, was mich wärmt. Die Liebe weiß, wann die Zeit kommt, mit ihrer eigenen Unmöglichkeit zu brechen.

Du stehst unter einer Laterne, am Rande von Safad, sehr jung und verloren. Ich habe ein belegtes Brot für Dich mitgebracht. Du sagst zu mir: »Jetzt sehe ich, daß Du trotz allem eine Mutter bist.«

Schließlich sind wir wieder in meinem Zimmer. Du sitzt mir gegenüber. Du hast Deine Jacke nicht ausgezogen. Du hast mich nicht umarmt, nachdem wir eingetreten sind.

»Du brauchst mir nichts zu erzählen«, sage ich. »Ich weiß, was passiert ist.«

Dein Therapeut hat Dir geraten, nie mehr mit mir zu sprechen. Er hat Dir erklärt, daß ich eine gefährliche Frau bin. Er hat gesagt, Boaz sei ein anständiger Mann, wieso solltest Du nicht glücklich mit ihm sein? Er sagt, Dein Wunsch, mir zu gehören, sei nichts anderes als Deine kindliche Verwirrung, damals als Deine Pflegemutter Dich aus dem Haus warf. Er sagt, wenn Du mit mir weitermachst, wird es Dir am Ende genauso ergehen wie damals. Er erinnert Dich daran, daß Du einmal mit dem Rücken zu ihm gesessen und nur geschwiegen hast.

An jenem Abend hast Du mir geschworen, daß Du seinem Rat niemals folgen würdest.

Am nächsten Morgen hatte Boaz meinen Brief an Dich gefunden. Er fand ihn nicht in der Schublade mit Deinen Pullovern und Tüchern, nicht zwischen Deinen Papieren, nicht bei Deiner Unterwäsche und den Socken. Er fand ihn vor der letzten Seite eines Buchs, das Du unter das Spülbecken im Flur geschoben hattest, hinter dem Karton mit Waschpulver und von Bürsten verdeckt.

Wir trafen uns an diesem Morgen zufällig, als ich zur Arbeit ging. Es war sehr kalt. Sobald ich Dich sah, wußte ich Bescheid. Du kamst mir mit einem Ausdruck der Trauer entgegen. Eben dieses Gesicht habe ich in Erinnerung behalten, als hättest Du nie anders geblickt, als hätte es kein Sehnen, kein Verlangen, kein halb verstecktes Lächeln, keine Strenge, keine Reserviertheit, keinen visionären Eifer, nichts Zärtliches gegeben, nur Deine verdeckte Trauer, den Fatalismus, Deine Resignation.

Es war nicht Boaz, nicht Dein Therapeut, nicht Dein Leben im Kibbuz, es waren nicht Deine Träume von der Zukunft des Kibbuz, die uns auseinandertrieben; es war nicht Deine Angst, ich würde aufhören, Dich zu lieben; es hatte nichts mit Deinem Wunsch, mir zu gehören, zu tun. Du wolltest für mich leiden, das war die einzige Art Liebe, die Du Dir vorstellen konntest. Du wolltest mich verlieren, wolltest, daß ich Dir entrissen wurde, wolltest mich wegschicken, weil das die einzige Art Liebe war, auf die Du Dich verstehst. Du bist die Architektin all dessen, nicht die Ehe, nicht Boaz, nicht einmal ich, die ich mich bereit erklärte, abzureisen, weil du Boaz versprochen hattest, nie mehr mit mir zu sprechen.

»Du kennst mich«, fügtest Du mit gebrochener Stimme hinzu, »wenn ich etwas sage, dann tue ich es auch.«

Doch noch am selben Tag hast Du mich heimlich aufgesucht. Ich arbeitete freiwillig eine Extrastunde in der Küche, weil ich nach der Arbeit nicht in mein Zimmer gehen mochte. Simon saß draußen auf dem Lastwagen und pfiff seine ägyptischen Liebeslieder. Allen war schon aufgefallen, daß er eine neue Gewohnheit hatte. Er begann mit einer Melodie und hörte dann mittendrin auf. Er fing eine andere an und würgte sie ab. Ich sah ihn durch die Fliegengittertür, zu der Zeit hatte er schon angefangen, barfuß zu gehen, seine Füße waren geschwollen. Du kamst hinter mir in den Raum, zogst mich an der Hand in den Vorratsraum, schlugst die Tür hinter uns zu. Du standest vor mir, Du legtest meine Hände auf Deine Brüste. Du sagtest: »Ich gehöre nicht zu denen, die deswegen weinen. Wenn ich Dich aufgeben muß, dann gebe ich Dich auf, wir wußten beide, daß es früher oder später passieren würde.«

Ein paar Tage später verschwand Simon. Wir hörten nichts von ihm. Die Sicherheitsabteilung wurde losgeschickt, um ihn zu suchen. Sie vermuteten, daß er vielleicht von Terroristen gekidnappt worden war. Dov Aviad kam zurück. Während er da war, hast Du Dich von mir ferngehalten. Dov kam spät abends zu mir, so wie er es früher getan hatte; ich war jedesmal wach und weinte. Er legte dann meinen Kopf in seinen Schoß. »Du mußt nichts sagen, Du schuldest mir keine Erklärung. Boaz hat mir erzählt, daß er nicht will, daß Du mit Sena zusammen bist, Du sollst sie nicht sehen und nicht mit ihr sprechen. Vielleicht ist er in Dich verliebt. Jetzt haßt er Dich. Er will Dich nur von Sena fernhalten, um Dir weh zu tun. Und Sena ist einverstanden.«

Er sagt: »Jetzt wirst Du um sie trauern, Du wirst verschwinden, in Deinen Schmerz hinein. Wenn ich meine Arme um Dich lege, bist Du schon nicht mehr hier. Ich spüre, wie Du weggleitest. Bald wirst Du meine Briefe nicht mehr beantworten. Wenn ich Dich besuchen komme, wirst Du Dein Zimmer abschließen. Und was wird dann aus mir? Ich habe Dir erzählt, wie schwer es für mich war, jemanden zu finden, mit dem ich reden kann. Zwei Wochen bevor ich mich für den Reservedienst melden mußte, habe ich das Mädchen kennengelernt, das ich Dir gegenüber schon ein- oder zweimal erwähnt habe, die Pianistin. Und sie war wirklich etwas Besonderes. Wir haben uns viel am Telefon unterhalten, und in gewisser Weise sind wir uns sehr nahe gekommen. Letzte Woche habe ich sie getroffen, und, ehrlich gesagt, es war, als ob man Wasser trinkt, nachdem man Wein genossen hat. Und genau aus diesem Grund hatte ich Angst vor Dir. Zwangsläufig hat nach Dir kein

Mädchen auf der Welt auch nur die geringste Chance. Und eine jüngere Ausgabe von Kim Chernin zu finden ist so gut wie unmöglich. Ich wußte das und habe es gleich zu Anfang gespürt, und jetzt ist es halt eingetroffen.«

»Wenn Du dieses Mädchen willst, dann kannst Du sie haben. Ich hindere Dich nicht daran. Wenn Du sie so besonders findest, was hast Du dann noch mit mir zu schaffen?«

»Es wird schon so sein, daß ich dieses Mädchen sehr schätze, aber ich liebe sie nicht, und das weißt Du. Vielleicht hätte ich nicht von ihr sprechen sollen, aber Du weißt, daß Du bei mir nicht als gewöhnliche Frau vorkommst. Für mich bist Du etwas, was darüber steht. Und ich konnte mir einfach nicht vorstellen, daß Du eifersüchtig sein würdest.«

»Du konntest Dir nicht vorstellen, daß ich eifersüchtig würde? Wäre ich denn überhaupt so befreundet mit Sena, wenn Du nicht weggegangen wärst, zurück nach Haifa, zurück zu Deiner besonderen Pianistin?«

»Ich gebe ja zu, daß ich empfindlich reagiere, was unsere Beziehung angeht. Es stimmt, ich sehe keine Zukunft für uns, aber die Zukunft von Beziehungen ist mir auch egal. Ich weiß nur, daß ich Dich will.«

Bringe ich ihn dazu, diese Dinge zu sagen, weil ich eigentlich möchte, daß Du sie sagst? Quäle ich ihn, weil ich Dich nicht erreichen kann? Ich glaube nicht, daß Du mich aufgegeben hast, weil ich eine Frau bin. Ich glaube, falls Du jemals noch einen Menschen lieben solltest, dann wirst Du ihn ebenfalls aufgeben, selbst wenn es Roni ist, denn das ist es, was Du unter Liebe verstehst – aufgeben.

Jetzt, da ich fort bin, ruft Dov Aviad Dich jeden Tag an. Du tröstest Dov Aviad. Er kann nicht ohne mich weiterleben, ebensowenig wie ich ohne Dich weiterleben kann. Du würdest nicht glauben, wie kühl Deine Stimme klingt, wenn Du das sagst; die Verachtung ist durchzuhören, obwohl Du sagst, daß Du uns beide bemitleidest. Selbstverständlich gibt es keinen Grund mehr, Dich zu bemitleiden.

17. Februar, später Abend

Ich hoffe, Du denkst nicht, daß ich all dies für Dich aufschreibe? Ich schreibe, um die Dinge zu bezeugen, um sie auszutreiben, sie ins Gedächtnis zu rufen, zu beschwören, zu kritisieren, zu erledigen. Was hat all das mit Dir zu tun?

Du warst es, die mir die sechzig biblischen Namen für Jerusalem beibrachte. Danach konnte ich Dich »*Meine Stadt, mein Heiliger Berg*« nennen. Ich nannte Dich auch Hephzibah. Gottes Name für Jerusalem. Er bedeutet »Ich habe meine Freude an ihr«.

Also, was soll's?

Simon hatte sich in dem arabischen Dorf weiter oben an der Straße aufgehalten. Natürlich wären wir nie auf die Idee gekommen, ihn dort zu suchen. Wir konnten uns keine Freundschaft zwischen ihnen und uns vorstellen, es kam uns nicht in den Sinn, daß er sich an sie wenden würde, wenn er verzweifelt war. Als er zurückkam, war sein Gesicht blaß, verzückt, beinahe durchsichtig, als hätten ihn die Wochen, die er, in Decken gehüllt, auf einer Matratze verbracht hatte, in einen wandernden Rabbi verwandelt. Kaum war er zurück, fing er wieder an, Briefe an mich zu schreiben; in der Obstplantage redet er unentwegt mit mir, nennt mich seine Schwester, sagt, nichts könne sich je zwischen uns stellen. Seine Liebe zu mir sei nun rein geworden; der Gedanke, daß es jemanden wie mich auf der Welt gibt, tröste ihn.

Jemand wie ich!

Die Dinge entwickeln sich jetzt schnell. Du und ich, wir haben die Zersetzung unserer knappen Zeit miteinander in Gang gebracht. Ich glaube, es fing in dem Moment an, als Du mich öffentlich mit einem Blick nackten Verlangens anschautest.

Devora beschließt, wieder nach Jerusalem zu gehen. Sie wird bei ihren Eltern wohnen, bis sie eine Wohnung findet. Das Kibbuzleben ist nichts für sie. Sie möchte gerne jemenitische Musik und Kultur studieren. Sie hat an einen Freund ihres

Vaters an der Hebräischen Universität von Jerusalem geschrieben. Alle scheinen zu wissen, daß ich bald fortgehen werde. Wie könnte ich fortgehen? Wo soll ich hingehen? Warum soll ich fortgehen? Du wirst nicht wollen, daß ich gehe. Du bist die mächtigste Person in dieser Gemeinschaft, Du wirst mich bei Dir behalten. Wie solltest Du ohne mich weiterleben können?

Am Wochenende kommt Dov. Er ist wie ein Wahnsinniger hergefahren, um einen Brief abzufangen, den er mir am Tag vorher geschrieben hat. Er findet ihn im Briefkasten, Du hast ihn hineingelegt; immer wenn Du Streit mit Boaz hast, kommst Du zu mir. Dov zerknüllt den Brief in der Hand. Er läuft die Straße runter bis zur unteren Plantage. Ich bin nicht dort, wir haben oben beim Dorf Äste verbrannt. Er läuft die Straße hoch, zurück zur Farm, stürzt in mein Zimmer, dann zu den Ruinen hoch, wo er den Rauch riecht, rennt wieder runter zur Plantage und sucht mich. Doch auch ich bin in Hetze. Ich renne durch die ganze Plantage, durch die Reihen nackter, beschnittener, verwundeter Bäume, rieche das Pech, renne zum Geräteschuppen, und da ist Dov, außer Atem, in Tränen aufgelöst, keuchend zusammengesunken, und hält den Brief in der Hand, in dem er mir Lebewohl gesagt hat.

Wenn ich bald fortgehe, dann ist dies vielleicht das letzte Mal, daß ich ihn sehe; wir gehen in den Geräteschuppen und stehen zusammen an der Wand, neben den Harken, den Schaufeln, dem kaputten Faß, das vor wenigen Monaten noch mit Äpfeln in einer Ecke der Plantage gestanden hatte. Er hält mich, als wüßte er, daß der Brief die Geschichte zwischen uns beendet hat, obwohl er ihn in Fetzen gerissen, widerrufen hat.

Liebe liebt Verzweiflung; Dov und ich kommen gemeinsam zurück, als wärst Du nie zwischen uns getreten. Es hätte die erste Nacht sein können, in der er mit Gewehr und Lampe mein Zimmer betrat. Ich weiß, Du willst, daß ich Zerknirschung zeige: Simon geht vor die Hunde, Dov kann nicht ohne mich sein, Deine Ehe ist fast zerbrochen; vermutlich findest Du, ich sollte auch die Verantwortung für Devora übernehmen, weil sie sicher mit Dani ins reine gekommen wäre, wenn es mich und mein schlechtes Beispiel nicht gegeben hätte. Wenn ich nicht gekommen wäre, hätte sie vielleicht ihren Frieden mit dem Kibbuz geschlossen, eine Möglichkeit gefunden, doch zu bleiben.

Ich zeige keine Zerknirschung.

Eines Tages schlug Boaz Dich heftig, als Du gerade aus dem Eßsaal kamst. Er ging schnell weg, Du folgtest ihm, zogst ihn an der Schulter, drehtest ihn zu Dir um, ohrfeigtest ihn zweimal, erst mit der linken, dann mit der rechten Hand, machtest auf dem Absatz kehrt, gingst geradewegs zu mir, also, machen wir uns doch nichts vor von wegen Gewalt.

Ich werde nicht widerrufen; ich habe Dich nie zu irgend etwas überredet. Ich gebe ihm keinen Namen, in keinerlei Richtung, das würde ich nicht wagen. Wenn ich nicht an dem Punkt aufhöre, wo man Deiner Meinung nach aufhören sollte, wenn ich nicht losstürze und zusehe, daß ich wegkomme, wenn ich mich nicht aus dem Staub mache und meine Tochter als Grund anführe, dann mach mir daraus bitte keinen Vorwurf! Du bist von Anfang bis Ende genauso frei gewesen wie an jenem Tag, als Du in mein Zimmer kamst und mir alles angeboten hast, Israel, die Kibbuzbewegung, Deinen Einfluß, Deine Familie, Deine Cousine, ihre Verbindungen mit Oranim, eine ganze israelische Zukunft, die ich ohne Dich nicht hätte haben können. Wenn das keine Liebe war, was dann?

Im Geräteschuppen schiebt Dov mich nach einer Weile auf Armeslänge von sich weg, legt seine Hände auf meine Schultern, und wir weinen beide wegen des Briefs, der nie ankam. Nach dem Duschen und vor dem Abendessen geht er los, Dich suchen. Du hattest seit vier Tagen nicht mit mir gesprochen, mir kein Zeichen gegeben, keinen Brief, hattest mir keinen Blick geschenkt und Dir nichts anmerken lassen, wenn wir in die Küche kamen, um unser Geschirr in den Ausguß zu stellen. Die meiste Zeit bliebst Du in Deinem Zimmer, die Erklärung dafür lautete Migräne, keinmal hast Du Dir nachts am Fenster eine Zigarette angesteckt, Du bist spät zum Essen erschienen und warst verschwunden, ehe ich die Gelegenheit hatte, Dich beim Verlassen des Eßsaals zufällig zu streifen. Also machte Dov sich auf, Dich zu holen, und kümmerte sich nicht um Boaz' Zorn.

Dov entdeckt Dich auf dem Kinderkarussell, Du sitzt da in Deinem schweren, molligen Mantel und rauchst eine amerikanische Zigarette. Boaz hat die Hände tief in den Taschen vergraben und marschiert langsam im Kreis. Plötzlich wird er lebendig und stürzt sich auf Dov. Dov packt seine Fäuste, um ihn zu bremsen. Er ist in einer barmherzigen Mission unterwegs, er hat keine Angst.

Als Du in mein Zimmer kommst, setzt Du Dich in Deinen Stuhl am Fenster. In Gegenwart von Dov wirfst Du mir vor, daß ich Dich nicht liebe. »Hast Du auch nur einmal in diesen vier Tagen mit mir zu reden versucht?«

Dov geht an die Schreibmaschine und liest ein paar Worte, die ich Dir wohl geschrieben haben muß. Es ist jetzt nicht wichtig, was da stand. Wahrscheinlich habe ich geschrieben: »Ich möchte Dich anbeten.«

Dov geht nach draußen; er läßt seine Jacke bei uns liegen, es ist immer noch bitterkalt, obwohl wir im Schnee schon die roten Blumen entdeckt haben. Wir wissen, daß er bald zurückkommt. Du wirfst mir die Arme um den Hals, Du drückst mich so heftig an Dich, daß ich Dich nicht daran hindern kann. Wir hören Dovs Schritte auf der Treppe, die Tür geht auf, er ist wieder da.

Vielleicht war das die letzte Stunde für mich und Dov Aviad. Danach ging alles sehr schnell, es kam eine Zeit, da konnte ich ihm nicht mehr ins Gesicht sehen. Es gab Nächte, da kamst Du noch zu mir ins Zimmer, voller Wut auf Boaz. In anderen Nächten durfte ich Dich nicht anfassen. Ich sagte: »Setz Dich her zu mir, ich möchte mit Dir reden. Dreh das Radio an. Ich verspreche Dir, ich rühre Dich nicht an.«

Du sagtest: »Jetzt glaube ich, daß Du sehr korrupt bist.«

»Ich sehe doch, daß ich Dich nicht anfassen soll. Ich sehe doch, daß du Angst vor mir hast.«

»Ich will, daß Du mich anfaßt.«

Wenn Boaz im Kibbuz war, hattest Du Angst. Du sagtest, es sei nichts zu befürchten, doch Du bist hochgeschossen, wenn Zach die andere Treppe heraufkam. Du bist jedesmal aus meinem Zimmer gestürzt, wenn Du den Wagen der Sicherheitstruppe bei Anbruch der Dunkelheit zur Farm zurückkehren hörtest.

Einmal sind wir nach Oranim gefahren, wohin der Kibbuz uns beide zu einem Psychologiestudium schicken wollte. Wir besichtigten die Bibliothek, in der drei Frauen die Köpfe zusammensteckten und arbeiteten. Du hast ein Buch herausgezogen und angefangen, mir etwas in Hebräisch vorzulesen. Eine der Frauen schaute hoch, starrte Dich an und lächelte dann plötzlich. Als wir ins Hauptgebäude kamen, erkannte Dich eine Sekretärin, stand auf und begrüßte Dich. Sie sagte: »Ich gratuliere Dir dazu, wie schön Du geworden bist, Sena.«

Draußen im Kinderzoo gab es einen großen Käfig mit einer Eule. Als wir daran vorbeigingen, hast Du mich spielerisch an die Schulter gefaßt. »Nicht hier, benimm Dich, Kim, ich warne Dich.«

Ein Mädchen erkannte Dich und sagte: »Ich wußte gar nicht, daß Du so gut englisch sprichst, Sena.«

Die sehr schöne alte Frau, die Du als Kind gekannt hast und die uns beide an die Hand nahm, während sie uns herumführte, zeigte uns, wo wir essen würden, wo der Unterricht stattfand, wo der Bus hielt, der uns wieder nach Araht bringen würde. Als gäbe es keine Hindernisse, keine Hürden für eine gemeinsame Zukunft, wie immer wir sie uns auch erträumen mochten.

Wir besuchten Deine Pflegeeltern. Sobald wir dort waren, hast Du mich in Dein Zimmer geführt. Ein schwerer grüner Vorhang ließ sich vor die Tür ziehen und verdeckte so den Eingang. Du hast ihn zugezogen und mich in die Arme genommen. »Du siehst, ich habe an alles gedacht.« Du hobst mich in die Luft. Du warst viel stärker als ich. »Darauf habe ich den ganzen Tag gewartet.«

Die Tage zählen.

Später begleiteten Deine Eltern uns an der Scheune vorbei bis zur Straße. Sie haben gesungen; es war Dein Vater, der beim Gehen leise sang. Sie warteten mit uns an der Straße, bis der Bus kam. Dein Vater sagte: »Jetzt bist Du unsere Tochter.«

Im Bus hast Du Deinen Kopf an meine Schulter gelegt. Wir taten so, als verstünden wir kein Hebräisch. Als zwei junge Araber uns ansprachen, antworteten wir in Englisch. Du bliebst auch noch an mich gelehnt, als Du hörtest, daß sie über uns redeten. Du hörtest, daß sie sagten, wir seien Schwestern.

Wir fuhren mit geschlossenen Augen durch das Tal zurück, Dein Kopf ruhte an meiner Schulter. Als wir in Tiberias warteten, daß jemand herunterkam und uns mit dem Lastwagen abholte, gab ich Dir meine Jacke zum Überziehen. Es kam niemand. Wir spazierten durch die Stadt, wir sahen Männer, die in einem großen, hell erleuchteten Raum Billard spielten. Wir hatten es allein in die Stadt geschafft, wir waren in unserer Zukunft umhergewandert, wir waren einen ganzen Tag nicht auf der Farm gewesen, so lang, wie ein Schmetterling lebt, dessen Flügelschlag in Kalifornien Schneefall am Nordpol auslöst. Du hast meine Jacke getragen. Wir wanderten durch die lange Hauptstraße, die ich vor Monaten allein entlang gegangen war, an jenem ersten Tag, als ich auf den Bus wartete, der mich nach Araht bringen sollte. An jenem Abend sagtest Du, in meiner Jacke und Arm in Arm mit mir: »Jetzt bin ich mit Dir verheiratet. Nichts kann uns trennen.«

19. Februar, früh

Ich höre Stimmen.

Den ganzen Weg zum Wasser hinunter sind die Bäume kahl. Rauch steigt aus dem Kamin des letzten Hauses vor dem Meer.

Gestern haben wir alle im Garten gearbeitet. Rachel saß mit einem Apfel, einem Kanten trockenem Brot und einer Handvoll Käse in meinem Schoß. Seth schob die Schubkarre zwischen den Kohlreihen hin und her, auch wenn sie leer war. Die Zwillinge saßen in ihrem Kinderwagen und staunten alles mit ihren runden Augen an. Nur Jessica arbeitete, sie zupfte Unkraut aus und machte dabei einen perfekten Kreis um mich herum. Margo sagte, in dieser Nacht würde ich schlafen können. David brachte mir eine Tasse Tee und rieb meine Hände zwischen seinen. Doch wir wußten alle, daß es nicht half. Ich trieb immer weiter fort, der Tee, der Unkrautkreis, selbst die Kinder konnten mich nicht retten. Ich wollte zurück in meine Hütte, zurück zu meinen Briefen an Dich, zu den Stimmen, die mich an einen Ort hoch oben auf einem Berg erinnerten, wo jemand mich geliebt hatte.

Dann hieß unsere Zeit miteinander: Du, in Tränen aufgelöst. Oder vielleicht war ich es, die weinte. Es regnete, der Schnee war geschmolzen, in der Obstplantage gab es nichts zu tun, Boaz und Hiram strichen irgendwo umher und heckten Pläne aus, wie immer die aussehen mochten. Damals warst Du in Gefahr. Boaz schleuderte Dich durchs Zimmer, Du warfst ihn zu Boden. Hiram klopfte an die Tür; Boaz sagte, er solle zum Teufel gehen. Er hob Dich auf, warf Dich aufs Bett; Du hast ihn so hart getreten, daß er sich gleich doppelt krümmte. In zwei Sekunden warst Du draußen; zwei Sekunden später warst Du bei mir. Das war das erste Mal, daß Du sagtest, ich solle fortgehen, zurück in die Welt, in den Kibbuz Deiner Eltern, nach Oranim, mit Devora nach Jerusalem. Wenn ich in Araht bliebe, könntest Du Dich mir nicht entziehen. Du könntest Dich nicht einmal für zwei Stunden entziehen. Ich müßte unbedingt gehen, ich würde Dich zerstören.

Eines Abends hatte es gerade zu regnen begonnen, als ich von Devoras Zimmer zurückkam, wo sie beim Packen war. Ich sah Dich mit Boaz vorüberlaufen, Ihr hattet die Arme umeinander gelegt und Eure Köpfe mit einem Mantel bedeckt.

Du hast gelacht, Du bist an mir vorbeigelaufen, Du hast mich nicht gesehen.

Ein andermal saß ich im Eßsaal und spielte Klavier. Du kamst herein, setztest Dich neben mich und berührtest mein Knie. Du legtest mir Deinen Arm um die Schulter. Du sagtest, Du könntest Dir vorstellen, daß Du genauso neben mir sitzen würdest, wenn wir zwei alte Frauen sind. Boaz und Hiram kamen herein. Boaz hatte Dich überall im Kibbuz gesucht. Er sagte nichts, er ging an uns vorbei. Wir sahen beide den Ausdruck in seinen Augen.

Wenn ich einwilligte, den Kibbuz zu verlassen, konntest Du mir Lebewohl sagen. Deshalb habe ich eingewilligt. Und weil es das letzte Mal war, hattest Du da kein schlechtes Gewissen. Du hattest keine Angst mehr vor Boaz. Du warfst Deinen Pullover gegen die Wand, warfst Deine Jeans von Dir, warfst Dich selber zu Boden, um meine Knie zu umfassen. Dein Haar bedeckte meine Füße. So glaube ich am Ende doch, daß Du es warst, die geweint hat.

Plötzlich hörten wir Schritte auf der Treppe. Wir sprangen beide auf. Wir hörten ein Klopfen an der Tür. War sie abgeschlossen?

»Mi zeh?« Du warst es, die sprach, Du hast Dich sehr aufrecht hingestellt, in jener unnahbaren Haltung, die Du immer in Notfällen parat hast. Endlich nach langem Schweigen: »Ich bin es, Hiram, mach auf.«

Wir ziehen uns hastig an. Ich schlüpfe in meinen Pullover, Du bist schneller als ich, wir hören, wie er die Schuhe abstreift.

»Ist Sena da?«

Ich bin fertig mit Ankleiden, aber ich habe keine Zeit, in meine Stiefel zu fahren. Du sitzt im Stuhl, vollständig angezogen, Du machst ein spitzbübisches Gesicht, das Dich verraten wird. Ich sitze auf dem Bett, ich frage Hiram, wieso er nach Dir sucht. Er öffnet die Tür.

»Boaz rennt mit einem Messer im Kibbuz herum.« Er bemerkt, daß ich keine Schuhe anhabe. Er konstatiert Deinen

Gesichtsausdruck. Beides scheint ihn mit außerordentlicher Genugtuung zu erfüllen, als hätten wir ihm nun den letzten Baustein für seinen Verdacht geliefert. Weil keine von uns sich rührt, wiederholt er: »Boaz rennt mit einem Messer im Kibbuz herum.«

Ich sage: »Und hast Du vor, sie zu beschützen?«

»Er ist hinter Dir her. Nicht hinter Sena.«

Er sieht erregt und fiebrig aus; er hat mit Boaz getrunken. Er fährt sich mit der Hand übers Haar. Er sieht an diesem Abend sehr gut aus, sein Haar ist glatt nach hinten gekämmt, sein Gesicht sucht vergeblich die Erregung zu verbergen. Er sagt, er habe versucht, vernünftig mit Boaz zu reden; wir lächeln beide.

Du gehst mit ihm aus dem Zimmer und schaust mich beim Hinausgehen noch einmal kurz an, Du hast Dich vollkommen in der Gewalt. Kaum bist Du fort, schließe ich unten die Haustür ab. Ich komme zurück und schließe meine Zimmertür ab.

Ich warte; draußen höre ich jemanden schreien. Deine Stimme dringt durch mein offenes Fenster. Der Heizofen ist leergebrannt; es riecht nach Paraffin. Ich höre Simons Stimme. Alle schreien auf hebräisch, Boaz schreit, Hiram stachelt ihn an. Auf der Treppe sind Schritte zu hören; wie viele es sind, läßt sich unmöglich sagen.

Jemand hämmert gegen die Haustür. Er trommelt mit den Fäusten, wirft sich dagegen. Jemand versucht ihn von der Tür wegzuziehen, erneut setzt das Poltern ein, die Tür fliegt auf und schlägt mit einem unglaublich lauten Knall gegen die Wand. Boaz schreit auf englisch, Ihr beide brüllt Euch auf hebräisch an, Hiram flucht irgendwo im Hintergrund.

Du sagst auf englisch: »Wenn Du ihr auch nur ein Haar krümmst, werde ich nie wieder mit Dir reden. Du kennst mich. Wenn ich das sage, werde ich es auch tun.«

Es folgt eine lange, lange Stille. Ich höre all dies, als fände es gar nicht statt. Ich bin vollkommen ruhig. Du bist da, Du wirst mich beschützen. Jetzt beginnt das Hämmern an meiner Tür, an der Tür zu meinem Zimmer. Boaz trommelt mit den Fäusten dagegen, wirft sich dagegen. Ein lauter Knall, die Tür splittert, noch ein mächtiger Ruck, sie verbiegt sich, aber das Schloß hält. Durch den Spalt kann ich sehen, wie Du mit ihm kämpfst. Er hat Dich zu Boden geworfen. Du rufst mit gepreßter Stimme: »Boaz, ich warne Dich.« Durch die Öffnung sehe ich das Aufblitzen seines Messers. Doch ich weiß, Du wirst nicht zulassen, daß er mir etwas antut. Ich bin ruhig. Ich stehe mit verschränkten Armen da. Er schreit: »Ich bring' Dich um. Ich bring' Dich um. Hast Du verstanden, Kim Chernin? Ich bring' Dich um.«

Der Spalt wird größer. Wenn Boaz so weiter macht, wird er sie noch ganz eintreten. Ich eile zur Wand, poche dagegen, rufe Zach. Ich sage, er soll sofort kommen, Boaz bricht durch die Tür, er hat ein Messer. Ich höre, daß Zach sein Zimmer verläßt, die Treppe runter geht, ich höre ihn auf meiner Treppe wieder hochkommen, dann läuft er runter und seine Treppe wieder hoch. Ich höre ihn sein Zimmer betreten. Er geht zur Wand und sagt atemlos: »Hiram steht da. Ich komm' nicht an ihm vorbei.«

»Los, hol Hilfe«, dränge ich und versuche, meine Stimme ruhig klingen zu lassen. Ich weiß nicht, wieso ich versuche, meine Stimme ruhig klingen zu lassen. Vielleicht ist mir gerade aufgegangen, daß Boaz schließlich doch gewonnen hat, seine Gewalttätigkeit wird beweisen, daß unsere Liebe zwangsläufig zu Gewalttätigkeit führt.

Plötzlich wird es ruhig. Irgendwie ist es Dir gelungen, ihm das Messer wegzunehmen und es nach draußen zu werfen. Du läufst hinterher. Durch den größer werdenden Spalt in der Tür sehe ich Dich rennen; ich denke, daß Du wegläufst, um mich mit Boaz allein zu lassen. Er marschiert vor meiner Tür auf und ab. Ein Geräusch eiliger Schritte. Ich höre Deine Stimme; Du schreist Simon an, Hiram schreit. Ihr steht jetzt alle drei unter meinem Fenster. Simon hat das Messer, er ist barfuß, er trägt kein Hemd, er duckt sich, hat die eine Hand ausgestreckt, das Messer fest an die Brust gedrückt, verscheucht Hiram, schiebt ihn beiseite, macht die Treppe frei für Dich und Zach und Zachs finnische Freundin, so daß Ihr ins Haus laufen könnt, während Boaz gerade dabei ist, der Tür den Rest zu geben.

Am nächsten Morgen wissen alle, daß etwas passiert ist; keiner kann glauben, daß es Dir passiert ist. Du gehst erhobenen Hauptes im Kibbuz umher, Distanz wahrend, erhaben über Klatsch. Boaz bleibt drei Tage in seinem Zimmer; Du bringst ihm das Essen. Am Montag ruft Dov Aviad am Apparat bei der Wäscherei an. Du nimmst ab, Du sagst, Kim verläßt den Kibbuz, Kim geht mit Devora nach Jerusalem. Auf sein Drängen hin gibst Du ihm widerstrebend Devoras Nummer.

Dann kommt der letzte Tag. Du liest einen Brief, den Du mir auf hebräisch geschrieben hast. Du hast mir aus dem Prediger Salomo vorgelesen. Jetzt gibt es nichts mehr, worauf ich noch hoffen könnte; was Du gegeben hast, hast Du genommen. Um Deinetwillen gehe ich zurück in die Welt, ich verlasse unseren Berg.

Devoras Vater kommt uns abholen; Du stehst neben mir am Auto, während ich meinen Rucksack einlade. Irgend jemand ruft Dich, Du umarmst mich schnell, sagst etwas zu der Küchenchefin. Auch du verläßt an diesem Tag mit Boaz die Farm. Ihr werdet Deine Eltern besuchen. Wir fahren den Berg hinunter. Da ist die rote Blume. Ich habe ihren Namen vergessen, also bin am Ende vielleicht auch ich fähig zu vergessen.

Nachdem sie im Flughafen die Pralinen durchsucht haben, zwischen denen keine Bomben versteckt sind, und als ich Dich zurücklasse und zum Flugzeug gehe, denke ich plötzlich, daß Du mit mir kommen könntest, Du würdest Dich an dem Sicherheitspersonal vorbeidrängen und mit mir das Flugzeug besteigen. Ich könnte Dich beim Arm nehmen, damit Du mitkommst, könnte von diesem Häuschen in Schottland erzählen, das ich nie erwähnen durfte, weil Du nicht hättest widerstehen können. Die Brücke über dem Bach, der Bulle auf der Wiese, der Pfad zum Meer, die kahlen Bäume, der Rauch, der von der letzten Steinhütte vor dem Meer aufsteigt. Margo und David, die mit mir nach Edinburgh fahren wollen, damit ich einen Arzt aufsuche.

Ich schaue so klar wie nie zuvor in eine andere Welt. Ich sehe reines Licht. Es ist das Licht, aus dem sich, nach einer gewissen Zeit, das Universum entfalten wird. Ich glaube, sein Name lautet Shekinah. Ich stehe an einem Wasser, das so tief und rein ist, daß Blau und Silber seine Schönheit nicht fassen können. Diese Welt steht in Flammen, und jetzt geht ein Wind.

Ich weiß, daß Du diese Briefe nicht zu Ende lesen wirst, ich habe sie nie für Dich gedacht. Es ist mir gleich, ob Du sie zertrampelst, sie diesmal besser vor Boaz versteckst, sie in den Müll wirfst. Vielleicht hatten wir, als wir einander begegneten, beide schon den Kreuzweg hinter uns. Du wolltest mich als Freundin, ich wollte Dich als Schwester, wir wurden ein Liebespaar. War das dasselbe? Du hast kehrtgemacht, Du bist in den Alltag zurückgegangen. Ich werde ein finstereres Tor durchschreiten. Es würde mir viel bedeuten, wenn Du wüßtest, daß ich eine Wahl getroffen habe. Auch das ist eine Stärke, dieses Nicht-stehen-Bleiben, dieses Weitergehen bis dorthin, wo alles endet, bis dorthin, wo die Liebe sich vollendet, wenn sie nicht im Stich gelassen wird.

Habe ich Dir von den *Botinnen* erzählt? Sie kommen jede Nacht, gegen Morgen. Ich glaube, sie wollen mir helfen, Schlaf zu finden. Eine von ihnen flüstert mit Deiner leisen Stimme. Sie will, daß ich glaube, Du seist es, über all die schreckliche Entfernung hinweg. Laß Dein langes dunkles Haar nieder über meine Brust. Jetzt werde ich schlafen. Das ist versprochen.

Die Rückkehr

Spätherbst 1991

Natürlich macht das mein Lebenswerk lächerlich. Was kann man auch anderes von Kim Chernin erwarten? Ich war immer der Meinung, daß da eine Bosheit am Werke war, eine gezielte Täuschung, gar nicht zu reden vom Gedächtnis, das seine eigene Art hat, sich zu entziehen. Wenn das die Geschichte ist, die Kim Chernin aufgeschrieben hat, gut, dann sei es so.

Ich halte mich lieber an die Vorstellung, Simon habe Hiram mit dem Messer daran hindern wollten, die Treppe hochzukommen. Wenn Boaz wirklich Kim Chernin umzubringen versuchte, wie nah daran war er dann? Wenn er ein oder zwei Minuten, bevor Sena ihm das Messer aus der Hand nehmen konnte, durch die Tür gebrochen wäre, wenn er da noch das Messer gehabt hätte, wenn er die Tür eingerannt hätte, was wäre dann mit mir geschehen?

Sena in Kim Chernin verliebt? Für einen Augenblick lasse ich das mal gelten. Für mich ändert es nichts, wenn Kim Chernin in Sena verliebt war. Ich wiederhole, es ändert nichts. Sena andererseits. Sie hatte das Beispiel Simon vor Augen. Sie kannte Kim Chernins Soldaten. Sah es Sena ähnlich, das Risiko einzugehen, daß sie für Kim Chernins neueste Leidenschaft abserviert würde?

Ein Wort der Warnung, bevor wir zu weit gehen. Die Korrekturen auf diesen Seiten tragen alle Kim Chernins Handschrift. (Ich habe sie selbstverständlich ebenfalls redigiert.) Handelt es sich aber tatsächlich um Briefe, die Sena geschickt werden sollten? Hat Kim Chernin, so wie wir sie kennen, ihre Erinnerungen unkenntlich gemacht, um ihre Liebe zu einer Frau zu verbergen?

Das glaube ich nicht. Wieso sollte sie? Jemand, der davon überzeugt ist, daß die Liebe kein Gesetz kennt, würde keine Bedenken haben, eine Frau zu lieben. Kim Chernin hat ihre Erinnerungen zertrümmert, weil sie ein Feigling war. Zweimal, ihrem eigenen Kodex zufolge. Sie floh vor dem Soldaten, bevor er sie vergessen konnte; sie floh vor Sena, als die sie darum bat, ohne daß sie auch nur einmal versucht hätte, Sena zum Mitkommen zu bewegen. Hat sie etwa geglaubt, mir würde dieses kleine Detail entgehen?

Ich habe ihren Paß gefunden. Sie war von Rosch-ha-Schana bis kurz vor Purim in Araht. Sie kam Anfang Februar in Schottland an. Wenn ihre Geschichte stimmt, dann hat sie es innerhalb von fünf Monaten fertiggebracht, Simon aus dem Gleis zu werfen, Dov Aviads Leben zu ändern, Senas Ehe zu ruinieren und Devora im Stich zu lassen, als die in der größten Krise ihres Lebens steckte. Wegen Kim Chernin wurde Boaz gewalttätig. Sie hätte fast eine Liebesaffäre zwischen Boaz und seinem Law-and-Order-Mann ausgelöst, der Araht verließ, kurz nachdem Sena schwanger wurde. Niemand hat seitdem etwas von ihm gehört.

Ich weiß, was Kim Chernin sagen würde: Es war der entscheidende Augenblick im Leben jedes einzelnen. Wieso wären sonst von jenen sechzig Menschen ausgerechnet Devora und Simon, Dov und Boaz, Kim Chernin und Sena aufeinander zugetrieben?

Wenn Kim Chernin die Wahrheit sagt, war es Sena, die sie zur Abreise überredete. Um sich selbst zu schützen, schickte sie Kim Chernin mit vollem Bewußtsein zurück in eine Welt, in der sie keinen Halt finden würde. Kim Chernin hätte stolz darauf verwiesen, daß sie sich nicht beklagte.

Als Boaz Kim Chernins Tür eintrat, befand sich niemand mehr dort, wo er sich noch vor wenigen Monaten befunden hatte. Und niemand ist je wieder dorthin zurückgekehrt. Jeder hatte eine Grenze überschritten, hinter die es kein Zurück gab. Kim Chernin war nicht die Ursache dafür. Man könnte sich allerdings fragen, ob alles (zumindest genauso explosionsartig und gewaltsam) auch ohne sie stattgefunden hätte.

Von ihnen allen hat Sena Kim Chernin am vollständigsten vergessen. Kim Chernin war nicht die einzige, die nicht überlebte.

Ich habe Kim Chernins Briefe sehr langsam gelesen. (Wie sie alle in meinen Besitz kamen, werde ich zu gegebener Zeit erzählen.) Irgendwann kam mir der Verdacht, daß sie an mich gerichtet waren. Sie wird ein Interesse gehabt haben, sich in die Zukunft zu katapultieren, sie muß gewußt haben, daß es mit ihr zu Ende sein würde, durch jene Briefe hoffte sie, sich in mir zu verankern. Wenn ich sie schnell gelesen hätte, die ganze Nacht aufgeblieben wäre, sie nicht aus der Hand hätte legen können, bis ich fertig war, dann wäre Kim Chernin wieder zurückgekehrt.

Ja, zurückgekehrt. Selbstverständlich zurückgekehrt. Ich muß doch gewußt haben, daß sie nicht für immer tot sein würde.

Ich habe meine eigene Strategie entwickelt. Ich habe Notizen gemacht, habe mir nur morgens gestattet, an ihnen zu arbeiten, habe nach Widersprüchen geforscht, nach Lücken und mangelnder Folgerichtigkeit in der Geschichte. Ich bin nicht davon überzeugt, daß Sena in jener ersten Nacht zu Kim Chernin ins Zimmer kam, weil sie sich heimlich nach Kim Chernin sehnte. Ich bezweifle, daß sie ihre Familie benutzt hätte oder ihre Kontakte im Kibbuz und ihr Versprechen, Kim Chernin mit ihrer Tochter zu helfen, nur weil sie hoffte, daß sie Kim Chernin dann für sich besitzen würde. Falls sie nicht doch in Kim Chernin die Möglichkeit zu *der* entscheidenden Begegnung sah. Jener einen unter all den vielen, die durch die verhärtete Kruste des eigenen Ichs stößt und dich vorwärts schleudert. Ich sträube mich gegen diesen Gedanken. Es würde heißen, daß Sena diese Möglichkeit los war, als sie Kim Chernin los wurde.

Genau das soll ich aber denken, wenn es nach Kim Chernin ginge!

Die Gerissenheit dieses Satans Kim Chernin! Zerlegt ihre Erinnerungen in einzelne Bruchstücke. Und wenn man sie wieder zusammensetzte, würde nur ein Porträt von mir herauskommen. Der entscheidende Brief, Kim Chernins Brief an Sena, der Brief, den Boaz entdeckte! Er ist mir nicht weiter aufgefallen. Ich war verblüfft über den rennenden Soldaten, der weinte. Sie wußte, daß ich darauf hereinfallen würde. Ich habe die älteste Geschichte der Welt zusammengesetzt. Die ältere Frau, die durch den jüngeren Mann betrogen wird. Sie wußte, ich wäre mehr als froh, sie betrogen zu wissen. Wenn sie die Wahrheit sagt, bin ich die Närrin. Wobei man allerdings außer acht lassen würde, wie viele Menschen sie aufgegabelt und wieder abgeschüttelt hat, in ihrer Jagd nach jenen kanaanitischen sexuellen Geheimnissen.

Ich denke, sie hätte diese Version vorgezogen. Können wir ihr also glauben?

Die Rechtfertigung, die Kim Chernin für sich erfinden würde, die Summe ihrer Weisheit? Menschliche Wesen können nicht ohne Liebe sein, aber sie können sie auch nicht ertragen!

Gestern beschloß ich, Devoras Mutter anzurufen. Nach zwanzig Jahren wollte ich herausfinden, was aus Devora geworden war. Natürlich hatte ich mich das schon vorher gefragt. Wer täte das nicht? Gelegentlich hatte ich schon den Hörer in die Hand genommen, einmal hatte ich sogar einen Brief geschrieben. Ich konnte mir nicht vorstellen, daß Devora Kim Chernin vergessen hatte. Sie war die ganze Zeit dort gewesen, sie würde ihre eigene Version haben.

War es das, was ich wollte? Devoras Version? Bevor die Briefe auftauchten, bevor meine eigene Geschichte einen Tritt versetzt bekam, hieß meine Aufgabe Rekonstruktion. Der edle Streit: was war möglicherweise geschehen, was war schriftlich verbürgt. Meine Aufgabe hieß Erinnerung.

Zu meiner Erleichterung ist Devoras Mutter ein Mensch, der gern und viel plaudert. »Nun sollst du die ganze Geschichte erfahren«, sagt sie. Sie erzählt mir, daß Devora immer noch mit Sol verheiratet ist, sie wohnen in Maine, sie hat zwei Kinder. Sie sind von Brooklyn dorthin gezogen, nachdem sie aus Rhode Island fort sind, nachdem sie ihren Abschluß an der USC gemacht hatte, nachdem sie Jerusalem verlassen hatten. Da sind Moshe (siebzehn) und Gigi (neun). Moshe spielt Geige in einer Rockband; Gigi tanzt.

Zehn oder elf Stunden in der Woche gibt Devora Kindern Unterricht. Sie unterrichtet jemenitische Musik, Tanz und alte Kinderlieder, solche, die Kinder heutzutage nicht mehr lernen. Den älteren Kindern erzählt Devora Volkssagen. Sie arbeitet, während ihre eigenen Kinder in der Schule sind. Vor kurzem ist sie gefragt worden, ob sie in Schulen, Kirchen und Büchereien Kurse geben möchte.

Devoras Vater hat im vorigen Jahr einen Herzinfarkt gehabt, später hatte er einen vierundzwanzigstündigen Anfall, bei dem er sein Gedächtnis vollständig verlor.

Devoras jüngere Schwester Miriam (das wunderbare Mädchen, das Kim Chernin auf Mount Carmel kennengelernt hat, als Sena und Kim Chernin ihren letzten gemeinsamen Tag in Miriams Zimmer verbrachten) starb 1977 an einer allergischen Reaktion auf Medikamente. Sie war zweiundzwanzig, am Smith College.

Kurz bevor ich aufhängte, erzählte Devoras Mutter mir, sie sei 1983 in Araht gewesen. Das überraschte mich. Weil es für mich verbotenes Gelände war, hatte ich Araht zu einer unzugänglichen Welt gemacht. Oder fürchtete ich, daß Menschen, die Kim Chernin kannten, von mir enttäuscht sein würden?

Devoras Mutter fand Araht deprimierend. Das Essen war unappetitlich, die Menschen waren unfreundlich. Mittags aß sie zusammen mit einer Freundin von Miriam vom Mount Carmel, die mittlerweile dort lebte. (Sie könnte das kleine Mädchen gewesen sein, das in Miriams Zimmer schaute, als Sena Kim Chernin küßte.) Es gab ein paar neue Gebäude, ansonsten hatte sich nichts geändert.

Weder besaß die Farm inzwischen eine Scheune, noch hatte man die Landwirtschaft diversifiziert. Die Menschen wirkten gedrückt, es fehlte ihnen an Energie und Begeisterung. Sie hatte den Eindruck, daß viele der Gründer immer noch da waren. Und, richtig, es gab auch Kinder.

»Araht deprimierend?«

»Man kann nicht nur von der schönen Aussicht leben. Ich

fand immer, daß Devora da nicht hingehörte. Zu dicht an der Grenze. Keine Älteren, die ausgleichend wirken konnten. Devoras Vater riet ihnen, ihre Landwirtschaft zu erweitern und Kräuter anzupflanzen, sie haben nicht auf ihn gehört.«

Araht deprimierend? Die kleine Farm nahe der Grenze deprimierend? Alle Energien verbraucht, als Devoras Mutter zwölf Jahre später auf Besuch kam? Vielleicht hatte die Law-and-Order-Fraktion inzwischen die Oberhand und alle freien Geister aufgerieben und vertrieben. Simon, sonstige Lokalpropheten, Devora in ihrer bewunderungswürdigen Aufopferung. Wenige Jahre später ging Sena, verzweifelt. Sie hatte einen neuen Typus von Kollektiv schaffen, ein neues Erziehungssystem erfinden, Beziehungen zu den arabischen Dörfern knüpfen, Lehrer für die verarmten marokkanischen Juden ausbilden wollen.

Devora nimmt nach mehrmaligem Klingeln ab.

»Kim Chernin ist am Apparat. Erinnerst du dich an mich?«

»Oh, hallo, Kim«, als hätten wir uns erst letzte Woche in der Bibliothek getroffen. Fast zwanzig Jahre später: »Oh, hallo, Kim.«

»Erinnerst du dich an mich?«

»Wir waren eng befreundet in Araht.«

Im langen, spätnachmittäglichen Licht der Erinnerung sehe ich sie mit einem Strohhut am Silvesterabend vor zwanzig Jahren. Es gibt keinen Grund, deshalb zu weinen, ich fange nicht an zu weinen. »Ich hatte auch den Eindruck, daß wir befreundet waren. Aber es gab Gespräche, die nie zwischen uns stattfanden.«

»Ich habe damals manche Dinge einfach gar nicht mitbekommen, ich war irgendwie benebelt, mir sind Dinge nicht aufgefallen, die mir heute auffallen würden.«

»Es gab Dinge, über die ich nicht geredet habe.«

»Ich habe mir immer gewünscht, ich hätte dir bestimmte Fragen gestellt. Einiges habe ich halb mitbekommen, aber weil du nicht darüber gesprochen hast und weil es schmerzlich für dich war, dachte ich, ich sollte lieber nicht davon anfangen.«

»Es ist nicht zu spät dazu.«

»Und dann war da natürlich dieser Vorfall.«

Zwanzig Jahre später ist es immer noch dieser Vorfall. »Und, hast du dir darauf einen Reim gemacht?«

»Ich habe nicht besonders drüber nachgedacht. Zumindest habe ich es versucht. Natürlich habe ich überlegt, ob es vielleicht was zu tun hatte... du weißt schon ...«

»Ich weiß.«

»Mit Sena? Aber du hast nicht darüber geredet, und da habe ich es aus meinem Bewußtsein verbannt.«

»Wieso haben wir nicht darüber geredet?«

»Das war damals. Da war alles noch ganz anders. Seitdem habe ich eine Menge Frauen kennengelernt, die sich mit Frauen eingelassen haben. Und ich habe mich nicht komisch mit ihnen gefühlt.«

»Habe ich Sena nie erwähnt?«

»Du hast die ganze Zeit von ihr geredet. Sie würde dir mit Larissa helfen, ihr würdet zusammen in Oranim studieren. Ich hätte darauf kommen müssen. Du und ich, wir haben uns gleich bei unserer ersten Begegnung gemocht. Wahrscheinlich bist du deswegen überhaupt nach Araht gekommen.«

»Und dann gab es all die Sachen, die wir nicht ausgesprochen haben.«

»Na ja, ich war zwanzig. Aber dann war da dieser Vorfall, und da kam mir plötzlich der Gedanke, ob du vielleicht was mit Sena hattest. Einige haben ja behauptet, Boaz hätte versucht, dich umzubringen.«

»Ich glaube, das stimmt.«

»Einerseits war es sehr unwahrscheinlich, andererseits durchaus wahrscheinlich. Niemand ist wirklich an Sena herangekommen, und alle wollten es.«

»Ich habe ihr vor ein paar Jahren geschrieben.«

»Was war denn bloß passiert?«

»Boaz fing eine Affäre mit einer Freiwilligen an. Er hatte da schon einen Sohn mit Sena. Ich glaube, der müßte jetzt etwa achtzehn sein. Vielleicht ist er in der Armee. Nach der Scheidung hatte Sena sich wieder mit Roni getroffen. Er gehörte zu der Armee-Einheit von Freiwilligen, die sich um den Kibbuz kümmerten, bevor das Kollektiv einzog. Als du kamst, war er schon ein oder zwei Monate da oben. Ich glaube, sie hat Boaz nur aus Enttäuschung geheiratet, weil es mit Roni nicht richtig lief. Sie waren in Mishmar Haemek in derselben Kindergruppe gewesen. Sie sind also erst zusammengekommen, als Sena von Boaz geschieden war, damals fing Roni mit seinen Besuchen an, und sie haben viel darüber geredet, ob sie das Kibbuzleben ganz und gar lassen sollten. Er wollte gerne Bildhauer werden. Sie wollte an der Universität von Jerusalem studieren. Dann boten die Leute von Mishmar Haemek ihm eine Ausbildung als Bauplaner für den Kibbuz an. Sie haben dann doch nicht das Kibbuzleben aufgegeben, sondern sind wieder nach Mishmar Haemek gezogen. Sie hat dann noch vier Kinder bekommen, drei Jungen und ein Mädchen. Sie ist dort die Kibbuz-Bibliothekarin.«

»Sena und du, ihr hattet nie eine Chance. Araht war nichts für dich. Wir beide waren dort wie Vögel im Käfig. Du wärst nie geblieben. Hast du mir nicht gerade erzählt, daß Sena immer noch im Kibbuz ihrer Eltern lebt? Diese Leute haben Angst vorm Leben. Sie haben nie einen Scheck ausgeschrieben, nie eine Rechnung bezahlt. Die Stadt kommt ihnen einsam vor; sie können sich keine Nachbarn vorstellen, die nicht Genossen sind. Egal, wie sehr Sena dich geliebt hat. Du konntest nicht erwarten, daß Sena all das aufgeben würde. Das war nicht nur vor zwanzig Jahren so. Israel ist immer noch wie vor zwanzig Jahren. Zwei Frauen, die zusammenleben? Wie hättest du Geld verdienen sollen? Wo hättest du hingehen sollen? Nach Tel Aviv? Du hättest keine Freunde gehabt. Du hättest dein Leben verstecken müssen. Es gab da doch noch nicht mal eine Frauenbewegung, oder? Damals in Israel?«

»In gewisser Weise hat Sena mich total vergessen.«

»Was hätte sie denn davon, wenn sie es nicht täte? Wird sie je wieder auch nur eine einzige Stunde mit dir allein sein können? Wo denn? In ihrem Kibbuz? Hat sie überhaupt ein eigenes Zimmer? Sena sollte lieber überhaupt nicht an dich denken, schon gar nicht dich sehen oder dir schreiben. Heißt das etwa, daß sie dich nicht liebt? Wenn sie dich nicht liebte, würde sie sofort zum Telefon greifen. Auch wenn es schon zwanzig Jahre her ist. Sie würde den Hörer nehmen und sagen: ›Shalom, altes Haus, was machst du denn so?‹ Sena besaß immer diese kühle Schönheit. Als ihr befreundet wart, hat sie geleuchtet, sie war wie entrückt. Alle haben sich für Sena gefreut. Wir hatten immer Angst, daß sie nach Mishmar Haemek zurückgehen würde. Nachdem du da warst und als ihr Freundinnen wurdet, dachten wir, ihr könntet für den Rest eures Lebens Freundinnen in Araht sein.«

»Vor einigen Wochen war Dov hier.«

»Wer ist Dov?«

»Du hast ihn den Soldaten mit dem wunderschönen Gesicht genannt.«

»Was ist mit ihm?«

»Kannst du dich nicht an Dov Aviad erinnern?«

»Vielleicht ist er mir nie begegnet. Vielleicht war er da, als ich krank war. Wußtest du, daß ich eine Lungenentzündung kriegte, als ich nach Jerusalem ging?«

Wenn ich drei Monate früher angerufen hätte, noch bevor Dov Aviad zu Besuch kam, hätte ich dann nach diesem Gespräch womöglich an der Existenz von Dov Aviad gezweifelt?

»Wir sind doch zusammen nach Jerusalem gefahren. Dein Vater hat uns vom Kibbuz abgeholt.«

»Ich kann mich erinnern, daß wir eine Zeitlang zusammen in Jerusalem waren. Ich bin mit dir nach Sarid gefahren, aber du wolltest nicht dort bleiben. Danach war ich zwei Monate lang krank. Und danach habe ich Sol kennengelernt. Eine Woche später sind wir zusammengezogen. Meine Eltern waren anfangs besorgt, jetzt begreifen sie, daß er wohl der Richtige für mich ist.«

»Ich habe dich noch einmal gesehen, nachdem du aus Jerusalem fort warst. Du hast bei uns gewohnt. Ich habe Sol kennengelernt. Unser Hund hat ihn angebellt.«

Als Devora im Kibbuz Araht war, versuchte sie, israelische Volkstänze einzuführen, sie lud eine Frau aus Gedera ein, die einen Kurs leiten sollte. Kim Chernin erschien, Simon ging hin, weil Kim Chernin hinging, die schwangere Frau machte brav die Schritte mit und stellte sich dann an den Rand und klatschte. Devora war todunglücklich. Als sie einmal nach dem Abendessen einen Vortrag über jemenitische Musik hielt, erschien niemand.

Ist der Kibbuz gescheitert, weil es der Idee nicht gelang, sich in den Köpfen jener Menschen festzusetzen, die Kim Chernin verfielen? Ich werde Devora schreiben, um sie das zu fragen. Vielleicht waren sie das wilde Herz des Kibbuz, seine leidenschaftliche Zukunft, allerdings bezweifle ich das. Menschen, die so jung sind, scheinen nichts anderes zu tun, als sich zu verlieben.

Eine Zeitlang habe ich gegrübelt. Wenn Kim Chernin im Kibbuz Araht auseinandergefallen wäre, hätte ich mir dann meinen Platz dort sichern können? Was wäre gewesen, wenn ich mich mit Sena angefreundet hätte? Wir wären gemeinsam zum Studium nach Oranim gegangen. Sena wäre Therapeutin geworden, was vielleicht ein angemesseneres Schicksal wäre als Bibliothekarin im Kibbuz ihrer Eltern.

Wenn Sena den Kibbuz Araht zusammen mit Kim Chernin verlassen hätte, wäre die Sena, in die Kim Chernin verliebt war, heute vielleicht noch am Leben.

Das ist ein gefährlicher Gedanke. Ich sollte Kim Chernin lieber nicht aus dem Auge verlieren. Sie ist es, nicht ich, die so etwas denken würde.

Im September 1972 kehrte Dov Aviad von seiner Schottlandreise nach Israel zurück. Seine Großmutter war in seiner Abwesenheit gestorben. Er schrieb sich für zwei Jahre aktiven Dienst in der Armee ein. Krieg schien unwahrscheinlich. Er zog zwei risikoreiche Jahre einem relativ sicheren Schreibtischjob vor. Weil er sich nicht für vier Jahre als Ingenieur verpflichtet hatte, wurde er einem Artilleriebataillon zugewiesen.

Am 5. Oktober 1973, dem Jom-Kippur-Wochenende, wurden ungewöhnliche Aktivitäten bei der syrischen und der ägyptischen Armee beobachtet. Die israelischen Verteidigungskräfte (IDF) wurden in allgemeine Alarmbereitschaft versetzt. Das war eine normale Präventivmaßnahme.

Am Samstag, den 6. Oktober, überquerte die ägyptische Armee unter heftigem Sperrfeuer den Suez-Kanal. Untereinheiten der IDF bewegten sich auf Wüstenstraßen in Richtung Suez-Kanal.

Am Montag, dem 8. Oktober, erhielt General Ariel Sharon, dessen Einheit mitten auf der Sinai-Halbinsel stationiert war, den Befehl, südwärts zum Giddi-Paß vorzurücken. Etwas später am selben Tag erhielt er den Befehl, die Dritte ägyptische Armee anzugreifen. Noch später an jenem Nachmittag erhielt er den Befehl, im Norden des Sinai anzugreifen.

In der Woche von Montag, dem 8. Oktober, bis Montag, dem 15. Oktober, stritt Ariel Sharon sich mit den Oberbefehlshabern der südlichen Division. Seiner Ansicht nach hatte der Überraschungsangriff auf Ägypten Verwirrung und Panik unter den Befehlshabern gestiftet. Ihrer Ansicht nach aber war er seinen Kameraden nicht zu Hilfe geeilt, da er unbedingt – ungeachtet der Gefahren für seine Streitkräfte – der erste General sein wollte, der den Kanal überschritt.

Obwohl der Nachschub an Brückenbaumaterial sich verzögerte, begann Sharon am Montag, dem 15. Oktober, mit der Operation, die seine Fallschirmjägerbrigade auf die Westseite des Kanals verlagern sollte. Er würde nicht in der Lage sein, seinen Soldaten Verstärkung zu schicken. Sie würden hinter den feindlichen Linien auf sich gestellt sein, würden ohne Unterstützung kämpfen müssen.

Sharons Division eröffnete ein heftiges Artilleriesperrfeuer. Die Operation Überquerung begann. Während der ersten Stunden erreichte die Patrouilleneinheit das Ostufer des Kanals. Doch die Fallschirmjägerdivision war in Verzug. Die Ägypter hielten die Straße, die für den Transport des Brückenmaterials freigekämpft worden war, unter Beschuß. Sharon befahl dem Kommandanten der Fallschirmjägerbrigade, seine Männer mit Dinghis überzusetzen. Innerhalb weniger Stunden war die Brigade ans Westufer des Kanals verlegt. Um 3 Uhr früh erschien Sharon mit zehn Panzern; eine Stunde später kamen weitere zehn. Sharon bestieg persönlich einen Bulldozer und begann, die Uferbefestigung dort, wo sie mit roten Ziegeln markiert war, einzureißen.

Am Morgen des 16. Oktober wurde deutlich, daß Sharons Plan nicht vollständig aufgegangen war. Seine Streitkräfte hatten den Kanal erfolgreich überquert, sie konnten sich frei zwischen den beiden ägyptischen Armeen bewegen, aber es war ihnen nicht gelungen, einen soliden Brückenkopf zu errichten.

Am 16. Oktober gegen 11 Uhr früh waren die israelischen Verluste auf zweihundert gestiegen; die Anzahl der zerstörten Panzer betrug fünfzig. Am Morgen des 17., als die ersten israelischen Barkassen den Kanal erreichten, eröffneten die Ägypter das Feuer mit Katjuscharaketen, danach folgten Granatwerfer. Panik brach aus. Überall waren »In-Deckung!«-Rufe zu hören. Während der Kämpfe der folgenden Tage behauptete Sharon wiederholt, die ägyptische Armee sei geschlagen. Sie schlug wiederholt zurück.

Am Morgen des 22. Oktober rief der Sicherheitsrat der Vereinten Nationen zu einem Waffenstillstand am Suez-Kanal auf. Die israelische Regierung akzeptierte diesen Beschluß. Der Generalstab sah sich zu dem Eingeständnis gezwungen, daß die militärischen Operationsziele nicht erreicht worden waren. Die Ägypter hielten gut gesicherte Positionen am Ostufer des Kanals. Mehr als sechsunddreißig Stunden sollten vergehen, bevor der Waffenstillstand in Kraft trat. Unterdessen wurde das israelische Südkommando angewiesen, die ägyptische Dritte Armee endgültig einzukreisen. In dieser Phase gab es heftige Kämpfe.

Dov Aviad war Ariel Sharons Division beim südlichen Kommando zugewiesen worden (eine Sanktion, weil er sich nicht für vier Jahre als Ingenieur gemeldet hatte?). Er war unter den ersten israelischen Soldaten, die in der Phase schwersten Artilleriebeschusses den Kanal überquerten. Das Leben hatte Kim Chernins wunderschönen Soldaten in die Hände eines ehrgeizigen und großspurigen Mannes gegeben.

Zuerst hatte Dov Aviad keine Angst. Da vollzog er noch mechanisch die täglichen Routineverrichtungen, skizzierte die Einschußlinien der Artilleriegeschosse, gab Befehle aus, hielt sich in Betrieb. Dann fielen ihm, in einem Augenblick der Zerstreutheit, drei Fallschirmjäger auf, die in einem improvisierten Unterstand hockten. Von dort, wo Dov Aviad stand, aus einer Entfernung von wenigen Metern, war deutlich zu sehen, daß sie heftig zitterten. Jetzt brach sich auch bei ihm die Furcht Bahn. Sie hielt nicht lange an. Innerhalb weniger Augenblicke kehrte die Unwirklichkeit zurück. Eines Nachts, als er neben seinem Lastwagen schlief, wurde er von heftigem Beschuß in unmittelbarer Nähe geweckt. Er nahm seinen Schlafsack, ging auf die andere Seite des Lastwagens und schlief wieder ein. Als er mir diese Geschichte erzählte, sagte er, daß die andere Seite des Lastwagens selbstverständlich ebenso unsicher gewesen sei. Bei Artilleriebeschuß ist der Tod auf so einem Terrain allgegenwärtig. Die Moral war schlecht, die Armee war unzureichend vorbereitet, seine Einheit wußte, sie war da draußen allein, Verstärkung war schwierig, Unterstützung fehlte.

Am Mittwoch, dem 17. Oktober, wurde Dov Aviad Zeuge, wie Moshe Dayan und Ariel Sharon gemeinsam durch heftigstes ägyptisches Artilleriefeuer schlenderten (ja, schlenderten). Danach besserte sich die Moral merklich, obwohl Dov Aviad das Gefühl von Unwirklichkeit nie verlor.

Als 1974 seine zwei Jahre aktiver Dienst vorüber waren, schrieb Dov Aviad sich erneut ein. Er wurde zur Kadettenschulung auf die Golanhöhen abkommandiert. Inzwischen war er Oberleutnant geworden, Kommandeur eines Artilleriebataillons, für einen jungen Mann von sechsundzwanzig ein beachtlicher Rang. Außerdem war er zu einer Art Legende geworden. Nach Absolvierung ihrer Ausbildung wollten neunzig Prozent der Artilleriekadetten in Dov Aviads Bataillon. Verschiedene Generäle versuchten ihn zu überreden, Berufssoldat zu werden. Etwas Hartes, Präzises, Gebieterisches war bei ihm zum Vorschein gekommen. Wenn er geblieben wäre, könnte er heute vielleicht General sein, jene Sorte Mann, die mit ihrer Rolle in der West Bank zurechtkam und den eigenen Männern befehlen konnte, in eine Menge von Steinewerfern zu schießen. Wenn er in der Armee geblieben wäre, dann hätte er möglicherweise Simon auf einer unbefestigten Straße in Gaza treffen können, beide eine Steinwurflänge voneinander entfernt.

1975 verpflichtete er sich für ein weiteres Dienstjahr. Im folgenden Jahr wollte er sich wieder melden, da er, wie die meisten Militärs damals, an die Reinheit der Waffen glaubte. Dann geschah etwas. Kim Chernin hatte es vorausgesagt.

Als er Kadetten in den Golanhöhen ausbildete, bemerkte er eines Tages eine schwarze Wolke am Horizont, die sich sehr schnell näherte. Er hatte nie zuvor einen Sandsturm erlebt. Nachdem er alle richtigen Entscheidungen getroffen hatte, nachdem er sein Leben und das seiner Kadetten mit kühler Überlegung gerettet hatte, nachdem er alles getan hatte, was man von einem jungen, harten israelischen Soldaten verlangen konnte, der alle wieder sicher ins Lager zurückzubringen hat, saß er ein paar Tage später allein in seinem Lastwagen und schluchzte.

Ein Mann ohne Seele weint nicht. Dov Aviad hatte nicht mehr geweint, seit er vom Strand in Boar Hill zurückgewandert war, da hatte er geweint, weil Kim Chernin nicht dort war, weil er nach Hause und zur Armee mußte. Er kann sich nicht erinnern, ob er weinte, als seine Großmutter starb. Er ist sicher, daß er in seinen Armeejahren nicht geweint hat, auch wenn die IDF vielleicht die einzige Armee der Welt ist, in der der Generalstab darüber debattiert, ob Oberleutnants bei Beerdigungen weinen dürfen.

Ein Mann, der nicht weint, trinkt Verlorenheit bei Sonnenuntergang. Er denkt auf bestimmte Weise über Frauen nach, er glaubt an die Verteidigung seines Landes um jeden Preis. Wenn Dov Aviad nun anfängt, sich um seine Seele zu sorgen, wird er von neuem den Verlust von Kim Chernin durchleben müssen, wird den Tod der Großmutter in seiner Vollendetheit und den Tod feindlicher Soldaten wiedererleben müssen, die auf dem Sinai im Artilleriefeuer seines Bataillons gestorben sind. Wenn er sich alldem stellt, dann kann er seine Seele haben.

Zu dem Zeitpunkt hatte er schon beschlossen, in der Armee zu bleiben. Er hatte Kim Chernin seit fünf Jahren nicht gesehen. Aber Kim Chernin kam in seinen Gedanken vor, das erzählte er zumindest. Sie hatte gesagt, er würde niemals als Ingenieur arbeiten. Darin hatte sie recht. Sie hatte gesagt, er würde niemals einen Menschen töten. Darin hatte sie unrecht. Sie wurde für ihn zum *Inbild allen Sehnens*, weil sie einmal ganz beiläufig gesagt hatte, es werde ihm nie gelingen, seine Seele aufzugeben. Das erzählte er mir zumindest, als ich ihn vor drei Wochen mit meinem Auto abholte.

Er hatte eine Nachricht auf meinem Anrufbeantworter hinterlassen. Sie lautete: »Dies ist eine Stimme aus der Vergangenheit.« Ich hörte die Nachricht ein zweites Mal ab. Dieser Mann sprach mit englischem Akzent. Er nannte sich selbst Dov Aviad.

Hier betreten wir das Reich alter Frauen, betagter Matrosen und anderer, sich ständig wiederholender Erzähler, bis die Geschichte, die sich nicht erzählen läßt, endlich auftaucht. Dann verstummen die Erzähler, entlassen dich aus ihrem Blick, unterbrechen den unerträglichen Strom, starren auf ihre Hände nieder. Dies geschieht sehr selten. Ich komme noch darauf zurück.

Es ist wie in einem dieser Träume, in denen du eine Treppe hinabgehst, und plötzlich sind die Stufen nicht mehr da. Ich gehe zur Tür, um in den Garten hinauszuschauen. Wieso erwarte ich, daß er anders aussieht als vor fünf Minuten? An dem leicht ramponierten Felsbecken, das der Gärtner herzurichten versprochen hat und aus der die zähe Katze der Nachbarschaft seit kurzem immer eine Stunde vor Sonnenaufgang trinkt, hat eine gewaltige Verschiebung stattgefunden.

Irgendwann im Laufe dieser Jahre muß ich mir eingeredet haben, daß Kim Chernin ihn sich ausgedacht hat. Als wäre er nur eine Geschichte, die ich in ihrem Namen geschrieben habe. Während ich hier stehe und zusehe, wie der Garten sich verändert, wartet er vielleicht zwanzig Jahre später beim Telefon darauf, daß Kim Chernin anruft.

Und ich? Warte ich auch darauf, daß Kim Chernin anruft? Hat der Garten sich verändert, weil (seit dem Augenblick, als ich seinen Namen hörte) sie es ist, jene Kim Chernin von vor zwanzig Jahren, die meinen Garten anschaut?

Ich hätte es wissen sollen. Ich wollte es nicht glauben. Kim Chernin war doch tot, oder? Sie hatte sich doch selbst beseitigt, in einer felsigen Bucht in Schottland, oder?

Ich habe sehr lange Zeit mit dem Mann zusammengelebt, der mich von Schottland nach Hause geholt hat. Manchmal versuchte ich ihm zu erzählen, wie es mit Kim Chernin ein schlimmes Ende genommen hatte, so daß ich nun, so gut es ging, ihre Erinnerungen zusammensetzen mußte. Dann, als unsere Ehe schließlich zu Ende war, lebte ich mehrere Jahre mit Kim Chernins Tochter zusammen. Ihr habe ich nie etwas vorgemacht. Sie wußte, daß die Kim Chernin, die nach Israel gegangen war, nie zurückgekommen ist. Sie war immer freundlich zu mir und wußte, wieviel Mühe ich mir gab, ihre Mutter zu sein. Sie sah mir nie in die Augen. Das war ihre Art, taktvoll zu sein. Sie ging 1981 nach Harvard. Seitdem hat mich wenig von meiner Erinnerungsarbeit abgehalten. Meistens mache ich mir morgens Notizen. An den Nachmittagen habe ich regelmäßige Sitzungen mit anderen Menschen, die versuchen, ihre Vergangenheit zu begreifen, ihre Kindheit vielleicht.

Als Kim Chernin mit ihrer Tochter in dieser Gegend lebte, zog sich der Garten hinter ihrem Haus auf der anderen Straßenseite hoch bis an den Waldrand. Abends kamen die Rehe durch die alten Rosenbüsche herunter. Neulich abends spazierte ich hinter Kim Chernins Wohnung hoch, um Rosen für die Küche zu schneiden. Kim Chernin liebte die Tiere der Wildnis. Wenn ein Reh aus dem Wald trat und Kim Chernin erblickte, während sie beim Rosenpflücken war, blieb es stehen und sah sie unentwegt an, sie konnte das Tier eine Viertelstunde lang mit ihrem Blick bannen. Wenn mich Waldtiere erblicken, nehmen sie Reißaus.

Gestern abend passierte das nicht. Ist das ein Zeichen? Kehrt Kim Chernin zurück?

In einer stürmischen Nacht fallen mir vielleicht die Afghanenhunde ein, wie sie immerzu das Hühnerhaus umkreisen, einer hinter dem anderen, unter einer spitzen Mondscherbe, vor der dunkle Wolken lodern. Oder ich träume vielleicht noch einen dieser unersättlichen Träume, aus denen Kim Chernin in voller Lebensgröße erwacht.

Dov Aviad. Würde sie ihn wollen? Sie könnte mein Adreßverzeichnis durchblättern, den Telefonhörer abnehmen und direkt seine Nummer wählen. Ich brachte ihn vor drei Wochen zum Flughafen. Er lebt in einem Steinhaus in den Cotswolds, in einem Dorf bei Chichester. So wenig würden ihr die zwanzig Jahre bedeuten.

Ich gehe früh zu Bett. Falls Kim Chernin zurückkehrt, wird es spät in der Nacht sein. Ich achte darauf, daß ich gut frühstücke. Sie hat gern bis Mittag gehungert und dann bis zum Abendbrot in einem fort gegessen. Ich meide Brot. Kim Chernin hätte auf der Farm jahrelang nur von Brot leben können. Das ist mein voller Ernst. Wenn ihre Tochter mir beim nächsten Mal, wenn sie in den Ferien nach Hause kommt, in die Augen schaut, wenn sie nach der Mutter verlangt, die fortging nach Israel, wird Kim Chernin wie der Blitz zurück sein.

Würde sie Sena anrufen? Würde sie es wagen, Sena anzurufen?

Vor mehreren Jahren schrieb ich Sena und teilte ihr mit, daß ich nach Israel fahren würde. Sie lebte zu der Zeit im Kibbuz ihrer Eltern; Araht wäre nicht in Frage gekommen. Ich war zu einer Schriftstellerinnentagung in Jerusalem eingeladen worden. Mehr als fünfzehn Jahre waren inzwischen vergangen. Ich vertraute darauf, daß Sena sich mein Anderssein damit erklären würde.

Sena lud mich in ihren Kibbuz ein. »Ich habe mich immer davor gefürchtet, Dich herzubitten, weil Du dann siehst, was ich aus meinem Leben gemacht habe. Ich dachte, Du würdest nachtragend sein. Jetzt habe ich Frieden gefunden. Roni und ich sind sehr glücklich miteinander.«

Nach diesem Brief verlor ich die Nerven. Ich fuhr nicht zu der Schriftstellertagung, ich besuchte Sena nicht. Ich fuhr überhaupt nicht mehr in die Nähe von Israel. Die Briefmarken auf dem Umschlag, Senas Handschrift – wenn irgend etwas die Macht gehabt hätte, Kim Chernin von den Toten zurückzuholen, ihnen wäre es gelungen.

Ich blieb die ganze Nacht wach, ich untersuchte jedes Komma auf seine versteckte Bedeutung und redete mir ein, ich versuchte herauszufinden, was Kim Chernin für Sena bedeutet hatte. Dann holte ich – wie aus meinem eigenen Gedächtnis – das hervor, was wohl der spezielle Schmerz gewesen sein muß, der diesen Frauen durch Briefe zugefügt worden war. Durch den Brief, den Boaz entdeckte, den unverständlichen Brief in Hebräisch, die Briefe, die Kim Chernin vor ihrem Tod schrieb.

Ich, die ich nicht leicht weine, verlor mich vollkommen in der Vorstellung, wie Kim Chernin die Begegnung mit Sena bewältigt hätte. Es wäre wieder die Eule gewesen, es wären die Tage nackter heiliger Scheu gewesen, Kim Chernin hätte sich in dem langen schwarzen Haar ertränkt, falls sie von ihrem Tod durch Ertrinken zurückgerufen worden wäre.

Selbstverständlich machte das damals für mich keinen Sinn.

Gegen Morgen kam ich wieder zur Besinnung. Ich schrieb ihr zurück und teilte ihr mit, daß ich es mir anders überlegt hätte, ich würde nicht nach Israel kommen, ich sei im Begriff, nach Italien zu fahren, in ein Haus in Asolo, das ich für den Sommer gemietet hätte.

Ich muß wohl vorgehabt haben, Sena zu verletzen, sie davon abzuhalten, daß sie wieder schrieb. Ich muß wohl Erfolg gehabt haben. Während der letzten fünf Jahre sind keine Briefe mehr gekommen, die an Kim Chernin adressiert waren.

Deshalb rief ich vor einigen Tagen im Kibbuz an. Ich nannte nicht meinen eigenen Namen. Wenn ich gesagt hätte, es sei Kim Chernin, hätten sie wohl gedacht, ich meine Kim Chernin. Sie hätten vielleicht sofort aufgehängt. Sie hätten mich vielleicht zu einem Besuch eingeladen.

Ich weiß nicht, was beunruhigender gewesen wäre.

Ich wollte Informationen, harte Fakten. Wenn ich nicht an die Vergangenheit herankam, würde es mir nie gelingen, mich in der Gegenwart zu verankern. Die Gründer waren nicht mehr da, bis auf fünf oder sechs waren alle fort. Meine Informantin, die erst seit wenigen Jahren in Araht lebte, hatte noch nie von Simon, Devora, Sena oder Kim Chernin gehört. Die Farm war gewachsen. Es gab einen neuen Club, ein Café mit Fernseher, eine Bücherei. Außerdem gab es eine metallverarbeitende Manufaktur, die auch Fässer herstellte. Für die Mitglieder waren neue Häuser gebaut worden, die alten Gebäude waren verschwunden. In den neuen Gebäuden hatten alle ihre Privatwohnung, die Kinder lebten bei den Eltern, das Kollektiv war in Familien zerfallen. Es gab ein Schwimmbad.

Ich hatte den Eindruck, daß die meisten in ihren Privaträumen saßen. Neulinge hätten es nicht mehr schwer, im Eßsaal einen Platz zu finden.

Wenn ich nach Araht zurückkehren würde, fände ich nicht

mehr den Mann mit dem Stirnband vor, der »*Lila tov*« sagte und kein Zionist mehr war. Er würde nicht am Ende des Tisches sitzen und mit traurigen Augen die Redner anschauen, drei Männer, die einander ständig unterbrechen. Keine Frau, die noch nichts gesagt hat, wird dreimal mit dem Zeigefinger neben ihrem Teller auf den Tisch klopfen. Damals war das eine Mißfallensäußerung.

In der neuen Gemeinschaft, die sich immer noch Araht nennt, besitzen alle ihr privates Telefon; niemand dort oben wird in kalten Nächten noch vor dem öffentlichen Telefon bei der Wäscherei hin und her laufen. Das heißt vermutlich, daß niemand von ihnen je die wilden Afghanenhunde sehen wird, die ihre Kreise beim Hühnerhaus ziehen.

Mag sein, die jungen Soldaten aus Safad sind nicht mehr von der Sorte, die sich in ältere Frauen verliebt.

In der Gemeinschaft, die scheiterte, bevor Kim Chernin nach Araht kam, war sämtliche Kleidung Allgemeingut. Wenn man mit der täglichen Arbeit fertig war, warf man seine Sachen auf einen gemeinsamen Haufen, aus dem sie dann um einige Schattierungen heller wieder auftauchten, aber nie größer oder kleiner (was gewöhnlich hieß, zu groß oder zu klein für denjenigen, bei dem sie schließlich landeten). In jenen Tagen führte das zu einem ständigen Getausche, bei dem viel gemeinsam gelacht wurde.

Als Kim Chernin in Araht war, zog sie gerne Kollektivsachen an, sie sah sich äußerst ungern auf ihre eigene Haut zurückgeworfen.

Im neuen Araht leben fünfzig Erwachsene und rund sechzig Kinder, es gibt auch Arbeiter mit ihren Familien, die im Kibbuz leben, aber keine vollen Mitglieder sind. Meine Informantin gab mir diese Information nur ungern. Den Namen des ersten Kindes, das ein paar Tage, bevor Kim Chernin fortging, in Araht geboren worden war, wußte sie nicht.

Die meisten Leute dort oben sind in den Dreißigern (Araht ist wohl immer noch ein Ort, wo man nicht alt werden kann).

Zwei Tage in der Woche studieren die jungen Leute außerhalb; sie dürfen studieren, wozu sie Lust haben. Es muß nicht unbedingt zum Nutzen der Gemeinschaft sein. Sie können auch außerhalb des Kibbuz arbeiten, wenn sie ihre Ausbildung beendet haben, sie sind nicht besonders sozialistisch eingestellt oder sonst etwas in der Richtung, sie haben einen Weg gefunden, Privatheit und aufgeklärte Kollektivierung miteinander zu versöhnen.

Wenn sie nicht an der nördlichen Grenze lebten, würde ich sie bewundern.

Fünf oder sechsmal am Tag kommt jetzt ein Bus hoch nach Araht. Mit der Abgeschiedenheit ist es vorbei. Der Sicherheitsstreifen, mit dem zu Kim Chernins Zeiten begonnen wurde, ist inzwischen gründlich ausgebaut, er zieht sich die ganze Grenze entlang und verbindet Araht mit den benachbarten Kibbuzim. Vermutlich bedeutet das, daß die Explosionen dort oben jetzt von niedergehenden Granaten stammen.

Wahrscheinlich könnte man noch immer erschossen werden, wenn man sich eines Tages in den Obstplantagen auszöge und in einem wiedergeborenen Körper über die Grenze hüpfte.

Die Frau am Telefon konnte keine genauen Angaben darüber machen, wieso es mit dem zweiten Araht schiefgelaufen war. Es muß eine Phase gegeben haben, in der einige Mitglieder mehr persönliche Freiheit forderten, ein Ansinnen, dem sich andere Mitglieder widersetzten. Vielleicht verlangte die Freiheitsfraktion, daß Kinder einmal die Woche bei den Eltern schlafen durften, ein Bruch der Kollektivetikette, der sicherlich wütende Debatten im Club nach sich zog, ähnlich wie damals wahrscheinlich, als Kim Chernin um die Erlaubnis bat, den Winter über bleiben zu dürfen.

Im Laufe der Zeit kamen Leute hinzu, die sich für die neuen Freiheiten einsetzten und diese schließlich so weit ausdehnten, daß am Ende buchstäblich nichts mehr von der alten Kollektivstruktur übrigblieb. Deshalb gingen dann auch die ursprünglichen Gründer, sowohl die, die sich mehr Freiheit gewünscht hatten, als auch die Gegenfraktion.

Viele aus der Anfangszeit hätten es für eine Verletzung des Kibbuzprinzips gehalten, daß Arbeiter eingestellt wurden, die auf der Farm lebten und solche Arbeiten erledigten, die die Mitglieder selbst nicht machen wollten. Ich habe nicht gefragt, ob die Arbeiter Araber waren.

Ich hatte vor, noch einmal anzurufen, weil ich wissen wollte, ob der Kibbuz inzwischen freundlichere Beziehungen zu den arabischen Dörfern unterhielt, ob die Dörfer Strom und fließend Wasser hatten, wo der Kibbuz jetzt ein Schwimmbad besaß. Doch als ich darüber nachdachte, schien mir, die Fragen würden vielleicht aggressiv klingen.

Die Farm besitzt Obstplantagen, Hühner und Avocadobäume, dazu Baumwollfelder, Weizenfelder und Sonnenblumen. Ich weiß nicht, wo all dies neue Land herkommt. Wenn es schon zu Araht gehörte, als Kim Chernin dort war, dann hat sie nichts davon gesehen. Ihre Scheune haben sie immer noch nicht.

Mich interessierten besonders die Kinder, die in Araht geboren und dort aufgewachsen sind. Ich wollte gerne wissen, ob sie nach ihrer Armeezeit weiter dort lebten. Offenbar war eine ganze Reihe von ihnen zur Armee gegangen. Und das konnte Libanon, Gaza, West Bank heißen. Jeder dieser jungen Männer, die noch nicht einmal geboren waren, als Kim Chernin in Araht war, ist jetzt alt genug, um genau in diesem Augenblick unschuldige Menschen umzubringen.

Ja, ich fange an, wie Kim Chernins Mutter zu klingen.

Noch etwas. Ich hätte es früher erwähnen sollen. 1975, nachdem Sena sich von Boaz hatte scheiden lassen und bevor sie Roni heiratete, kam Dov Aviad – er war da noch in der Armee – zu einem Besuch nach Araht.

An jenem Wochenende, drei Jahre, nachdem Dov Aviad sich, wie ich mir damals einbildete, in Sena verliebt hatte, und mehr als drei Jahre, nachdem Kim Chernin weggegangen war, verbrachte er die Nacht mit Sena. Danach wartete sie auf seinen Anruf, sie hörte nichts von ihm. Ich glaube nicht, daß sie am Telefon bei der Wäscherei wartete. Sie wartete, daß er schrieb, er schrieb ihr nie. Während unserer kurzen Korrespondenz vor fünf Jahren hat sie selbst mir diese Geschichte erzählt. Natürlich habe ich sie zu dem Zeitpunkt als eine Bestätigung der Geschichte begriffen, die ich zusammengesetzt hatte, als wäre dieser Vorfall der Schlußakkord dessen, was Jahre vorher begonnen hatte. Ich hatte immer geglaubt, daß Dov Aviad Sena wegen ihrer Nähe zu Kim Chernin liebte.

Übrigens erzählte sie mir in demselben Brief, daß ihre Schwester den Kibbuz ihrer Eltern verlassen hatte. Seitdem hatte die Schwester eine Liebesbeziehung in London, mit einer Frau.

*D*ov Aviad rief an einem späten Sonntagnachmittag vor drei Wochen an. Er lud Kim Chernin zu einer Sufi-Konferenz auf dem Campus von Berkeley ein. Sein Vortrag sollte am Sonntag stattfinden. Was hätte Kim Chernin getan? Wäre sie durch die Gegend gehetzt, hätte sich das Haar schneiden lassen, einen neuen Rock gekauft? Wenn Kim Chernin ihr altes weißes Leinenkostüm angezogen hätte und zu dem Treffen mit der ganzen Arroganz einer Frau erschienen wäre, die weiß, daß er sie immer lieben wird, wieso sollte ich es dann nicht?

Wenn er mich nicht wiedererkannte, wenn er mich nicht kennenlernen wollte, war das überhaupt wichtig?

Ich sagte ihm am Telefon, daß mein Haar grau geworden war. (Ich sagte, es sei jetzt silbern.) Ich warnte ihn, daß er vielleicht nicht wüßte, daß ich es war, wenn ich den Vortragssaal betrat. Er sagte: »Ich werde dich immer erkennen.«

»Selbst du würdest es nach zwanzig Jahren nicht einfach finden.«

Ich dachte, daß Kim Chernin vielleicht etwas in der Art gesagt hätte. Darin hatte ich mich wohl nicht getäuscht, denn er antwortete: »Ich bin jetzt verheiratet. Ich habe einen achtjährigen Sohn.«

Er erzählte mir am Telefon von den israelischen Generälen, die ihn gerne in der Armee behalten hätten. Er sprach mit Stolz davon, daß er meinen Namen im Telefonbuch gefunden hatte, so als hätte er sich vorgestellt, daß ich nach zwanzig Jahren nicht mehr aufzufinden wäre. Kim Chernin hat nie in diesem Haus gewohnt; sie wohnte gegenüber auf der anderen Straßenseite, in der Gartenwohnung, in der sie damals Tag und Nacht die Türen knallen hörte.

Ich bin es dann, die den Hügel hinunterfährt und sich fragt, wie er wohl aussieht. Ob seine Stimme vielleicht nicht wiederzuerkennen ist, ob er inzwischen auch den letzten Rest an israelischem Akzent verloren hat; vielleicht hält der Mann, den ich nach all diesen Jahren zum ersten Mal sehen werde, auf einmal gar nicht das, was Kim Chernin versprochen hat.

Ich parke unerlaubterweise hinter der Sproul Hall. Hat er mir gesagt, daß der Vortrag eine halbe Stunde später beginnen würde? Oder habe ich das nur aus ihm herausgehört? Genau so etwas hätte Kim Chernin getan, hineinspazieren, wenn alle anderen schon sitzen, wenn der Mann, der am Pult steht, vielleicht oder vielleicht auch nicht Dov Aviad sein könnte.

Er ist groß und schlank, dunkelhaarig. Dov Aviad trug nie einen Nadelstreifenanzug mit dunkler Krawatte, er besaß nicht die Autorität dieses Mannes, der aus einem Manuskript über den Sufi abu Bakr Mohammed Ibn 'Arabi vom arabischen Stamm der Hatim al-Ta'i vorträgt. Ich erfahre, daß Ibn 'Arabi in bestimmten islamischen Kreisen »der größte Meister« genannt wird.

Ich suche mir ganz hinten im Saal einen Platz. Von dort kann ich schlecht sehen. Während der hochgewachsene Mann sein Manuskript vorträgt, rücke ich weiter nach vorne. Er sieht nicht zu mir hin. Wenn dies Dov Aviad ist, der Mann, den sie sich vor zwanzig Jahren erträumt hat, dann ist es ihm gelungen, aus der Vergangenheit wiederzukehren. Unabhängig davon, was wir beide von ihm halten, er existiert. Das Haar leicht ergraut, die Augen ein wenig eingesunken, der Zettel am Fahrstuhl hat eine Tagung über die Weisheit der Propheten angekündigt.

Es ist nicht einfach, ihm zu folgen. Vielleicht war Kim Chernin kein Vorwurf zu machen wegen ihrer Unfähigkeit. Er zitiert irgendwelche fromme Lyrik in abstrakten philosophischen Termini. Seine Zuhörer scheinen, ebenso wie ich, ergriffen von der Eindringlichkeit des Redners. Er hebt seine Hände vom Lesepult mit der Autorität eines Mannes, der im Besitz des Wissens ist und sich nur aus Freundlichkeit gegenüber seinen Zuhörern auf die Schrift stützt. Diese Hände verraten ihn; Gesten, die ermahnen, beschwören, eine Empfindsamkeit, die sofort durch die schwungvoll ausgreifende Handbewegung, die gespreizten Finger verscheucht wird, das Hochfliegende, das durch spirituelle Disziplin zu Beschränkung, Gehorsam, Kontemplation gebändigt wird.

Der Redner spricht offenbar über den Schrei einer verzweifelten Seele nach Gott. Er sagt, dieser Liebesschrei sei der Anfang einer Sehnsucht nach Selbstwerdung in Gott. Sein Publikum lauscht mit verzückter Aufmerksamkeit, obwohl die Sprache so wenig konkret ist, daß ich mir nicht vorstellen kann, irgendeine Gruppe von mehr als dreißig Menschen wäre überhaupt in der Lage, sie zu verstehen.

Mehr von dem, was er sagt, bekomme ich nicht mit. Die Worte werden mit Autorität vorgetragen, langsam, mit exakter Artikulation. Manchmal erscheinen sie verwirrend, scharf, abstrakt, eisig. Das sind keine Eigenschaften, die man mit Dov Aviad verbinden würde. Der Mann dort oben spielt gern mit Widersprüchen. Dunkel, leidenschaftlich und sehr schön, scheint dieses Gesicht von weit her zu kommen. Er wirkt eher arabisch als jüdisch, eher wie ein spiritueller Lehrer, nicht wie ein junger Mann, der General hätte werden können. Dieser Mann läßt sich durch eine Leidenschaft nicht aus dem Gleis werfen, allenfalls in seiner Liebe zu Gott mag er so etwas wie Leidenschaft fühlen.

Der Vortrag ist zu Ende, das Publikum applaudiert stehend, Menschen kommen nach vorne, um ihm zu gratulieren, doch er läßt sie stehen und bahnt sich eine scharfe, gerade Schneise durch die Menge hin zu mir. Ich erhebe mich, ich habe keinen Zweifel mehr. Dies ist der Mann, den Kim Chernin vor zwanzig Jahren geliebt hat. Er ist größer, als ich ihn mir vorgestellt habe, er muß sich beinah herabbeugen, als sie ihre Hand ausstreckt, um sie an seine Wange zu legen, und dann stehen sie da.

Dov Aviad und Kim Chernin. Ich sehe Kim Chernin aus einiger Entfernung. Das Leinenkostüm steht ihr wirklich gut, sie hat ein Paar schwarzweiße Riemchenpumps angezogen, ihr Haar umrahmt das Gesicht in silbern glänzenden Wellen. Ich sehe dieselben Falten um ihren Mund, die ich heute morgen im Spiegel sah. Vielleicht weil er sie genau anschaut, werden sie zum sichtbaren Ausdruck der Veränderung eines Gesichts, das er überall wiedererkennen würde. Darin hatte er recht.

Sie sagen nichts. In diesem Raum voller aufgeregt redender Menschen schauen Kim Chernin und Dov Aviad einander an, als wäre die Liebe noch nicht geschehen, er ein wenig vorgebeugt und mit leicht benommenem Blick, sie triumphierend, als hätte sie immer gewußt, daß er nach zwanzig Jahren das werden würde, was sie immer vorausgesagt hat. Sie ist beeindruckend, das muß ich zugeben. Als wäre er nur für sie zu dem geworden, was auch immer er sein mag, für diesen Augenblick, in dem sie zu spät einen Raum betritt, um ihn vortragen zu hören. Vollkommen zu Hause in ihrer Rolle der Frau, die er zwanzig Jahre lang nicht vergessen hat, scheint sie nur darauf gewartet zu haben, daß ich sie hierher bringe.

Nach einer Weile sagt er mit einem leichten Lächeln: »Hallo, Liebste.«

Ich hätte nie geglaubt, daß zwei Menschen nur dadurch, daß sie einander gegenüber stehen, zwanzig Jahre vollständig auslöschen können.

An dem Tag schaffte Kim Chernin es nicht die Treppe hinunter und ins falsch geparkte Auto. Darum kümmerte ich mich. Als ich dann schließlich am Steuer saß, war sie nur noch eine Erinnerung, hatte sich vielleicht sogar lächerlich gemacht, als sie die Hand ausstreckte, um sie ihm an die Wange zu legen. Ich sah das Vergilbte in den Aufschlägen meines Kostüms. Als sie es trug, strahlte es rundum, als wäre es gestern gekauft worden. Die Pumps drücken. Es ist zwanzig Jahre her, daß sie sie das letzte Mal trug.

Ich muß gewußt haben, daß es gefährlich sein würde, ihn zu sehen. Kim Chernin, die eigentlich tot sein sollte, Kim Chernin, die sich vor zwanzig Jahren an einem kalten Morgen am Strand in Schottland selbst abgeschafft hat, jetzt hier in meiner Welt?

Am Montagabend, dem Tag nach seinem Vortrag, wartet Dov Aviad am Fenster eines Hauses in der Nähe von Stern Grove in San Francisco auf mich. Als ich vorfahre, eilt er die Treppe hinunter, öffnet die Tür des Wagens, beugt sich zu mir herab. »Hast du bemerkt, daß ich Angst hatte, dir in die Augen zu sehen?«

Zweifellos glaubt er, er kann Kim Chernin in ihnen entdekken. Als ich ihm zu sagen versuche, daß er nichts zu befürchten hat, überkommt mich die Furcht.

Als er schließlich bei mir im Wagen sitzt, ist es schon fast dunkel. Er hat sehr schnell gesprochen, über das *Inbild allen Sehnens*. Das, so sagt er, sei Kim Chernin für ihn geworden.

Weil sie ihm nicht gestatten will, der Liebe auszuweichen, weil sie seine Zurückhaltung nicht ertragen kann, weil sie in diesem Moment zurückgekehrt ist, um seine Strenge zu tadeln, sagt sie: »Seit du angerufen hast, muß ich fast ununterbrochen weinen.«

Sie kennt ihren Mann. Sie kennt ihn besser, als ich es könnte. Sie ist nicht überrascht, als er das Gesicht in die Hände legt und weint.

Gegen diese Gewalt, die sich in zwanzig Jahren nicht hat verringern wollen, bin ich machtlos.

Ich fahre an den Straßenrand. Ich weiß nicht, ob Kim Chernin lügt. Vielleicht hat sie geweint. Ihr Wiederauftauchen hat mich zerschmettert.

Ohne sie anzusehen, sagt er: »Ich will nicht, daß irgend jemand durch dies hier verletzt wird.« Der Abstand, den er zwischen uns geschaffen hat, läßt mich ahnen, daß er von seiner Frau und seinem Sohn spricht.

Weil er Tränen in den Augen hatte, stellt man ihn sich plötzlich so vor, wie er an jenem Tag gewesen sein mag, als sie ihn zum ersten Mal von der Küche aus anstarrte, mit geöffnetem Mund, der etwas zurückhält, einen Schrei der Freude, des Entsetzens? Hatte er vielleicht genau dieses Ende vorausgesehen?

»Alles was ich tun mußte, um dich wiederzubekommen, war, den Hörer abnehmen und deine Nummer heraussuchen. Was nicht etwa heißt, daß du mir zustehst.«

»Warum hast du bis jetzt gewartet?«

»Ibn 'Arabi spricht von *al-hayrah*; das bedeutet ›Bestürzung‹. Das ist die angemessene Empfindung, wenn etwas das rationale Begreifen übersteigt.«

Weil er sagen will, daß das, was ihn mit Kim Chernin verbindet, für den Verstand zu hoch und zu bestürzend ist, erhalten die ernsten Worte eine merkwürdig sinnliche Kraft. Oder vielleicht, weil sie ihm so viel bedeutet, auch wenn er sich von ihr zurückgezogen hat.

Sie sagt: »Ich habe versucht, mich an unsere letzte Begegnung zu erinnern.«

»Es gab keine letzte Begegnung. Es könnte sie nie geben.« In dem Schweigen, das darauf folgt, setzen sich diese Worte zu einer Liebeserklärung zusammen. »Ich konnte nicht über meine Träume hinwegsehen, ich empfing sie als eine sehr kostbare Gabe von *Ihm*, die mir durch dich geschenkt wurde und die mich vielleicht ebenso auf meine Verpflichtung dir gegenüber hinwies.«

Er kann es nicht durchhalten. Das Gesicht des jungen Soldaten bricht sich wieder Bahn. Wegen dieses Gesichts, das so leidenschaftlich in sie versunken ist, nimmt jedes Wort, das er sagt, die Konturen puren Verlangens an.

»Ich wußte, daß du mich nicht vergessen hast, auch wenn manche Leute sich wünschten, ich wäre tot.«

»Margo gab mir deine Briefe an Sena.«

Margo gab? Briefe? An Sena?

In den Monaten nach Kim Chernins Abreise aus Israel sprach er jeden Tag mit Sena. Seine Mutter machte sich große Sorgen um ihn. Er hätte fast das Studium abgebrochen. Nachts weckte er seine Großmutter dadurch, daß er englisch redete. Als er das sagt, findet seine Hand sich in ihrem Haar wieder, als hätte sie all die zwanzig Jahre einzig und allein darauf gewartet, diese Geste zu vollziehen.

»Ich hatte noch nie von solchen Dingen zwischen Frauen gehört. Selbst als du versuchtest, es mir zu erzählen, hatte ich keine Ahnung, was du meintest. Du hast keine Ahnung, wie unschuldig dieser Knabe war.«

Wenn Kim Chernin ihn hätte beschützen wollen, dann wäre dies der Moment dafür gewesen. Die Schlichtheit, mit der er wünschte, daß sie Bescheid wußte, und es vermied, sie zu beschuldigen, hätte sie mitten ins Herz getroffen.

Doch Briefe an Sena? Dieses verzweifelte Schreiben bei Tag und bei Nacht waren Briefe an Sena gewesen?

Sie beugt sich zu ihm hinüber, legt den Kopf auf seine Schulter. Das war eine der Gesten, zu denen sie neigte. Es scheint ihn zu trösten. Sie sagt: »Im Amerika meiner Kindheit gab es keine Unschuld.«

Ich weiß nicht, ob sie dies als Entschuldigung anbietet. Sie wird wohl spüren, daß, wenn es um Liebe geht, Entschuldigungen nicht nötig sind.

»So wie du mir widerfahren bist, solltest du mich zu *ihm* bringen. Das war das Schmerzliche für mich. Daß ich für dich nicht dieselbe Bedeutung hatte. Ich glaube, für dich wäre es Sena gewesen, die dir den Weg gewiesen hätte.«

Auch seine Selbstverleugnung vor der Macht der Liebe vermag nicht seine alte Sehnsucht zu verbergen, die ihn wieder zu ihr geführt hat.

»Wenn Sena mich zu *ihm* hätte bringen sollen, dann wäre das ein sehr gewundener Weg gewesen.«

»Bist du bitter geworden?«

»Ich war tot.«

»Deine Augen sagen etwas anderes. Diese Augen werden mich bis ans Ende meiner Tage verfolgen.« Wieder dieses Schweigen, in dem seine Worte, die ihm durch ihre Erwiderung als Echo zurückgeschickt werden, offenbar Entsetzen auslösen. »Meinst du nicht vielmehr, daß du dir selbst gestorben bist, um mit *ihm* zu beginnen?«

Sie ist sich jetzt ihrer Macht sicher, kennt seine Art, sich zurückzuziehen, und will, hochmütig geworden, verhindern, daß es geschieht. »Bist du hergekommen, um mir zu verzeihen? Ist es das, was du dir vorstellst? Werde ich dir denn verzeihen, daß du diese Briefe angenommen hast?«

»Du warst es, die mir den Weg gewiesen hat, deren Aufgabe es war, die Saat der Sehnsucht zum ersten Mal zu begießen, jener Sehnsucht nach Schönheit – nicht aus Selbstzufriedenheit, sondern aus Sehnsucht nach der Sehnsucht. Ich weiß, du verstehst, was ich meine.«

Tut sie es wirklich? Würde sie eine Sehnsucht um der Sehnsucht willen verstehen? Für sie wäre es blasphemisch, Gott nur deshalb an die Stelle eines Mannes oder einer Frau, die sie geliebt hat, zu setzen, weil sie sie verloren hat. Er sollte lieber vorsichtig sein, sonst wird sie ihm nicht verzeihen.

Sie ist rücksichtslos, Zeit ist ihr gleichgültig, sie hat kein Leben, das er bedrohen kann, er gehört ihr, das will sie bestätigt wissen.

Was mich angeht, so wußte ich, daß sie sich so verhalten würde, sollte sie je zurückkehren. Ich habe ein Leben, das ich schützen möchte, auch wenn sie keins hat. Ich werde ihn warnen.

»Sena hat dir diese Briefe gezeigt. Sena, nicht Margo. Sie

wollte, daß du verstehst, was für einen Menschen du damals geliebt hast. Ich glaube nicht, daß du das begriffen hast.«

»Sena hat Kim Chernin vergessen. Ihr hat Kim Chernin nicht den Weg gewiesen. Sena hätte niemals leben können mit einer Sehnsucht um der Sehnsucht willen – unstillbar und immerfort sich selbst zeugend.«

Die harten, abweisenden Worte zerspringen plötzlich. Jedes einzelne lädt sich mit Gefühl auf. Ihre Leere füllt sich mit Schmerz und Verlust, sein Gesicht wird mit einemmal wieder zu dem des Jungen, der immer noch versucht, über sie hinwegzukommen. Es dauert nur eine Sekunde oder zwei. Er hat sich wieder in der Gewalt. Seine Hände zittern in der Dunkelheit nicht.

»Glaubst du etwa, Kim Chernin sei keine Bedrohung mehr für dich, weil du sie zum *Inbild allen Verlangens* gemacht hast?« Ich vermute, meine Worte klingen bitterer, als ich wollte.

»Wie könnte man eine Verbindung vergessen, die das Gedächtnis überdauert? Eine Verbindung, die sich weder einer früheren Äußerung verdankt noch der Möglichkeit, daß zwei Wege aufeinander zulaufen?«

»Wenn du nicht hergekommen bist, um zu verzeihen, warum dann?«

»Vielleicht klingt es anmaßend, aber ich bringe dir diese Bücher. ›Die Weisheit der Propheten‹. Gleichzeitig gebe ich dir deine Briefe zurück. Ich verstehe, wieso du sie Sena geschrieben hast. Durch sie hast du den ehrfurchtgebietenden ersten Blick auf die *Wirklichkeit der Liebe* getan. Der *Geliebte* offenbart sich in den Gesichtern derer, die wir lieben. Durch dich offenbarte *er* sich mir. Und dir durch Sena. Das war es, was ich dir sagen wollte.«

Sein Gesicht verklärt sich durch ein inneres Licht. Was weiß er? Was hat Sena ihm erzählt? So sieht vermutlich ein Mann in dem Augenblick aus, da er eine lebendige Frau nicht mehr von *dem Geliebten* unterscheiden kann.

Wir fahren zu einem Restaurant in der Union Street, wir

schaffen es nicht, aus dem Auto zu steigen. Manchmal beugt er sich zu mir herüber, mit diesem Ausdruck eines aufgesprungenen Gesichts. Seine Hände formen Flügel, Gesten des Betens, des Flehens, er flicht seine Finger ineinander, die Abstraktionen beginnen wieder, er hat sich wieder in der Gewalt, die Härte verändert seine Gesichtszüge, und es wird undenkbar, daß dieser Sufi-Lehrer ein Junge gewesen ist, der sein Gewehr über den Stuhl neben ihrem Schreibtisch hängte und vor Verlangen zitterte, damals, als er noch nicht wußte, daß sie ihm den Weg in die *Weisheit* wies.

»Ich dachte, es würde dir daran liegen zu erfahren, daß mein Vater diese Welt vor zwei Jahren verlassen hat. Es geschah in sehr kurzer Zeit, zum Glück hat er nicht viel gelitten.«

Er hat mir schon erzählt, daß seine Mutter vor acht Jahren gestorben ist. Seine Großmutter starb, als er in Boar Hills war und nach Kim Chernin suchte.

Er hat mir einen Stapel Briefe in die Hände gedrückt, die mich zum Narren machen werden. Das weiß ich sogar schon, bevor ich sie gelesen habe. Ihr entsetzliches Gewicht, Senas Name, der in großen hebräischen Buchstaben geschrieben ist, die Adresse in Kim Chernins grauenhafter Handschrift, das Lachen, das er nicht hören kann, als Kim Chernin sich entfernt.

Dieser Mann ist aus einer Erinnerung herausgetreten, die ihn hinterhältigerweise damit beauftragt hat, sich mir auszusetzen, seiner Anklägerin.

*A*uf der anderen Straßenseite, gegenüber von meinem Haus, aus dessen Fenster Kim Chernins Tochter mir immer zuwinkte, faltet er die Hände vor seinem Herzen.

Der Sufi-Lehrer, der erleuchtete Weise, der unschuldige Soldatenjunge, der Mann der Leidenschaft, der Angst hat, ihr in die Augen zu schauen, der Ehemann, der über seiner Familie wacht, der wahrhaftige Mann, schlicht, aufrichtig und in dieser Gestalt Kim Chernins Vater so ähnlich. Ich kann mich nicht daran gewöhnen, wie schnell er sich verändert.

Es ist eine laue Nacht, die in Berkeley eher in den späten Herbst als in den Sommer gehört; ich sitze mit Dov Aviad auf der Veranda. Er lehnt am Geländer und liest die Landschaft von rechts nach links, die flüchtige Flamme der Raffinerie in Richmond, die dunklen Höcker des Mount Tamalpais, die Lichter, die sich zur Golden Gate zusammensetzen. Die Berge erinnern ihn an Safad.

»Über dich wird die Hand gehalten«, sagt er. »Du mußt etwas getan haben, womit du das verdient hast. Was war das?«

»Was muß man denn tun?«

»Ich hatte auch einmal dieses Gefühl. Vielleicht warst du auf deine Weise im Krieg?«

»Bin ich jetzt auch noch im Krieg?«

»Ja.«

Wie meint er das, ja?

Er sitzt mir am Tisch gegenüber, dieses Gespenst, das die Träume einer toten Frau heimgesucht hat. Er zieht seinen Pullover an. Dabei gerät sein Haar durcheinander, er bringt es nicht wieder in Ordnung. Die Hände fangen von neuem an und führen vor, wie gut er die ausladenden, raumgreifenden Bewegungen beherrscht. Ich überlege mir, wir seine Augen wohl in den Jahren aussahen, als er bei der Armee war. Hat er auch damals, wenn er mit jemandem sprach, in ihn hinein, durch ihn hindurch, ihn direkt angeschaut? Man kann sich nämlich nicht vorstellen, daß er hart ist, eisern, Befehle austeilt, es scheint möglich, daß er sich auf der Kippe fühlte; womöglich fällt er noch immer. In manchen Augenblicken ist sein inneres Vibrieren beängstigend. Es lädt die Luft zwischen uns auf und verlangt nach Kim Chernins Anwesenheit.

Und was dann?

Er hat sich ein Zimmer mit seiner Großmutter geteilt. Er ist ein Geschichtenerzähler. Das hatte ich fast vergessen. Die Nacht inspiriert ihn, er rührt den Champagner nicht an. Er spricht von dem Schwarm wilder Wachteln über dem Mittelmeer, von Phineas, dem Propheten, den Zeus erblinden ließ, weil er die Zukunft vorhersehen konnte. Es gibt eine Höhle in Safad, in der der jüdische Weise begraben ist. Das Grab von Ibn 'Arabi liegt etwa sechzig Kilometer von der Stelle entfernt, wo er stand, als er Kadetten auf den Golanhöhen ausbildete. Als er diesmal die Geschichte vom Sandsturm erzählt, erwähnt er Kim Chernin nicht.

Erst die Zeit und die Diaspora haben den mittleren Orient in ihm zum Vorschein gebracht, in diesem Mann von der Levante, aus dessen beiden Herkunftsfamilien vor ihm noch nie jemand Europas Küsten betreten hat. Diesem dunkelhäutigen Juden, der leidenschaftlich empfindet, düster ist, schwer zu fassen und noch schwerer zu halten, so absolut gegenwärtig, daß man plötzlich glaubt, wenn man ihn berührte, würde man sich die Hand verbrennen. Ich stelle mir vor, daß Gott tatsächlich froh wäre, wenn er ihn als Liebhaber hätte.

Im Laufe der letzten zwanzig Jahre ist diesem Mann, während ich Kim Chernins Erinnerungen zusammensetzte, alles genommen worden, was seine Person ausmachte. Wenn er gelegentlich abwesend wirkt, zu sehr wie der Wanderprophet, dann muß das damit zu tun haben, daß ihm so wenig geblieben ist. Er hat seine Großmutter verloren, seine Mutter, seinen Vater, sein Haus, sein Heimatland, seine nationale Identität. Er hat sich mit seiner Schwester zerstritten. Wenn er sich denn einmal in seine Augen blicken läßt, dann sehe ich tiefes Wissen, Entsetzen.

Gehört beides immer zusammen?

Er ist eine dieser Seelen, die durch die Last der Welt rein geschliffen werden. Als er aufsteht, um ein letztes Mal die Aussicht zu genießen, gibt es für einen Augenblick einen Bruch. In diesem Augenblick ist er nicht Soldat, Sufi-Lehrer, Geschichtenerzähler oder schlechter Liebhaber. Er hat da das verletzte, harte Aussehen eines Jungen, der zum ersten Mal nicht mehr von der Mutter liebkost werden möchte.

Er nimmt Kim Chernins Hand. Er hält die Hand an seine Brust. Er kniet nicht nieder, er wirkt wie der junge Liebhaber, der das Zimmer durchquert, als er glaubt, sie schlafe. Er sagt: »Ich wollte, daß du glücklich bist. In meinen Gebeten habe ich mir häufig Glück für dich gewünscht. Du warst so verloren. Ich war der Fels. Aber ich konnte dich nicht retten. Ich wußte nicht, wovor ich dich retten sollte. Vor mir? Vor dir selber? Vor Sena? Wenn ich dich mit all dem hier sehe, dann denke ich, du bist vor Gott weggelaufen.«

Als ich ihn in San Francisco absetze, legt er mir seine Hände auf die Schultern und beugt sich herab, um mir in die Augen zu sehen. Sein Blick erreicht mich nicht. Ich werfe die Arme um seinen Hals und wünschte, ich hätte ihm nicht die Arme um den Hals geworfen. Er braucht Abstand zwischen sich und Kim Chernin, damit sie zum Bild, zum ordnenden Prinzip für eine Kette unerträglicher Verluste wird. Wenn er ihr zu nahe kommt, läuft er Gefahr, in ihre Fänge zu geraten.

Als er aus dem Wagen steigt, wirkt er, als könnte er sich seiner selbst mit einem Schulterzucken entledigen, gedankenlos, in einem Moment der Zerstreutheit.

Als ich zurückschaue, steht er auf der untersten Stufe und dreht sich eine Zigarette. Er schaut nicht hoch, er geht nicht hinein. Kim Chernin wendet sich um, mit einem eisigen Stich. Sie bemächtigt sich des Lenkrads, fährt an den Bordstein, springt heraus, läuft die zwanzig Jahre zurück, die für sie wie nichts sind. »Sagst du nicht auf Wiedersehen? Schreibst du mir? Werde ich dich jemals wiedersehen?«

»Du bist schon immer so gewesen«, antwortet er mit einem erschöpften Lächeln. »Du könntest mich ja vielleicht sehen, wenn du mich zum Flughafen bringst?«

Ein paar Tage später bringe ich ihn zum Flugzeug. Vorher habe ich die ganze Zeit darum gekämpft, daß er nicht in Kim Chernins Nähe gerät. Ich sitze an meinem Schreibtisch, stelle Statistiken zusammen, schneide Geschichten aus. Er ruft sie an, um zu erzählen, daß er mit der Fähre gefahren ist und zu den

Berkeley-Hügeln hochgeschaut hat, das hat ihn an Safad erinnert, damals, als er auf seinen Spaziergängen hochschaute nach Araht.

Er wohnt in einem kleinen Landhaus in den Cotswolds. Jeden Morgen fährt er dreißig Kilometer zur Arbeit. Vor zwei Jahren war er Drucker. Im vorigen Jahr hat er einen Verlag auf Computer umgestellt und die entsprechende Software erfunden. Seine Frau sucht seine Kleidung aus (er ist immer hinreißend gekleidet), fährt ihren Sohn zur Schule, stellt das Essen auf den Tisch. Nach dem Essen geht er nach oben zu seinen frommen Gesängen. Seine Frau ist die künstlerische Gestalterin der Sufi-Zeitschrift, in der er seine abstrakten Betrachtungen veröffentlicht. Als er sie zum ersten Mal sah, traf ihn der Pfeil der Liebe. Kim Chernin ist nicht die einzige Frau, die er geliebt hat. Was immer sie auch im Sinn haben mag, ich behaupte, er wird zu Frau und Sohn zurückkehren. Ich werde ihr nicht erlauben, dieses Leben, seine Ordnung, seine Abgeschiedenheit, zu zerstören. Sie hat keine Ahnung, wie zerbrechlich er ist, dieser Mann, der endgültig fallen wird, wenn Gott nicht seine Hand ausstreckt, um ihn zu retten.

Im Flughafen muß er die Kindergewehre, die er für seinen Sohn gekauft hat, ein Stockwerk tiefer in einem Büro als Spielzeug beglaubigen lassen. Als wir die Treppe hinuntergehen, nimmt er meine Hand. Kim Chernin sagt: »Ich bin gespannt, ob ich dich in den nächsten zwanzig Jahren mal sehen werde«, als plante sie, für eine Weile dazubleiben. Doch auch er weiß, daß dies vielleicht das letzte Mal ist. Und so nimmt er, in verzweifelter Hast, ihr Gesicht in seine Hände, als würde er es sich nie verzeihen, wenn er jetzt nicht spricht, und sagt: »Ich möchte nicht, daß du weinst. Bitte weine nicht. Ich fand, du solltest heute lieber nicht kommen, aber ich wollte dich gerne sehen. Es ist wie damals, wenn du mich zu meinem Auto brachtest und ich dann den Berg hinabfuhr und dich allein an der Straße stehen sah. Dann kam jenes Mal, das, ohne daß wir es wußten, das letzte Mal war. Und dann sah ich dich nie wieder.«

Das Päckchen mit den Spielzeuggewehren wird geöffnet und untersucht. Der Inspektor wickelt alles wieder ein und macht seinen Stempel, die dürfen mit ins Flugzeug genommen werden. Kim Chernin fragt ihn nicht, wieso er seinem Sohn Gewehre mitbringt. Vielleicht wundert es sie nicht. Sie ist an Widersprüche gewöhnt, womöglich findet sie es nicht befremdlich, daß ein Diener der Liebe einst Oberleutnant war. Beide verlieren kein Wort über die West Bank, ich habe mich allerdings gefragt, ob er wohl den Dienst dort verweigert hätte, wenn er noch in der israelischen Armee wäre.

Einige Wochen später kommt ein handgenähter Beutel mit der Post, ein kleines Amulett aus schwarzem Leder. Innen stekken die Worte eines Schutzgebets in arabisch. Kim Chernin wird ersucht, das Amulett am Körper zu tragen (eine Kette ist beigelegt). Es ist die, wenn auch schlichte, Liebesgabe eines Soldaten Gottes an sein *Geliebtes Wesen*. Deshalb hielt ich es nur für richtig, das Amulett um den Hals zu tragen. Ich muß gewußt haben, daß Kim Chernin auftauchen und es für sich beanspruchen würde.

*K*im Chernin liebte den Wind. Wenn sie wiederzukommen versucht, dann wird es in einer windigen Nacht sein. Als Kind stellte sie sich den Wind als einen Boten vor. Von wem? Zu welchem Zweck? Das bekam sie nie heraus. Ich habe Wetterberichte studiert. Wenn Wind mit über dreißig Stundenkilometern aufkommt, setze ich, höchst akribisch, die Sturmtüren ein.

Eigentlich sollte es eine Sicherheitszone geben, ein Niemandsland, einen kleinen Randbereich, der Schutz bietet. Kim Chernin überquert Grenzen, als hätte sie sich zwanzig Jahre lang in Höhlen verborgen. Welche Wahl habe ich? *Die-da* zu werden oder mich in Kim Chernin zurückfallen zu lassen? Sie wird mit mir um einen steinigen Acker kämpfen. Und wenn ich mich nicht wehre, wird sie dann die Oberhand gewinnen?

Und wenn ich mich wehre, wer bin ich dann? *Die-da*? Hat sie mich, ob es mir gefällt oder nicht, schließlich dazu gemacht?

Kim Chernin soll nur nicht glauben, daß ich kampflos untergehe, so wie sie. Ich meide das Meer, meine Verteidigungsanlagen werden sorgfältig gewartet. Die einzige Bedrohung könnte von einer fünften Kolonne aus dem Inneren stammen. Wenn Kim Chernin wiederkäme, wäre sie Feuer und Flamme für Vorstellungen von Einssein. Ich werde mich nicht kampflos ergeben. Muß ich aber antreten, um Kim Chernins Sehnsucht nach Kim Chernin zu bekämpfen?

Kim Chernin an Politik interessiert? Früher besaß sie nie einen Sinn für Geschichte. Die Wirklichkeit, so glaubte ich, war die einzige Festung, die ihr nicht zugänglich war, außerhalb ihrer Reichweite, zu hoch für sie, unter ihrer Würde. Ich war sicher, dort konnte ich friedlich meine Tage verbringen, Statistiken aufstellen, Geschichten ausschneiden. Ich glaubte, sie würde sich nicht für diese Forschungen über ein Land interessieren, dem sie sich ausschließlich von der romantischen Seite her näherte, da sie sich nie um die Erkundung historischer Spuren gekümmert hatte. Das arabische Geflecht dort, wo jetzt eine jüdische Stadt ist, um nur das einleuchtendste Beispiel zu nennen.

Hat sie sich etwa während der Jahre, in denen ich sie tot glaubte, einiges Wissen angeeignet? Hat sie etwa, über die Jahre hinweg, heimlich ein Auge auf mich gehabt? Wieso hätte sie sonst die vorige Nacht zur Bühne ihres Wiedererscheinens bestimmt?

Ich hatte von meiner Arbeit hochgeblickt (einem Bericht des B'Tselem, des Israelischen Informationszentrums für Menschenrechte in den besetzten Gebieten). Es war mittlerweile dunkel geworden. Ich sah den Widerschein der Schreibtischlampe in dem Felsbecken. Ich sah Kim Chernin (die ungestüme, verantwortungslose Kim Chernin meiner Jugend) dort draußen, sie schirmte ihre Augen gegen das Licht ab, um mich genauer beobachten zu können. Mir gefiel der Ausdruck ihrer Augen nicht, sie maß die Entfernung für einen gezielten Sprung.

Zuerst dachte ich, Kim Chernin beweinte ihr Exil. Ihre Ohnmacht. Ihre Unfähigkeit, an mich heranzukommen. Mein der Schreibtisch, das Zimmer, die schwere spanische Tür, mein das Haus mit den drei Stockwerken, gegenüber von der Gartenwohnung auf der anderen Straßenseite, in der Kim Chernin mit dem Kind Larissa lebte.

Ich ging hinaus, um die Kette vorzulegen. Ich hätte es besser wissen sollen. Als ich wiederkam, saß Kim Chernin an meinem Schreibtisch und wühlte in meinen Papieren.

Ich war überzeugt, daß Kim Chernin, wenn sie von den brennenden Reifen, den Bombardierungen, den Massakern und den Steinen erfuhr, darin einen rituellen Kampf um ein Land sehen würde, das zwei Brüdern verheißen worden ist. Wenn ein Palästinenser gefoltert wird, wenn ein Araberjunge einen Stein wirft, wenn eine Israelin mit dem Messer erstochen wird, wenn Palästinenser aus ihrem Dorf direkt hinter der Sicherheitszone vertrieben werden, wenn ein israelischer Lastwagen durch eine Handgranate explodiert, wenn Kinder in einer Schule von Terroristen eingeschlossen werden, würde Kim Chernin darin eine zeremonielle Gewalt von sicherlich mythischem Ausmaß sehen, die Gewalt, die unvermeidlich ist, bis die zwei Brüder sich versöhnen, das Land unter sich aufteilen, den Konflikt beenden und sich bekehren, wie der Löwe, der sich zum Lamm legt.

Kim Chernin hat immer die Geschichte von Rahel gemocht, so wie Jeremia sie schildert; da steigt sie aus ihrem Grab, um die hebräischen Kinder zu beweinen, die ins Exil nach Babylon geschickt wurden. Ganz offenbar bildet Kim Chernin sich ein, mit ihrem Wiedererscheinen werde sie zu einer zweiten Rahel. In diesem Augenblick hat sie sich gerade des blinden Palästinensermädchens angenommen, das aus Kfar Rumman flieht, fünfzehn Kilometer nördlich der Grenze, wo zu ihrer Zeit damals die Sicherheitszone ausgebaut wurde. Sie spielt sich mir gegenüber als Richterin auf, weil ich nicht weine. Nicht lange, und sie wird eine Ähnlichkeit zwischen unserem häuslichen Zank und dem blutigen Kampf um das Heimatland zusammenklittern. Ich sehe sie schon, wie sie auf ihrer inneren Landkarte die Sicherheitszonen ausradiert.

Ich sitze eisern da, schneide aus, trage ein, stelle zusammen, schreibe nieder.

Vieles ist verlorengegangen; die Erinnerung an das Land mit seinen blutigen Kämpfen ist zersplittert. Die Ansprüche werden in scharfem Schnitt bis ins Altertum zurückgeführt, exklusiv, absolut, unlösbar auf beiden Seiten. Ich würde sagen, keiner von beiden kann das Land ohne den anderen haben, wenn beide es nicht besitzen können, kann es nicht einem der beiden gehören. Immer ist da der andere jenseits der Grenze.

Ich weine nicht. Ich sehe die Papiere durch, stöbere in alten Buchläden, ich gehe in palästinensische Geschäfte südlich der Market Street, um hier eine Spur und dort irgend etwas zu entdecken. Nun, da meine Arbeit über Kim Chernin an ihr Ende gelangt ist, bin ich zu anderen Rekonstruktionen bestellt. Wenn sie glaubt, es gebe eine Möglichkeit, das leidenschaftliche Schicksal der romantischen Träumerin jetzt, hier an diesem Ort, weiterzuleben, wenn sie sich einbildet, ihr Frevel, ihr Weinen, ihre geballten Fäuste würden mich in Schrecken versetzen, weil sie auf den Arbeitstisch schlägt, auf dem meine Papiere ausgebreitet sind, dann soll sie es ruhig.

Falls Kim Chernin glaubt, ich hätte Angst, sie werde diese Notizen verbrennen, weil sie keine Möglichkeit sieht, *Shin Beth* zu sagen und damit zu meinen, daß jüdische Männer Palästinenser verhören – mit Schimpfwörtern und Beleidigungen, mit Fäusten und Schlagstöcken, bei Gefahr von gebrochenen Rippen und tödlichem Ausgang, dann sollte sie lieber noch mal gründlich nachdenken.

Jetzt macht sie am Rand von meinen Zeitungsausschnitten

Notizen neben meinen Notizen. Etwa zehn Kilometer nördlich von Jerusalem, in Ramallah in der West Bank, sind Hunderte durch die Straßen marschiert, um die Friedensverhandlungen zu feiern. Eine junge Frau und ein junger Mann sollen auf israelische Jeeps geklettert sein, um sie mit Olivenzweigen zu schmücken.

Wenn Kim Chernin wieder die Herrschaft übernehmen will, wird sie zur Kenntnis nehmen müssen: der erstgeborene Junge auf der Farm nahe der Grenze könnte einer der jungen Soldaten gewesen sein, die ihr Alter falsch angegeben, sich früh zur Armee gemeldet haben und die man dann sah, wie sie unmittelbar vor den Mauern des Lagers auf ihren Panzern lagen und Simon und Garfunkel im Radio hörten, während in Sabra und Shatila etwa achthundert, manche sagen tausend, Zivilisten erschossen und gevierteilt wurden. Er oder einer seiner Kameraden aus einem anderen Kibbuz war es, der nachts die Leuchtraketen zündete, in deren Licht die Falangisten mordeten. Das Töten dauerte drei Tage und drei Nächte. Unterscheidet sich diese Nacht von irgendeiner anderen?

Wenn Kim Chernin nicht glauben will, daß ihre palästinensischen Nachbarn aus dem Dorf in schrankartige Zellen gesperrt wurden, in Toiletten, in Kühltruhen, damit sie mit den israelischen Verhörspezialisten redeten, wenn sie sich dieses Wissen nicht zu eigen machen will, wenn sie es vorzieht, ihre Kleider zu zerreißen, sich auf biblische Weise Asche aufs Haupt zu streuen, dann sollte Kim Chernin, die hier an meinem Schreibtisch meine Notizen durchwühlt, lieber den Verlust ihrer Unschuld beweinen. Wenn Kim Chernin weinen möchte, dann um die verlorene Familienromanze mit ihrem Volk. Wenn Kim Chernin dies nicht ihrem Gedächtnis einprägen will, wieso sollte ich dann noch immer Angst vor Kim Chernin haben?

Hörst du?

Warum sollte ich noch immer Angst vor Kim Chernin haben?

Sie wieder willkommen heißen? Die in ihrem Strohhut für immer einunddreißig ist? Mein jugendliches Ich, das mit all seinem Tumult, seinem Durcheinander noch immer nicht richtig erwachsen ist? In ihren alten Sandalen, deren Hacken von zwanzigjähriger Dauergeschäftigkeit ganz abgelaufen sind, in der ausgeschnittenen gelben Bluse, die in all ihrer Zerlumptheit um keinen Deut weniger üppig protzt. Sie wieder willkommen heißen, ihr nicht direkt ins Gesicht lachen, mit einem flüchtigen Kopfnicken, da bist du also, na so was, und ich dachte, du seist tot!

Ich könnte ihr Larissas Zimmer am anderen Ende der Diele geben und bin mir dabei völlig im klaren (und einverstanden damit), daß sie, wenn sie von dort aus dem Fenster schaut, nicht die Raffinerie in Richmond mit ihren Schwefeldämpfen sehen wird. Sie wird die Aussicht auf das unsterbliche Tal haben, Vögel gleiten durch die Dämmerung, die das Gefühl von Heimatlosigkeit weckt, an welchem Ende der Welt man auch sein mag, wenn es dunkel wird. Falls sie einen Stuhl über den Fußboden zieht, um das Poster der achtjährigen Tochter aufzuhängen, falls sie bei der viktorianischen Tapete Tesafilm benutzt, ein Abziehbildchen auf den handbemalten Schreibtisch klebt, dann sollten diese Dinge keine Bedeutung haben.

Ich kann sie nicht in der Gartenwohnung auf der anderen Straßenseite unterbringen, wo die Türen schlagen würden. Ich kann sie nicht von Larissa fernhalten, die bestimmt die Mutter sehen will, die es nie aus Israel zurück schaffte. An ihrer Stelle bin ich zurückgekommen.

Als Larissa jüngst zu Besuch war, habe ich sie mit einer schwarzen Ledertasche über der Schulter forsch ausschreiten sehen. Sie ist nicht die Frau, die Strohhüte trägt. Muskulöse Beine tragen sie unerschrocken und stecken in diesen klobigen Schuhen, die Frauen heutzutage zu ihren kurzen Röcken anziehen. Mit dem handgewebten Tuch um den Hals, einem goldenen Ring im linken Nasenflügel, dem hocherhobenen Haupt und den entspannten Schultern hat diese Frau absolut nichts von einer verlorenen Streunerin, jeder einzelne Schritt verkündet, daß sie nicht gewillt ist, sich das Leben entgehen zu lassen. Ich wüßte gern, welchen Eindruck sie wohl machen würde, wenn sie vorm Kibbuz Araht aus dem Bus stiege. Sie ist jetzt so alt, wie Kim Chernin war. Genauer gesagt, damals, als ihre Wanderzeit begann, die zu ihrem Tod führte.

Möge sich das Leben freundlicher gegen ihre Tochter erweisen!

Sie hat einen Sinn für Humor, das läßt sie anders sein. Sie weiß, wo die Wirklichkeit anfängt und wo sie aufhört, sitzt spät abends am Fußende meines Betts, unterhält sich mit mir und flicht ihr Haar in kleine, feste Zöpfe. Bei jenem Besuch erklärte sie, daß sie wieder nach Kalifornien gehen werde.

Wieso jetzt auf einmal, nach zehn Jahren?

Kim Chernin ist nie nachts aufgeblieben, um mit ihrer Mutter zu plaudern. Sie hat nie am Fußende ihres Betts gesessen. Zwanzig Jahre lang habe ich Larissa behütet. Jeden Morgen löst sie ihre Zöpfe, und das Haar fällt in üppige Wellen, honigfarben, mittelalterlich, dicker als das von Kim Chernin.

Diese Hände, die sich so geschickt bewegen, das Haar teilen und flechten können, nützliche Hände, die zu stricken, zu weben, zu sticken und Papier raffiniert zu falten verstehen. Diesen Händen werde ich sie, gegen alle erblichen Gefahren, anvertrauen. Durch sie sind über die Jahre Tücher, Pullover, Opern-täschchen in purpurnem Samt, handbemalte Schuhe und geklebte Schriftrollen entstanden, die ich als die ausgereifte Form ihrer kindlichen Kunst begriff.

Die Hände ihrer Mutter taugten für so gut wie nichts. Nur fürs Tippen und (ja) für nächtelanges Improvisieren am Klavier. Sie verstand sich auf wenig, was nützlich war (ich weiß, das ist nicht fair), bis sie lernte, Bäume zu beschneiden.

Larissa erzählt nie Lügen, nicht einmal solche, die sich eher als Übertreibung bezeichnen ließen. In ihr ist vielleicht das Schlimmste von Kim Chernin ausgemerzt, so daß eine kühnere, gesündere, fähigere Frau übriggeblieben ist. Das Merkwürdige ist nur, daß dieses adrette Mädchen, das nach Harvard ging und Philosophie studierte, im Laufe der Jahre nach und nach für etwas Raum geschaffen hat, (wie soll ich sagen?) in etwas hineingewachsen ist, von etwas beherrscht wurde, was an Kim Chernin erinnert. Es ist an der Art, wie sie malt, zu erkennen. Gelegentlich sind die Leinwände so riesig, daß sie sich nur schwer aus ihrem Studio transportieren lassen. Sie hat dasselbe Lachen, vielleicht aus denselben Gründen. Man erkennt es aus hundert anderen heraus, es ist ansteckend, heiser, setzt sich über frühes Leid hinweg. Plötzlich steht sie in Tränen aufgelöst neben mir am Frühstückstisch, weil ihr etwas eingefallen ist, was sie bis zu diesem Moment sorgfältig vergessen hat.

Ich muß immer gewußt haben, daß es sinnlos ist, sie vor Kim Chernin zu schützen. Ich wußte immer, daß ich es versuchen mußte.

Am letzten Abend von Larissas Besuch holte uns ihr Vater zum Essen ab. Er brachte Larissa Arbeiten aus ihrer Schulzeit mit, Zeichnungen, die sie gemacht hatte, ein Buch mit Gedichten, das sie selbst gebastelt hatte. Er brachte ihr auch Kim Chernins Briefe mit. O ja, den ganzen Stapel, mit den israelischen Briefmarken und dem Namen Kibbuz Araht, der manchmal auf hebräisch in der linken Ecke stand.

Mir wäre es am liebsten gewesen, wenn sie für immer zerrissen wären, verschwunden in der Vergangenheit, bei einem Hausputz weggeworfen. Bestimmt enthalten sie gewisse Einzelheiten, die die Geschichte von neuem mit sich selbst in Widerspruch bringen. Zum Glück zeigte Larissa kein Interesse an ihnen und stieß sie mit einem entschiedenen, respektvollen Schubs über den Tisch.

»Möchtest du sie nicht lesen?« fragte ich, ganz erleichtert, daß sie es nicht wollte.

Sie sah sie nachdenklich an. »Sie waren so traurig.«

Deshalb sind Kim Chernins Briefe ungelesen mit anderen Erinnerungsstücken in meine Kiste gewandert, mit den Zetteln, die Simon Kim Chernin unter der Tür durchschob, den neueren Briefen von Dov und Devora, den Pässen und anderen »Briefen« aus jener Zeit. Die Sammlung ist jetzt vollständig. Die Einzelteile sind, so gut es geht, gegen das Gedächtnis zusammengesetzt. Wenn Larissa keine Lust hat, sie zu lesen, wieso sollte ich es dann? Immerhin haben sie etwas bewirkt bei ihr, die nie den geringsten Wunsch verspürte, meine Geschichte über ihre Mutter zu lesen.

Ich behaupte nicht, daß sie die ganze Nacht aufgeblieben ist und gelesen hat. Soviel ich weiß, ist sie wohl hin und wieder eingeschlafen. Morgens beim Frühstück sah sie nicht besonders müde aus, aß nicht viel, schenkte mir zum ersten Mal in all unseren gemeinsamen Jahren einen dieser Blicke, die nirgendwo haltmachen.

»Ich habe immer gewußt, daß du nicht aus Israel zurückgekommen bist.«

»Es war Kim Chernin, die nicht zurückgekommen ist. Aber was soll das heißen?«

»Bevor du nach Israel gingst, habe ich oft Angst um dich gehabt.«

»Glaubst du etwa, deine Mutter ist auf dem Heimweg? Gehst du deshalb wieder nach Kalifornien?«

»Ich habe nie behauptet, daß sie tot ist.«

»Du glaubst, du wirst sie wiedersehen!«

»Das war das schlimmste Jahr meines Lebens.« Sie sagt dies sehr ruhig. Dann, mit einer Inbrunst, die an ihre Mutter erinnert: »Ich wußte nicht, daß es auch das schlimmste Jahr deines Lebens war.«

Heißt das, die Tochter, die von Kim Chernin im Stich gelassen wurde, bekundet Sympathie für die Mutter, von der sie im Stich gelassen wurde? Hat ihr verziehen? Liebt sie mehr, als sie mich liebt, die sich all die Jahre solche Mühe gegeben hat?

»Ich weiß nicht, ob Kim Chernin es als das schlimmste Jahr ihres Lebens bezeichnet hätte. Reumütigkeit war nie ihre Sache, bis ganz zum Schluß nicht. Sie hätte vielleicht gesagt, daß sie ihr Leben bis an jene äußerste Grenze getrieben hat, wo es einen Sinn bekommt. Vielleicht hat sie damals nicht einmal an dich gedacht.«

Dieses herrliche Lachen, das Kim Chernins Tochter mit Kim Chernin verbindet.

»Sie muß doch an mich gedacht haben. Wieso hätte sie sonst dich geschickt, damit du ihren Platz einnimmst?«

Also gut, sie wieder willkommen heißen. Meine ewige Streunerin, die bei all ihrem Tumult und Durcheinander immer noch, in jedem Alter, erwachsen werden muß. Sie wieder willkommen heißen. Die Arme ausbreiten und sie umarmen. Ihr eine Untertasse mit Milch auf die Treppenstufe stellen. Überall im Garten Vogelkörner verstreuen. Nachts für sie aufbleiben, damit sie wieder mit ihrer Schlaflosigkeit kommen kann, dem Türenschlagen, dem sicheren Ärger mit den Nachbarn, wenn sie die ganze Nacht bei offenen Fenstern in ihrem Zimmer Wagner spielt.

Mein Haus mit ihr teilen. Stets und ständig ihre feuchten Pullover einsammeln, die sie auf die Wohnzimmercouch geschleudert hat, ihre Sandalen, die draußen vergessen im Regen stehen, ihre Notizbücher mit den überall dazwischen gestopften Papierservietten. Ich werde Stunden brauchen, um den Joghurt, den sie auf dem Orientteppich verkleckert, wieder wegzukriegen. Sie wird die Kruste von meinem Brot wegessen, sie wird Käserinden und Kirschkerne in den Terrakottatöpfen hinterlassen, die ich eigens aus Italien mitgebracht habe.

Sie wird sich nicht geändert haben. Sie wird ihren Schlafsack in den Garten schleppen, sich mit der zähen Nachbarkatze einrollen, Kräuter im Mondlicht pflanzen, die wilden Brombeeren auf der anderen Seite vom Gartenzaun essen, die edelste *Joseph's Coat* aus dem öffentlichen Rosengarten stibitzen und durch all die Ordentlichkeit streunen, die sich in zwanzig Jahren so gewissenhaft über alles gelegt hat. Habe ich sie wirklich in diesen zwanzig Jahren vermißt, diesen meinen wandernden

Geist, der im Namen der Reife längst hätte ausgemerzt werden müssen? Sie wird Abdrücke von schmutzigen Pfoten überall auf den grünen und weißen Sitzpolstern der Veranda hinterlassen, wo ich letztes Jahr Kakteen gezüchtet habe.

Sie wieder willkommen heißen. Ein Ich, das ich nicht ganz bin, ein Selbst, das sich an einem kalten Morgen in Schottland gewaltsam überwunden hat, ein unkorrigierbares Ich, das wieder von den Toten zurück ist und seinen Anspruch bei den Lebenden anmeldet. Es gibt frische Quellen in Berkeley. Sie fließen unterirdisch und treten überraschend irgendwo auf einem benachbarten Hügel an die Oberfläche. Sie wird sie entdecken. Sie wird mit der einäugigen Ente im Park oberhalb meines Hauses Freundschaft schließen und sich damit brüsten, daß sie ihr das Leben gerettet hat, weil sie sie täglich füttert. Sie wird unbedingt bei einem Frühstück aus Zigaretten und schwarzem Kaffee ihre Träume erzählen wollen. Sie wird eine Leidenschaft für das Studium irgendwelcher geheimnisvoller Gegenstände entwickeln. Sufi-Mystik wird ganz oben auf ihrer Liste stehen.

Natürlich wird sie eine Geschichte zu erzählen haben. Wenn sie in diesen zwanzig Jahren nicht tot war, was hat sie dann getrieben? Sie wird bis spät in die Nacht am Feuer sitzen und mir von Kim Chernins verlorenen Jahren erzählen. Sie wird morgens vorm Hellwerden in mein Zimmer gelaufen kommen, um mir irgendeine unmögliche Liebesaffäre zu enthüllen, die ihr gerade eingefallen ist. Ich habe den Verdacht, es gibt mehr als ein gebrochenes Herz.

Sollte ich etwa eingestehen müssen, daß auch ich sie in all diesen Jahren vermißt habe? Werde ich bekennen müssen, daß mein Leben nicht ohne sie weitergehen kann?

Als sie noch in Berkeley lebte, wußte sie, wo eßbare Pilze wachsen, in dem heiklen Schatten, den der Hügel aus Purpurdisteln wirft.

Danksagungen

Bücher werden zum Teil von ihren Lesern erschaffen.

Meine erste, beständigste, kritischste und anregendste Leserin ist, wieder einmal, Renate Stendhal gewesen, die auch die ersten und alle folgenden Fassungen redigiert hat.

Mit ihr ebenso wie mit Cathy Galligher und Michael Rogin habe ich über die Bedeutung sämtlicher Details gesprochen, der kleinen wie der großen, die mich während der Abfassung des Buchs beschäftigt haben.

Cathy war es auch, mit deren Hilfe ich begriff, wieso ich schrieb, worüber ich schrieb und wessen Geschichte ich schrieb.

Michael, der diese Geschichte schon seit rund zwanzig Jahren kennt, wußte, wohin alles laufen sollte und wann es schieflief.

Allen dreien danke ich für ihre Freundschaft und ihre Liebe.

Jerilyn Fischer hat die letzte Fassung des Manuskripts gelesen. Ihre detaillierte Reaktion hat mich Änderungen vornehmen lassen, über die ich sehr froh bin.

Die ersten Leser des fertigen Manuskripts haben ihre Verantwortung als meine »kleine Öffentlichkeit« sehr ernst genommen. Auch ihnen danke ich für ihre aufmerksame Lektüre und Resonanz: Michael Bader, Larissa Chernin, Peter Elkind, Sue Elkind, Margot Duxler, Tobey Hiller, Louise Kollenbaum, Amy Rennert, Lillian Rubin, Frances Tobriner, Phillip Ziegler.

Meine Agentin Diane Cleaver hat sich, von der ersten Idee bis zur endgültigen Fassung, mit ihrer gewohnten Mischung aus Phantasie, Intelligenz, Geist und Hartnäckigkeit für dieses Buch eingesetzt.

Joanne war eine verständige, unermüdliche und äußerst gewissenhafte Verlegerin.

Andrea Schulz hat den endlosen Prozeß der Änderungen und Fahnenkorrekturen sehr viel erfreulicher gestaltet, als irgendwer überhaupt zu hoffen wagen dürfte.

Ihnen allen und der National Endowment for the Arts sage ich meinen Dank für ihre Unterstützung dieses Projekts.

Nachbemerkung

Da sitze ich nun still an meinem Schreibtisch, eine reife Frau, die versucht, etwas über ein Buch zu sagen, das vom Jungsein und von Verlorenheit handelt. Wahrscheinlich habe ich es geschrieben, um mich selbst besser zu verstehen, und mit Sicherheit mußte ich, als das Buch dann beendet war, wieder einmal feststellen, wie kompliziert solch ein Unterfangen ist. Weiß ich denn heute, was mir in meiner Jugend so sehr zu schaffen machte, weiß ich, warum ich allein in die Welt aufbrach und nach Israel reiste? Natürlich nicht, aber die Art, wie das Unbekannte sich schließlich zu einer Geschichte fügt, gefällt mir ungemein.

Ich wurde 1940 in New York geboren, ein Jahr also, bevor Amerika in den zweiten Weltkrieg eintrat. Deshalb schien der Krieg für mich irgendwie von Belang zu sein – er war Teil einer Identität, die ich nicht gewählt hatte. Wer würde schon geboren werden und überleben wollen, wenn Millionen anderer Menschen sterben? 1944, ein Jahr vor Kriegsende also, verschwand dann meine ältere Schwester. Ich dachte, sie würde für lange Zeit fortbleiben, weil sie an einen anderen Ort zur Schule geschickt worden war. Das jedenfalls erzählten mir meine Eltern. Der Krieg ging zu Ende, meine Schwester kam nicht wieder. So war es in jenen Tagen, so viele Familien waren auseinandergerissen, so viele geliebte Menschen waren verschwunden, niemand wußte, wohin. Jahre vergingen, und dann passierte es gelegentlich, daß die Verlorengeglaubten eben deshalb, weil man die Hoffnung nie aufgegeben hatte, wieder auftauchten, zurückkehrten von ungeheuerlichen Orten. Und wer würde behaupten wollen, daß der Tod nicht einer dieser Orte ist?

Das jüdische Heimatland ist jünger als ich, wenn auch nur um wenige Jahre. Ich erfuhr davon, als ich acht Jahre alt war, das war drei Jahre nach Kriegsende. Damals besaß das Land noch keinen Namen und keine Flagge, niemand wußte, welche Sprache seine Bürger sprechen würden. Die Diskussion darüber erreichte mich in Los Angeles, wo ich an einem jüdischen Ferienlager teilnahm. Wir wurden aufgefordert, uns an dem Streit über die Sprache zu beteiligen. Sollte es vielleicht die Weltsprache Englisch sein, die auch viele der Juden sprachen, die in Palästina lebten, dem ehemaligen englischen Protektorat? Oder lieber Jiddisch, die Sprache der osteuropäischen Juden, die selbst von den Toten zurückgekehrt waren? Oder doch Hebräisch, eine Sprache, die nur die Gelehrten beherrschten und die ansonsten, wie das Altgriechische und das Lateinische, eine tote Sprache war, aber nun, wie einige vorschlugen, wieder zum Leben erweckt und an die moderne Welt angepaßt werden könnte?

In unserer Familie war man nicht für einen jüdischen Staat. Meine Eltern waren beide in kleinen jüdischen Städten in Rußland geboren und inzwischen amerikanische Staatsbürger geworden. Sie hatten ihre jüdische Identität hinter sich gelassen und glaubten statt dessen an Marxismus, Internationalismus und die Weltrevolution. Deshalb hielten wir, als wir am Abendbrottisch über das jüdische Heimatland diskutierten, Hebräisch denn auch nicht für eine gute Lösung – wir konnten eine Sprache, die die Juden noch stärker vom Rest der Welt isolieren und den Staat unserer Ansicht nach zu einem Ghetto unter den Nationen machen würde, nicht gutheißen. Eine blauweiße Fahne mit dem Davidsstern war in Ordnung, aber die neuen Siedler sollten in diesem Zeichen niemals jenen Menschen, die nicht jüdisch waren, das Land wegnehmen.

Ich fand, Israel war ein schöner Name für die neue Heimat, die acht Jahre jünger war als ich und eine Art Beschützerinstinkt in mir wachrief. Eines Tages, so sagte ich mir, würde ich trotz des Antizionismus meiner Eltern hinfahren und mich selbst umschauen. Ich habe dabei nie ernsthaft geglaubt, daß ich meine ältere Schwester dort wiederfinden würde; mir war klar, daß sie gestorben war. Aber wer weiß – vielleicht hatte sie ja doch, wie so viele andere, einen Weg gefunden und war zurückgekehrt? Israel – ein Name, der für die Rückkehr der Toten, das Wiederfinden der Verlorenen, die Vereinigung der Auseinandergerissenen stand. Warum ging ich mit einunddreißig Jahren nach Israel – nach einem seelischen Zusammenbruch und einer tiefen existentiellen Krise? Gewöhnlich geben Autoren ihren Lesern nur ungern so viele Fingerzeige.

Über die Grenze ist mein achtes veröffentlichtes Buch. Als es 1994 in Amerika erschien, war ich schon eine bekannte Autorin. Ich hatte, aus psychoanalytischer Sicht, Abhandlungen über Eßstörungen, über weibliche Identität und über Mütter und Töchter geschrieben, hatte ein Erinnerungsbuch über vier Frauengenerationen in der Familie meiner Mutter, einen Roman und einen Gedichtband veröffentlicht. Für *Über die Grenze* brauchte ich eine Liebesgeschichte, die so stark war, daß sie eine sehr komplexe Auseinandersetzung tragen würde: es ging mir um die jüdische Identität, um das Wesen erotischen Begehrens, das Überschreiten von Geschlechtergrenzen und um das Problematische der jüdischen Geschichte. Es waren diese Stränge und die Art und Weise, wie sie im Buch aufgenommen und wieder fallengelassen werden, die mich als Autorin beschäftigten, die Liebesgeschichte sollte nur der Köder für die Leser sein. Doch während des Schreibens wuchs um diese Liebesgeschichte allmählich ein dichtes Gespinst aus Assoziationen und Möglichkeiten. Ich wollte wirklich herausfinden, wieso Menschen in ein heiliges Land der Vorväter gehen. Brechen sie vielleicht auf, um sich in ihr heiliges uraltes Selbst zu verlieben?

Ich begann, die psychologischen und kulturellen Spuren der Geschichte der Einwanderung nach Palästina bis ins neunzehnte Jahrhundert hinein zu verfolgen. Die Erinnerung an meine eigene Reise als junge Frau wurde Teil einer grundsätzlicheren Beschäftigung mit dem Gedächtnis und der Art und Weise, wie es arbeitet, wie es Ereignisse verändert – sie maskiert und verbirgt, kodiert und enthüllt. Als Schriftstellerin war ich in zwei Personen aufgespalten – eine reife, erwachsene, leicht ironische Erzählerin, die die Geschichte einer jungen, leidenschaftlichen Frau erzählt, und eine Frau, die so war wie ich vor zwanzig Jahren und deren Wünsche und Motive ich (anscheinend?) vergessen hatte.

Welch ernsthaftes Vergnügen: Die List der Erinnerung, die Verdopplung der Erzählebenen und dazu eine Geschichte, bei der mein persönliches Erleben eingebettet war in das Heldenepos vom Aufbau eines Kibbuz-Kollektivs und vom Miteinander junger Menschen an einer gefährlichen, politisch fragwürdigen Grenze. So viele Weisen, eine Grenze zu überschreiten, und so viele Bedeutungen des Wortes Grenze. Und schließlich natürlich die Frage nach jener feinen, kaum sichtbaren Linie – jener subtilen Grenze zwischen Wahrheit und Erfindung, zwischen Erinnerung und Geschichte, zwischen dem, was wirklich geschah, und dem, was eine Schriftstellerin, die sich nach zwanzig Jahren wieder zurückerinnert, für die wahrscheinlichste Möglichkeit hält. War ich dabei, eine Erinnerung aufzuschreiben, eine wahre Geschichte? Oder handelte es sich um einen seltsamen, neuen Typ psychoanalytischer Erzählung, die sich (selbstverständlich) auf die Suche nach der Wahrheit macht, gleichzeitig aber unter dem Bann der Ahnung steht, daß die einzige Wahrheit, deren wir jemals habhaft werden können, in der Geschichte liegt, die das Gedächtnis erfindet.

Kim Chernin Januar 1998